东方管理前沿丛书

互联网化战略构建

A CONSTRUCT FOR INTERNET STRATEGY

白万纲 ◎ 著

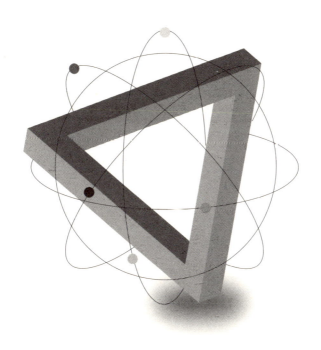

中国出版集团　东方出版中心

前　　言

　　伴随着信息技术的整体发展,互联网也由最初 web1.0 时代的互联,进化到 web2.0 时代的互动,并向 web3.0 时代的互惠进发。在此过程中,互联网由最初只是一个新型的行业,被传统企业所轻视,逐渐变成了人人都讲、人人都在追捧的转型利器。

　　互联网从诞生之日起,便一直对传统行业产生潜移默化的影响。从传统媒介的渐变式消失到互联网企业对跨界传统企业的敲门式探索,再到 21 世纪的第二个十年跨界整合的爆发性增长。传统企业对互联网的认识,由最初的看不见、看不起到看不懂,再到最后追不上,经历了一个残酷的认识过程。显然,传统企业被互联网颠覆,已经成为定局,只是被颠覆的途径不同罢了,是自我颠覆式转型发展,还是坐吃山空等待时代浪潮的包围式袭击? 答案是明确的,自我颠覆式转型尚且有一线生机,不转型就是坐以待毙,就像温水中的青蛙,终究逃不过死亡。

　　在 2015 年的政府工作报告中,李克强总理首次代表官方提出"互联网+"行动计划。在得到国家层面的认可之后,"互联网+"迅速成为热门话题,互联网企业和传统企业共同探讨,积极思考并寻求如何将互联网与传统行业结合,带动传统企业的转型。

中国互联网产业的蓬勃发展，以及中国政府提出的"互联网＋"给已经被赋予太多联想的互联网领域进一步注入热度，互联网不再只是属于某一个行业、某一个领域，而成为一个资源整合的载体。

与此同时，发展的节奏、时空都在被互联网所改变。社会氛围、商业文化、产业逻辑、企业经营哲学、消费者行为习惯等，都在以极快的速度、极大的广度和深度变化着。整个时代和社会都在召唤，无论是形式意义上的互联网企业，还是传统行业，要紧跟时代步伐去深化自身的互联网经营哲学和理念。

"华彩"作为集团型企业战略和管控的变革创新者，经历了早期国际咨询公司的技术平台创新，有着自身成熟的理论基础和创新式实战经验。有一批深扎于企业互联网转型研究、立足于为传统企业互联网转型提供个性化解决方案的研究团队，时刻更新对互联网公司和传统企业的研究分析，以崭新的转型案例和知识体系梳理，为传统企业转型服务。

本书共分为五编来阐释互联网化战略的知识体系。第一编全面阐述了企业互联网化全景图；第二编详细阐述了互联网化战略及范式冲击；第三编从实际操作角度介绍了互联网化转型；第四编论述了互联网化战略下的企业适应与变革；第五编则探讨了互联网化的未来与集团战略应对。

目　　录

第二编　互联网化战略及范式冲击

第三编　互联网化转型

第四编 互联网化战略下的企业适应与变革

第五编　互联网化的未来与集团战略应对

第一编

企业互联网化全景图 1

本编通过企业的互联网化挑战、互联网化战略的本质、企业互联网化大趋势、消费型互联网化、价值型互联网化、媒介型互联网化、功能型互联网化等内容,全方位勾勒了企业互联网化全景图。

第一章　企业的互联网化挑战

当今整个时代的步伐已渐渐踏入移动信息技术的潮流,计算机从当年的军用巨无霸进化成跨时代的"APP 魔盒",以及更加新潮的穿戴设备,这些进步和发展必将引发企业的新一轮信息技术革命,即商业世界由工业时代所塑造的标准化、流程化大生产,向互联网时代的个性化、方案化转变,本章将从不同角度阐释企业在互联网化过程中将会遇到的挑战。

传统企业转型的必要性

互联网本身具有载体革命性、资源整合性、生态排他性三大特性,并且伴随着互联网革命的深化,互联网自身所拥有的特性也使得整个互联网时代发生变化。这种变化主要表现在社会化进程的加快,以及个体崛起速度的加快,这种转变会给传统企业带来思维方式上的转变,以及发展模式上的颠覆,使得传统企业的互联网化转型变成一种必然结果。

1. 互联网的三大特性

互联网的第一大特性是载体革命性。与传统意义上的技术进步不同,互联网的深入发展正在时刻证明着互联网不单单是一种技术革命、技术进步,更是一种载体革命。互联网由原来的信息传播、交换载体,逐渐演变成资源整合、互动交流载体,这种载体的演进变革,带给人类全新的生态脉络,使得传统的思维模式、行为习惯、经营哲学与互联网范式下全新的理念间产生了巨大的隔阂。

2

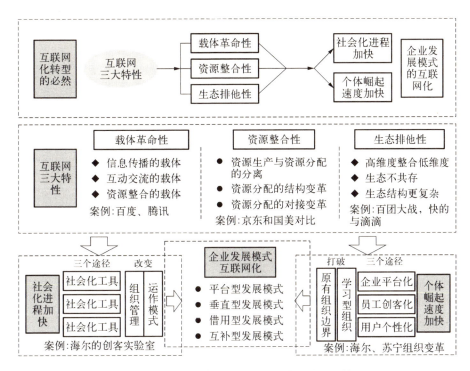

图 1-1-1 传统企业互联网化转型的必然性

互联网第二大特性是资源整合性。互联网改变了原有的资源流动形式和分配形式,使得传统范式下的资源高度聚集、高度吸附。与此同时,互联网有效解决信息不对称的能力,也使得资源的利用率达到了前所未有的高度。互联网的这种资源整合特性与传统意义上的资源整合有本质的区别,这主要体现在资源生产与资源分配的分离、资源分配的结构变革、资源分配的对接变革这三个层面。

首先,资源生产与资源分配产生分离。传统范式下,资源的生产与分配之间分离程度比较低,往往资源的生产者就是资源的分配者。而互联网作为新时代的载体,尽管不能够生产真实资源,但通过自身的平台特性以及生态特性,能将资源的产出与分配进行最大程度分离。同时,互联网还通过自身拥有的数据资源、在线用户资源进一步增强对资源的吸附能力。

其次,资源分配的结构发生变革。传统范式下的资源分配所涉及的信息流、人流、物流都是线性的。而互联网颠覆了传统的线性资源流动价值链,转型成以用户为核心的环状流动形式,并且资源分配者与资源使用者之间呈现出强力互动的关系。

最后,资源分配的对接产生变革。消费者和客户接触的不再是资源生产者,而是资源分配者。例如,电器消费者接触的不再是海尔、美的,而是京东;买房、租房的人接触的不再是实体房产中介所,而是搜房网等垂直电商。

互联网的第三大特性是排他性。互联网商业模式从本质上来说是在打造全新的生态圈,这种生态圈层的构筑,比以往传统范式下的生态圈构筑更精细、更紧密。并且从生态圈构筑的演进过程来看,相似的生态最终都会在另一个更高的维度上被整合,这就使得互联网产生了强烈的排他性质。

2. 互联网特性下的时代变化

互联网所存在的三大特性带来了整个时代的变化,呈现出一种互联网时代的样貌,这主要体现在社会化进程的加快、个体崛起速度的加快。

社会化进程的加快,主要体现在互联网带来的技术、人才、资源等社会化进程远超传统产业的积累过程。在互联网时代,资源可以高速高效聚集,平台型模式能够产生对整个市场的强吸引力和磁性效应,与此同时,互联网所实现的平台打造、消费者对接,使得自身具有了打碎资源、吸附资源、重新构筑资源的能力。这些都加快了整个时代的社会化进程。

互联网带来了个体崛起速度的加快,主要体现在个体获取资源聚焦的难度大大降低,自媒体、大 V、社群、粉丝经济等无不传达着一个共同的信息,那就是整个社会在不断地实现个体崛起。并且企业伴随着个体的崛起,整个社会变得更加复杂多变,知识更新迭代更快,消费者消费习惯变化更快,这就使得原有的组织边界将会被打破,原有靠经验经营的思路就不再行得通。

3. 对传统企业的颠覆

一方面,互联网颠覆了传统企业业态强于一切的思维方式。在互联网时代的背景下,传统企业所处行业业态将不再重要,重要的是企业必须在其所在的生态系统中寻求自己的位置。产业的形态也不再像以前那样稳定，产业随时会发生变化，新的产业可能会被创造，原有的产业也可能会被重新构建，传统企业要善于找到自己的转型定位，从战略层面评估自身能力，构建自身的生态系统，或者是找到自身所在生态的角色。

另一方面，互联网颠覆了传统企业的发展模式。互联网带来的超高速资源、资本、信息、技术的有机结合，彻底颠覆了传统企业的发展模式，使得未来变得非常未知。可能现在一个规模很小的，只有几十万元资产的作坊，靠互联网的整体运作模式，快速地把各种资源整合起来，就能迅速构建成一个商业帝国。例如，起点中文网，通过互联网运作模式，将原有的写作到出版到销售再到读者阅读的垂直型发展模式，颠覆成以读者为核心的环状平台式模式，直接构建起读者与消费者之间的互动平台。

总之，传统企业若是继续遵循传统的发展模式，那么仅靠自身努力发展而来的这些核心技术、核心资源等将会在互联网的聚合能力下顷刻瓦解。

4. 传统威权式集团到互联网化集团的发展变化

第一，从由前而后的，按照价值链顺序，把控上游资源与进入门槛来赢得整个价值链，到注重需求发现，管理乃至创造，从价值链末端来倒控整个价值链；第二，从注重用整体战、系统战，把握主流大趋势、大概率、大项目，搞定大机遇的擒贼先擒王，到注重把握需求、机遇、价值、资本、创新、组织等诸多因素的碎片化，构筑一个生态圈经营机遇网来捕捉这些碎片，使之连缀成一个巨大的价值流，一圈一流形成互促互放大循环；第三，过去是构筑一个高效结构去精确获利，今天只能是构筑一个大生态圈去广泛获利，再通过自身在生态圈中的角色来经营和获取，放大自身价值；第四，由之前母、子、孙公司架构，再通过交易与市场优势驾驭驱动深入到最后一公里的协作机构，吸星大法式完成价值抽水机运作，到现在有若干经营单元直接经营若干最重要的最后一公里，而非假手协作机构；第五，由经营企业内有限资源，到经营社会的无限资源。

互联网时代经营哲学的异化

通过上一节的分析我们可以看出互联网自身的特性带来了整个时代的变化,从而颠覆了整个商业界,这一节我们进一步讨论互联网时代商界经营哲学的异化,这种异化主要表现在商业宗旨的转变、消费者能力的转变和商业逻辑的转变这三个层面。

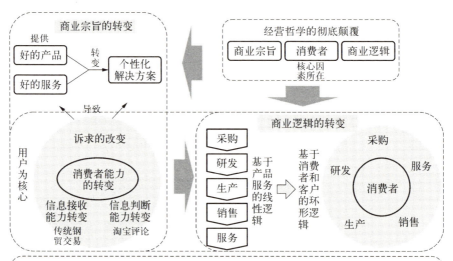

◆ 商业宗旨重新审视:利丰集团原有的发展模式是依托于自身拥有的资源,来寻找客户,寻找与客户的结合点,而现在是根据自己的客户,来转变自身企业的形态,构建一个能够为自己的客户提供个性化解决方案的外包生态

◆ 消费者能力转变重新审视:优衣库正视客户能力的变化,主动展示一种开放的态度。"随意试穿,随意挑选"是每个顾客进入优衣库所能听到的最多的一句话。给予顾客充分的自由,让其可以通过线下实体店亲身体验,也可以通过网络、App了解相关信息,让顾客能够到称心如意的衣服

◆ 商业逻辑的重新审视:起点中文网,通过互联网的运作模式,将原有的从作者写作到出版到销售到读者阅读的垂直型发展模式,颠覆成以读者为核心的环状平台式模式,直接构建起读者与消费者之间的互动平台

图 1-1-2 经营哲学的彻底颠覆

第一种经营哲学的异化是商业宗旨的转变。原有的商业宗旨是企业如何提供好的产品和好的服务,但在互联网范式下,商业宗旨的核心是为客户和消费者提供个性化解决方案,这就由原来的产品自说自话,转变为一切问题客户说了算。在这种大背景下,企业要根据自身业务、管理现状来转变自身形态,才能为客户提供个性化解决方案。例如,利丰集团原来依托于自身

资源来寻找与客户的结合点,而现在利丰是根据自己的客户来转变自身企业的形态,构建一个能够为客户提供个性化解决方案的外包生态,利丰的这种转变就是对商业宗旨的重新审视。

第二种经营哲学的异化是消费者能力的转变。互联网时代,客户掌握的信息,甚至比企业还多,并且大部分企业没有构建起搜集、整理和分析模型化碎片信息的能力,而客户却在逐渐通过互联网,建立起自身信息搜集、信息筛选的能力。这种转变带来两种结果:一是会让传统企业更难找准客户的真实需求;二是会在极大程度上减少与企业的信息不对称,使得企业的经营管理、产品优劣等基本信息,完全暴露在客户面前。比如钢材行业,当大型钢贸互联网平台出来之后,原先所谓不可能被打破的100公里运输半径被打破了。异地客户之间完全可以交流信息,再配以完善的物流系统,客户就能够在全国范围内个性化设定自己的采购方案,以实现成本最小化。

第三种经营哲学的异化是商业逻辑的转变。传统的商业逻辑是站在对行业运行规律的理解上,基于产品立场,通过自身的技术来设计产品,然后进行品牌的推广和销售,而现在的商业逻辑却恰恰与之相反。正如前面提到的,在互联网时代,一切都是客户和消费者说了算,整个商业逻辑就变成依托于客户和消费者的真实需求,形成产品设计思路,再来构建自身的研发能力。简而言之就是,消费者需求什么,企业要相应地做出变革。以往的经验,即以在某种行业的经营经验来管理和运营企业的方式,在新形势下便不再适应快速变化的外部环境,反而阻碍了自身的互联网化变革。例如凡客,最早按点击付费的经营模式,凡客是成功的,但是在互联网日新月异的变化下,凡客未能跟上时代的步伐,凡客原来成功的商业模式反而导致了今天的失败。

传统企业互联网化转型的障碍

由于传统企业在互联网化转型中存在种种障碍,使得转型的步伐缓慢、效果不佳,这种障碍主要体现在内部障碍和外部障碍。其中内部障碍包括老板思维僵滞、团队老化、产品死板、商业模式不清晰四个方面；外部障碍包括渠道革命畏手畏脚、对客户的被互联网化毫不知情、搞错竞争对象以及屡试互联网布局失败。

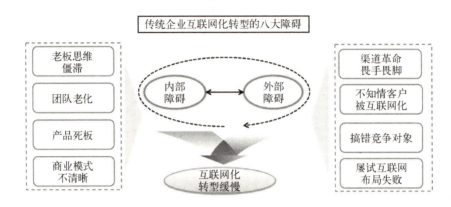

图 1－1－3　传统企业互联网化转型的八大障碍

1. 内部障碍

首先是老板思维僵滞。传统企业的老板一直认为自己的企业是不可能被变革掉的，产业是一切的基础，成本、研发、技术、营销是企业的安身立命之本。认为自身企业在产业里的资源、地位、经验、市场占有率已经足够支撑企业长久发展，只要做好自身的产品就可以立于不败之地。他们没有看到在互联网时代背景下，传统的企业经营思维已经不再适应现在的经营环境，从而忽视了对企业创新能力的建设，以至于互联网真正对传统企业造成冲击的时候，企业自身没有相应的应对措施。与此同时，企业老板追求企业最大的控制权，喜欢控制和命令下属，却忽略了互联网时代的个体崛起，更严重的是老板不懂得分享权益给团队，企业也没有一个健康有效的利益分享机制，这些都直接造成企业不能最大限度地激发员工的积极性和潜能。

其次是团队老化。传统的铁三角管理模式,本身就使得企业整体官本位严重,个体崛起被抑制,企业缺乏活力。与此同时,整个组织的臃肿、庞大拖慢了决策的速度和质量,传统管理模式使得责任集中,腐败滋生,直接导致了企业陷入领导只负责管理,员工只能执行的管理困境。

再次是产品死板。企业自身对市场的判断过于自信,认为自己的产品适应市场的需求,因而企业会先集中做研发,再进行产品的推广和销售,这种传统的产品设计思路,并没有最大程度上做到与消费者需求相匹配,也没有做到和消费者的实时互动,没有理解消费者的消费需求是在实时改变的,这就导致企业生产的产品出现生产线冗长、参与感差、表现粗糙、媒体性弱、迭代不足、交互性不强等致命缺陷。此外,产品开发时缺乏消费者的参与,缺乏与消费者的互动,在产品营销时缺乏媒体性,这些都直接导致产品吸引不了消费者的眼球,冗长的生产线也使得消费者失去了购买的耐心,这就使得消费者对产品的认知度大打折扣,更重要的是整个新品的开发,不能够做到市场需求升级,产品及时更新,不能与消费者的需求变化紧密相连。

最后是商业模式不清晰。在互联网时代,传统企业看不清商业环境,不能明晰识别当下商业模式的变化,缺乏对商业模式的认知,商业模式模糊不清,其中企业对于商业模式认识的缺失主要体现在差价模式、行业颠覆、数据不足、规划过长、定位不清这五个方面。

图 1-1-4 商业模式模糊

第一方面是差价模式。互联网时代,在产品的性价比和品牌溢价上,传统企业目前掌握的方法还做得不够极致,但很多互联网属性的企业,例如,小米直接把硬件做成零利润,这就非常了不起。

第二方面是行业颠覆。互联网加速了整个行业的变革,有的行业消失了,有的行业突然升级变化。这使得企业面临的外部环境更加复杂,从而使得企业看不清目前的商业业态本质何在。

第三方面是数据不足。很多传统企业拥有大量数据，但企业本身缺乏数据管理的意识，导致数据资产的浪费，所以传统企业要去思考企业是否掌握了充足的数据，是否具有数据管理意识，是否能把有用的数据进行整合与充分利用。

第四方面是规划过长。传统企业往往有很长的战略规划，五年战略规划、十年战略规划，以为可以通过对趋势的把握、对未来的超前布局来实现企业的长久发展，但现在互联网发展速度太快，不知道明天会出现什么技术，或是出现什么需求，从而导致原有的各种规划前功尽弃。

第五方面是定位不清。传统企业存在的一个长久问题是不能清晰定位要解决哪部分消费者的哪部分需求，并且在互联网时代里，消费需求发生巨大变化，这就意味着企业在做消费决策和商业模式定位时，原来传统的那一套已经不再奏效。

2. 外部障碍

外部障碍主要包括渠道革命畏手畏脚、对客户的被互联网化毫不知情、搞错竞争对手、传统企业屡试互联网布局遭失败这四个方面。

首先，渠道革命畏手畏脚。多年培育起来的渠道及经销商被固执地认为是自身优势，认为总代理、区域代理这样完善的结构是自己的优势，但是互联网颠覆传统行业的重要环节就是颠覆渠道，并且打破这种优势不费吹灰之力。另外传统企业被渠道经销商绑架，觉得自己失去他们一无所有，过去的积累就会变得一文不值，因此在渠道转型中，变得畏手畏脚。例如李宁在打造自己的电商平台时，陷入了网上商品价格与渠道商价格不匹配，全国大量串货的窘境。

其次，企业对于客户的被互联网化毫不知情。传统企业对于消费者的认知本来就不够重视，在互联网时代就更加不了解自己的客户了。信息爆炸、价格透明、免费、眼球经济、体验消费，这些新事物很难被传统企业家理解透彻。传统企业家只知道收入、规模、管理、精细化。而这些在整个互联网的大环境下正在被层层地重塑和颠覆，并且客户被改造的程度已经远超企业所能想象。在如今的互联网时代,一个新事物在企业自身还不知道的时候,客户就已经知道了。如果此时传统企业还不和互联网接触,直接导致的就是企业在客户面前丧失了基本的曝光能力。

再次,企业搞错竞争对手,对潜在竞争对手一无所知。例如国美和永乐形成竞合,对抗其他中小家电卖场时候,发现竞争对手却变成了自己一无所知的京东商城。天津物产在对标浙江物产时,突然发现学习的对象变成了怡亚通。互联网时代的生态构筑,迎来了整个商界的跨界融合。每一个行业都会有新进入者重新定义这个行业,比如说打车软件,很难说它属于传统的出租车行业。传统意义上的生态链变了、产业链变了,企业的竞争对手也变了,因此企业在做对标的时候面临更多的将会是整个生态圈。

最后是传统企业屡试互联网布局遭失败。传统企业对于互联网的忙乱布局与投资,在 2012 年、2013 年达到峰值。传统企业错误地认为,互联网化就是电商化,并且简单地将有没有一个互联网网站作为是否进行了互联网改造的标准。但实际上,互联网化并不是单纯的网上销售,或者企业自身做一个网站,在网上投广告。传统企业在没有搞清楚互联网真正内涵的时候进行的大量失败探索,反而成了传统企业转型的枷锁。这会使得企业固执地认为本行业无法进行互联网化改造。

传统企业互联网化转型的误区

传统企业对于互联网化转型在认识上的误区是抑制传统企业转型速度和效果的更深层次原因,主要体现在七个方面:第一个方面,单纯地将互联网作为一种增加销售、扩大利润的途径;第二个方面,没有自身的转型节奏,转型过程中不是保守就是激进;第三个方面,企业认为互联网革命就是渠道革命;第四个方面,将互联网作为一种清仓的途径;第五个方面,认为互联网是互联网公司的专属;第六个方面,企业认为自身的商业模式能够经得起时代的考验;第七个方面,内部和外部的互联网化不能实现同步。

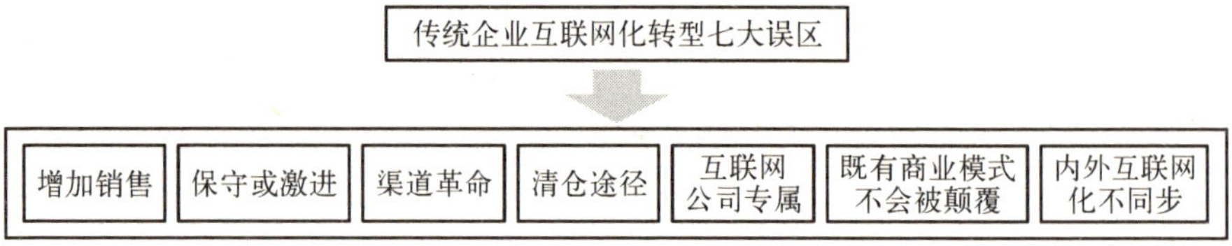

| 传统企业互联网化转型七大误区 |

| 增加销售 | 保守或激进 | 渠道革命 | 清仓途径 | 互联网公司专属 | 既有商业模式不会被颠覆 | 内外互联网化不同步 |

图 1-1-5　七大误区

1. 认为互联网是增加销售的手段

很多企业认为在网上销售就能增加销售量、扩大利润，但是企业并没有意识到网络销售有一个很大的缺陷，那就是如何在众多网络信息中异军突起抓住消费者的眼球，使消费者能够产生对品牌的依赖，这种对消费者建立初次品牌认知的过程需要耗费巨大的成本。

2. 转型过程不是保守就是激进

传统企业要么不愿意进行互联网发展，要么就是全面互联网发展，自身没有一定的变革节奏，并且传统企业在没有真正理解互联网精髓、没有深刻体会互联网内涵的时候，表现出一种互联网焦虑症和互联网惧怕症的综合症状。

3. 认为互联网革命就是渠道革命

大量传统企业简单地认为互联网就是直接销售，就是颠覆渠道，就是砍去渠道商的层级利润，就是让线下的商品实现线上的直销，还没有意识到网上销售初次成本的高昂、难度，并没有深入分析自身的产品适合怎样的网上销售方式、又适合怎样的营销方式，企业管理也没有配套的服务，使得渠道革命效果并不能得到很好的放大。

4. 将互联网作为清仓的途径

企业将互联网当作一种清仓的途径，把原来的老款或者部分卖不出去的款式拿出来通过互联网专门销售，形成了一种自说自话的互联网化，但这种做法即使是做到了清仓，也在一定程度上损害了企业的品牌，更没有理解到互联网的真实内涵所在。

5. 认为互联网是互联网公司的专属

那些一次次互联网化探索失败，或者还未进行探索就戛然而止的传统企业，认为自己和互联网没有什么关系，互联网是互联网公司的专属，企业只要做好自身的产业就好，没有意识到随着移动互联网时代的到来，互联网对于传统企业的侵蚀正在逐步加深，互联网企业不再单纯地只做信息的发布者、交易的撮合者和搜索内容的提供者，而是将自己的视野投放在更多的产业上，进行跨界的整合和颠覆。

6. 认为既有商业模式不会被颠覆

传统企业自以为经营水平很高，与众不同，以为自身不进行互联网化也能很好地生存，但互联网革命是高维颠覆低维、高变化颠覆低变化，企业并没有深刻地意识到这是一次传统范式与互联网范式的大战，而不是某几个商业模式之间的争战，历代技术革命背后的商业革命都是轰轰烈烈直至新的高地，这期间只存在被颠覆、转型，不存在共生。

7. 只做部分互联网化

还有一些传统企业单纯地认为只要实现业务的互联网化，或者只要实现外部销售的互联网化就是互联网转型，没有从根本上意识到，管理不能实现互联网化，那只能是治标不治本，内部根本无法协同。

传统企业在互联网化转型上需要思考转型背后的深层次原因，互联网化转型其实是一种营销手段的改变，传统企业借助互联网平台更新营销方式，建构互联网营销平台，同时更新企业发展模式，需要把握消费者的需求动向。

随着互联网的发展，网络的便利性吸引了大批"粉丝"，越来越多的人开始选择网上购物,网络消费行为越来越多,逐渐形成以互联网为核心的消费文化,因此需要借助互联网端口来紧抓消费者需求导向。在互联网时代背景下,传统企业的产品面临颠覆,任何品牌的兴起都代表了人们的一种精神诉求,了解互联网时代这个大背景、了解消费者需求,才能真正了解营销的本质。

互联网是一把双刃剑,在互联网世界里,可以短时间内催生出一个商业帝国,同时也能让一个商业帝国瞬间崩塌,互联网虽然是一个存在巨大消费需求的网络平台,但同时也充满了风险和挑战。未来企业组织结构也会发生很大变化,逐渐向扁平化组织方向发展,管理团队也会出现扁平化。未来企业管理会在思想上出现一些调整,因此传统企业互联网化转型中存在很大的管理挑战。

互联网企业面临的挑战

互联网的快速发展和爆发性成长,使得商业模式也在不断变化,新的互联网商业模式对原有互联网模式提出了极大的挑战,从而对互联网企业也将会造成一定的冲击,主要表现在移动互联时代对 PC 时代的颠覆,体验式消费对传统电商模式的冲击,互惠式互联网精神对传统单纯互动时代的颠覆,人工智能的迅速发展四个方面。

1. 移动互联对 PC 时代商业模式的颠覆

智能机的快速发展带来了移动互联网的快速发展,消费者的注意力从 PC 机转移到了智能机上,并且极大地拓宽了消费者消费的时间和空间,使得消费者实现了实时实地消费,这就使得电子商务将会因移动互联网而出现变革。

2. 体验式消费对传统电商的冲击

消费者的观念逐渐更新迭代,使得传统意义上的需求式消费转变为现实意义上的体验式、生活式消费。消费者不再满足于网络消费带来的便捷性，而是更多地将消费视为一种生活娱乐的方式，以至于想要通过消费来达到自身的满足感，这种体验式消费使得传统的电子商务的流量被线下的商场和体验店分流。

3. 互惠的互联网精神颠覆现有的互动时代

我们正处于一个互动的时代，消费者的主导地位得到进一步提升。360的免费，微信支付宝的红包大战，滴滴打车的打车补贴，这些都在预示着互联网互惠时代的到来，这个时代的进步与创新，势必会对传统的互动带来颠覆。

4. 人工智能带给传统行业新的转机

无论是国内推广的中国智造，还是德国主张的工业革命 4.0，本质都是在探索人工智能的产业化应用，为传统制造行业的互联网化转型带来新的希望。一切原材料数据化，数据实现可视化，使得传统的制造业除了在组织架构和前台销售互联网化转型之外，又多了一把革命的锋刃，智造技术将实现制造业的智能生产，使得企业变身为一个智能机器。

第二章　互联网化战略的本质

互联网化战略的本质是依托于互联网技术、重构互联网的企业运营管理思维，从而为企业带来新的发展，企业的互联网化战略可以分成内部互联网化、外部互联网化两个层面。其中内部互联网化包含了内部整合的高效协同化、组织职能的互联网化、运营效率和价值挖掘的互联网化、组织智商的建构四个方面；外部互联网化包含了社会化、供应链互联网化、产业链互联网化、生态链互联网化、企业超出经营范围的社会化绩效五个方面。

互联网化带来企业新发展

互联网化从四个方面为企业带来了新的发展：第一个方面是解决企业发展瓶颈问题，第二个方面是提高企业的效率，第三个方面是解决企业漏洞问题，第四个方面是促进企业的可持续发展。

1. 解决企业发展瓶颈问题

在互联网时代背景下，如果企业在经营发展中不能与互联网形成"互联"来颠覆传统经营模式，那么企业很快就会遇到发展瓶颈。比如当企业的竞争者已经在利用互联网打造自己的生产、研发、供应链等平台时，企业自身却还在故步自封，依然采用传统的方法去经营生产，那么无论企业如何进行效率和价值挖掘，都会与目前市场的需求相脱节，并且被竞争对手远远地甩在后面，因此，企业唯有通过互联网化打破传统的思维模式，方可突破企业自身发展瓶颈。

以小米为例，小米手机尚未问世前，小米发烧友和小米论坛就已经出现。小米手机工程师把小米手机最新的设计架构和设计理念及时发布到小米论坛上，供"米粉"讨论，并把他们对小米手机的最新改进想法注入到小米手机下一步的设计流程上，再开展新一轮的设计与开发。小米采用这样一个不断循环上升式的手机设计过程，使得小米与传统的手机生产制造商之间拉开了距离。

2. 提高企业效率

企业内部互联网化大大地拓展了传统岗位的宽度和深度，部门之间的信息及数据得到充分的共享和利用，企业的运营管理也因为互联网化变得异常高效。同时，企业利用互联网平台使得企业的生产、销售、配送等过程的效率得到提升。销售大师苦心经营了12年才使全球零售巨人的销售额升至1.5亿美元，而贝佐斯只用了三年时间就把Amazon网上书店带入亿元销售行列，而且增长速度仍然不减，因此传统的经营模式、经营理念会逐渐在社会大浪潮中被淹没。比如，阿里巴巴的淘宝和天猫可以通过借用互联网这个平台同时处理成千上万个订单，而传统的大卖场却只能让顾客在排队等待中失去购买的耐心和欲望。此外，互联网搭建的超时间、超空间的生态圈以一种难以想象的速度对物理上的时间和空间进行无缝对接，这也是传统模式所难以企及的。

需要注意的是若对互联网平台应用不当，就会出现适得其反的结果，不仅不会提高收益，反而会起反作用。以苏宁为例，苏宁2013年最核心的策略就是线上线下同网同价，而且很长一段时间都以其作为主要营销的噱头。所谓线上线下同价是指，苏宁门店、乐购仕门店销售所有商品将与苏宁易购实现同品同价。现在看来这种线上线下同网同价，是没有经过科学决策的拍脑袋行为。互联网最大的特点之一就是消除信息不对称，苏宁在3C领域的线上价格跟京东相比已经毫无优势，线下价格也是跟线上一样，这就等于自己给自己挖坑，告诉别人不要指望线下能有多优惠。同时苏宁显然太自以为是,以为客户在他线下门店对比价格时会选择苏宁易购,却忘了客户其实还可以选择京东。线上线下同价意味着苏宁放弃了线下市场,而线上又无优势,根本无法跟电商同业竞争。

3. 解决企业漏洞问题

互联网模式超越传统模式,能够消除企业经营管理的盲区。例如,财务管理在没有实现 OA 化之前,企业财务上的漏洞在传统财务操作中无法解决,传统企业在没有建立内部财务管理信息系统的情况下,很难应用科学而又有效的财务分析工具,这就导致企业内部职责不分、人员越权行事、财务管理混乱、财务监控不严、会计信息失真等漏洞出现。

4. 促进企业的可持续发展

现代企业管理的复杂性在于员工、客户、经销商和供应链遍布全球。政治动荡、劳资纠纷、自然灾害、基础设施老化和公关失败等都可能成为企业可持续性发展的障碍。企业要维持企业经营的持续性,就要实现企业文化和组织上的可持续性,并且保证对客户的持续开发和维护。

在实现企业文化和组织上的可持续性方面,因为企业文化涵盖了企业共同价值观、未来前景、态度及行为等方面,所以公司不应该拘泥于传统方式,而应利用互联网化实现部门之间的信息共享以及快速交流,从而在整个公司内部建立信息传递敏捷、反馈信息及时、处理问题迅速的可持续性企业文化。

在保证对客户的持续开发和维护方面,一个企业如果持续性拥有数量可观的用户,那么企业就有了未来发展的资本,互联网的应用可以极大程度地帮助企业去维持和培养忠诚用户以及开发潜在用户。现在很多企业正在利用各种互联网平台的 PC 端或移动端不断投送各类新颖广告,让企业的产品和服务得到最大范围的推广,推动客户开发。此外,通过微博、微信对客户进行二次营销,可实现对客户的维护和持续开发。

企业内部互联网化战略

在讲解了互联网化带给企业新的发展之后,本节重点讲解互联网化战略的第一个层面,即内部互联网化。企业内部的互联网化,是指用互联网模式把公司内部不同层次和职能的员工组织和整合在一起,克服其在传统模式下的空间局限和时间局限。企业内部的互联网化战略分成了内部整合的高效协同化、组织职能的互联网化、运营效率和价值挖掘的互联网化、组织智商的建构四个方面。

1. 内部整合高效协同化

企业要实现内部整合高效协同化要从两个方面着手,第一个方面是打造企业内部社会化平台,第二个方面是促进企业的文化、理念形成正向的蝴蝶效应。

在打造企业内部社会化平台方面,企业内部社会化平台改变了企业内部的空间维度和时间维度,企业员工可以在任何时间任何空间与任何一名其他员工互动,这就使得员工不再局限在企业固定场所来进行交流和互动,这对企业文化融合和凝聚力的打造起到了强大的促进作用。

在促进企业的文化、理念形成正向的蝴蝶效应方面,企业应充分地发挥互联网在文化层面上的应用,让企业的文化、价值观等在企业内部得到蝴蝶效应的传播,快速形成上下愿景一致且协同的文化软实力,只有这样才能大大提升企业内部建设的质量和效率。运用互联网平台进行企业内部文化的建设,不仅可以提升自己的号召力,同时也会对内部员工起到激励作用。

2. 组织职能的互联网化

在互联网时代背景下,企业的组织职能如战略、投资、财务、人力资源、研发、供应链、营销、服务、风险等,都要进行不同程度的互联网化革命。企业要明晰组织职能的互联网化是一个体系建设,企业对任何一个职能进行互联网化都是一个系统的设计,都是利用互联网这一基础平台,用互联网化战略对职能前后进行一个整体的贯穿和链接。

同时,企业在组织职能互联网化体系建设的基础上,还要促进组织职能之间的互联网化,因为企业的众多职能之间是相互联通的,比如一个企业的供应链职能和销售职能系统必然是承接一体的。这就要求在进行企业职能互联网化的时候,要构建职能间的无缝对接,形成一个关联联动整体,从而实现协同效应最大化。

3. 运营效率和价值挖掘的互联网化

企业研发、生产、供应、销售、物流的互联网化,不仅仅带来了新的渠道和操作界面,更通过以数据为载体的业务运行,给企业各经营环节带来了新的改变和革新,这些改变使得企业内部形成有效的协同与整合,从而提高了企业的经营效率,充分挖掘企业经营中各个环节的价值。

企业通过内网平台及时发布企业政策、未来发展规划等,使企业员工都能够及时获知,迅速达成共识,使员工在充分理解企业的经营发展理念之上,形成一股强大的整体力量,劲往一处使。对企业各个环节利用互联网进行打通,使得企业运作如同注入润滑油一样阻力小效率高。与此同时,企业还需要充分挖掘经营环节中遗漏的价值。

4. 组织智商的建构

组织智商是组织进行自觉认知、学习,并提升能力的一种人工智能。打造企业的组织智商,就是让企业能够建立起内外部信息协同处理的能力及全体组织共同学习思考的能力,从而使得企业能够进行有效决策、高效实施企业战略。运用互联网化战略,可以有效地引导组织智商向着对企业有利的方向进化和提高。这就使得企业内部信息、数据能够通过互联网平台进行高速地流转和整合,从而让企业得以快速构建或充实自身的知识体系。

　　此外,组织智商系统不是从企业管理过程的角度,而是从一个组织能否进行集体思考与洞察并发展出一个大脑型组织的高度来解决管理问题。组织智商是解决对外不确定性和对内复杂性的切实之道。如果一个企业可以做到不断提高其外部信息觉察能力、顾客反应的感知能力、决策架构的效力,建立高效的内部智慧传播机制,就可以让组织聚焦并实现持续创新,乃至最后让企业组织智商系统成为大脑联网。

　　大脑联网的最终目的是为了让企业更灵敏地面对内外部环境的变化,做出正确的决策。它需要高层的积极支持,更需要一套完整的组织框架来支撑。这种组织设计,一方面可以适时地推进知识库、企业思想库的建设,另一方面可以推进大脑联网的实现。

　　以苏宁为例,苏宁对外部信息的觉察能力及对顾客需求的感知能力仍需提高。例如,面对来势汹汹的 2014 年移动电商浪潮,竞争对手天猫集整个集团之力发力移动电商;京东上市之前也抱上了腾讯的微信大腿,而苏宁 2014 年公布的战略方向除了大谈 O2O,却只字未提移动互联战略,实在令人匪夷所思。苏宁董事长张近东在认识到这个问题后积极应对。在 2014 年苏宁春季部署会议上,张近东提出苏宁的互联网架构——“三效法则”,即“用户体验讲效果,经营创新讲效益,制度优化讲效率”。要求全体苏宁员工以“产品突破”、“体验为王”为核心纲领,实现苏宁与企业外部建立新的互联关系。此外,苏宁推出 2015 年“818”促销节活动,苏宁易购欧洲馆也将在本次发烧节期间与消费者见面。作为苏宁海外购频道的特色营销产品,“全球闪购”还会重装面市,母婴、美妆、家电 3C、钟表百货、食品保健等多个品类都有半价封顶特卖活动。苏宁通过这一系列的方式致力于提高企业内部与社会互联的能力,更好地利用互联网平台打造企业的组织智商,更敏锐地应对外部变化。2015 年 8 月 10 日,阿里与苏宁达成战略合作协议,阿里将以约 283 亿元人民币战略投资苏宁,成为第二大股东;苏宁将以 140 亿元人民币认购不超过 2 780 万股的阿里新发行股份。双方将打通线上线下,全面提高效率,为中国及全球消费者提供更加便捷的服务。

企业外部互联网化战略

互联网化战略的第二个层面就是企业外部互联网化。针对外部互联网化,企业可以从五个方面实现战略的构建:第一个方面是社会化,即企业与社会的互动;第二个方面是企业的供应链互联网化;第三个方面是企业的产业链互联网化;第四个方面是企业的生态链互联网化;第五个方面是企业超出经营范围的社会化绩效,如图1-2-1所示。

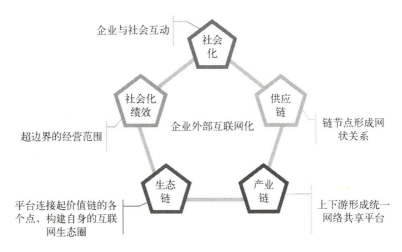

图1-2-1　企业外部的互联网化战略

1. 社会化

企业是社会经济发展到一定历史阶段的产物,换言之,企业是随着社会经济发展而不断适应发展和改变的产物,在企业发展的初期依照简单的架构有可能让企业发展起来,但是随着企业发展壮大,如果依然按照陈旧的思维模式管理企业,企业终将会被社会所淘汰。

互联网社会化是从系统的高度构筑集团企业与社会外部进行互动和交流的战略,使集团企业经营的各个环节实现与社会的关联,形成协同效应、蝴蝶效应以及系统效应的战略。团队的架构越复杂、人数越多、上下前后的环节越多,就越需要一个强大的协同,而要达到强大的协同效应就必须在团队之上进行顶层设计,并且大家必须有着同一个上层战略目标再结合自身的情况去高度执行,才能带来整体效应的最大化。

2. 供应链互联网化

企业只有突破一般战略规划中仅仅关注企业本身的局限,通过对供应链各个环节进行规划,实现企业供应链的互联网构建,才能让企业拥有较高的竞争优势。所以互联网化战略在供应链方面的应用要抓住重点,要去关注产品或服务在企业内部的流动,并与企业外部形成互联,从而给企业带来竞争优势。

在互联网信息化技术条件下,企业必须思考如何高效地管理企业上下游与企业本身之间的各种交易网,如何将信息、物流、学习、制度、创新等各种各样的价值形成有效的价值流、信息流、能力流。

3. 产业链互联网化

产业链的互联网化,不是要求一个企业拥有全产业链,而是对所拥有的产业链与企业外部进行联通。一般认为一个产业链无外乎由上游、中游、下游构成。传统认识上,当产业上下游形成紧密的关系以后,产业就链化了。产业链的互联网化分为产业链内部的互联网化以及产业链外部的互联网化。

产业链内部的互联网化就是整合核心企业上下游客户、银行、投资者、物流仓储服务商等产业链相关资源,根据产业链的具体特点,来创新产品模式,提供贸易融资金融产品,实现产业链各环节信息流、资金流和物流各个系统间的无缝对接。

但是产业链仅仅实现内部互联是不能产生足够的张力和外延性的,还需要一些很重要的推进因素,即要形成产业链层次间的互联。所谓产业链外部层次的互联,通常来说,除了上游、中游、下游等关键角色以外,还必须把与企业外部的如服务、金融、信息、中介、餐饮、物流等要素互联起来,构成一个一体化的网络。

4. 生态链互联网化

企业发现无论怎么高能级地去构筑产业链、推动产业链整合,只要生态链不变,大环境不变,那么自身的影响力、控制力仍然非常有限,因此就要推动生态链的变革。一般的企业是没有能力去做这种大范围里的互联网化生态链的,但可以顺应大趋势、大生态,来创造小生态链。

5. 企业超出经营范围的社会化绩效

在互联网信息技术背景下,行业之间边界日益模糊化,能够抓住机会率先创造需求、改变行业、重构行业、驱动消费者理念创新、驱动新商业文明的企业,才能在新一轮竞争中占领高地,获得优势地位。

比如,做媒体和做通信是两个截然不同的行业,我们从来不会认为电信运营商和电视台之间有什么联系。然而,随着三网融合的到来,使得这两个行业之间的边界被打开了,电信运营商开始制作自己的媒体内容,例如"手机报"和"视频点播"等;而媒体运营商也开始建设自己的信息网络,例如"歌华有线"这些网络不仅能投放传统的电视信号,还可以运行宽带业务。

因此,很多企业都懂得了充分利用互联网信息发展趋势,冲破自身的行业,获得边界价值的重要意义。

第三章 企业互联网化大趋势

集团型企业的互联网化转型的发展方向呈现出集团发展形态的互联网化、商业民主化、外部生态圈掌控子公司、内部子孙公司与外部生态圈的边界融合化和模糊化的特点,这就勾勒出了一幅互联网化企业的全貌图,即内部互联网化、外部互联网化、生态圈化、组织混序化以及企业基于变化的运作。

同时集团型企业的互联网形态也展现出了深层次的划分,主要有四种形态:

第一种是消费型,即集团最终的努力方向,直接、间接服务于消费者,形成消费服务,主要是娱乐消费服务类公司,或者产品直接面向终端消费者的公司,比如,淘宝、亚马逊、京东就是以消费为主导的互联网公司。

第二种是价值型,即传统产业的互联网化,如城投、工业、能源及重工等产业的互联网化,其核心是智能工厂、智能生产、智能物流等打造智能化生产管理和运营,比如,远大的建筑工业化、富士康的机器人工厂、GE 的工业魔盒。

第三种是媒介型,主要是各种平台、社区、新媒体、资讯、生活服务的组织和公司,生态主要实现内容聚合、社会化互动、入口争夺、新形势塑造与引领,比如,新浪、网易、搜狐、谷歌、百度、Facebook 等。

第四种是功能型,主要是构建互联网功能团,解决社会问题,比如,智慧家居、智慧城市、智慧交通、智慧医疗、众智、众包等。

总之,企业只有基于对互联网的深入思考、对互联网思维的深度剖析,才能在真正意义上做好互联网化转型。

互联网发展的代际

互联网发展经历了三个大的阶段,从互联时代的人机互联,到互动时代人与人之间的互联,再到互惠时代的生产者主导权向消费者主导权转移,互联网的发展日趋成熟。传统企业的互联网化转型探索也经历了商情时代、电商时代、SoLoMo(Social、Local、Mobile,即社交化本地化移动化)时代以及大整合时代,在这个过程中,传统企业也逐渐找到了自身的转型节奏。

1. 互联网自身发展角度的代际划分

第一个代际是互联时代。20 世纪 90 年代,国内对于互联网的探索主要以联网为主线,构建了大型的资讯类门户网站,使得大家可以连接在一起,解决了信息发布和沟通的交互问题,采用的是技术创新主导模式,信息技术的变革和使用对于网站的新生与发展起到了关键性的作用。新浪最初就是以技术平台起家,搜狐以搜索技术起家,腾讯以即时通信技术起家,盛大以网络游戏起家,在这些网站的创始阶段,技术的痕迹相当明显。

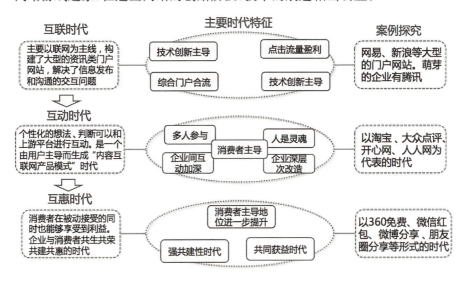

图 1 - 3 - 1　总的代际划分

这个阶段企业主要以点击率为基础来获得融资或开展增值服务，并出现了向综合门户合流的现象。早期的新浪、搜狐以及网易等继续坚持了门户网站的道路，而腾讯、MSN、Google等网络新贵，也都纷纷走向了门户网络，尤其是对新闻信息表现出了极大的兴趣。在向综合门户网站合流的同时，还形成了主营与兼营结合的明晰产业结构，例如新浪由新闻拓展到广告，网易由新闻拓展到游戏，各家以主营作为突破口，以兼营作为补充点，形成拳头加肉掌的发展方式。

互联网发展的第二个代际是21世纪初至今的互动时代。联网后的各个终端之间存在着交流、互动，个性化的想法及判断可以和上游平台进行互动，由用户主导而生成"内容互联网产品模式"，网络的使用者化身为网络内容的共建者，呈现出个体崛起、多人参与、消费者主导的时代特征，这就使得企业在该阶段将自身经营管理的各个环节逐步实现与客户和消费者的互动，也使得消费者与企业之间的信息不对称进一步得到解决。

互联网发展的下一步是互惠时代，即企业与消费者共生、共荣、共建、共惠的时代。利益重新进行划分，消费者不再单单是以往的利益提供者，消费者在被动接受的同时也能够享受到利益，比如微信红包，在推广微信支付的同时，也让消费者体验到了这种推广所带来的自身利益的提升。

2. 传统企业互联网化转型的代际划分

从传统企业互联网化转型的角度来分析，互联网的发展又划分为商情时代、电商时代、SoLoMo时代、大整合时代。

第一个代际是商情时代，即传统企业对互联网的探索是基于商业情报、资讯的网上发布。企业此时开发的网络平台，仅仅是作为一个信息的发布、使用平台，没有任何的购买特征，任何的评论分享都不能获得利益，这个时代的代表平台是慧聪商情、PCLADY、太平洋电脑网。这个时代的盈利模式也只是简单地通过向信息发布者与信息使用者双向收费来赚取利润，例如，慧聪商情主要靠提供基于供求信息的资讯服务，海量国内外用户在平台上发布信息寻找商机，以求能够在线下达成交易，而慧聪商情就为双方提供了线上的信息平台,使得信息的沟通变得更加顺畅。

　　第二个代际是电商时代,即传统企业迎合互联网发展大潮,聚集了大量的人力、物力、财力进行互联网布局,主要体现在网上电商平台的构筑,探索的途径主要分成自建电商平台、借用已有的成熟的电商平台和外包电商运营平台这三种。但凡是此时自建电商平台的企业大多在耗费了巨大的人力物力后,仍然没能成功地完成电商的转型,这也使得传统企业对互联网的转型产生了一种畏惧心理。

　　这个时期代表性的探索先锋有美特斯·邦威、报喜鸟、PPG 以及凡客。美邦的电商平台,还没有被广大消费者认知的时候就已经湮灭在电商革命的浪潮之中,报喜鸟的门户网站最终也是沦为了一种商品展览的途径,凡客也自 CPS 系统的一鸣惊人之后,再难扭转被颠覆的结局,带给传统企业的教训是不要急于搭建自身的电商平台,要基于对互联网的认识,分析企业自身的现状来合理化地选择已有的电商平台,反而会是一种好的转型思路,例如在天猫上开旗舰店,或者企业入驻京东商城,都是很好的途径。

　　传统企业互联网化转型的第三个时代是 SoLoMo 时代,即社会化、本地化、移动化的时代。社会化是指企业部分职能可以通过社交化得以解决;本地化是指消费者越来越想在本地能够即时体验真实产品,并且消费观念也由原来的"我需要则我消费"转变为"消费即生活";移动化是指移动互联的大发展,使得空间和时间都被异化,消费者随时随地都可以进行消费。SoLoMo 三个层面的结合,吸引了诸多销售人员的眼球,存在巨大的商业机遇和营销机遇,成为网络营销的基石,其中影响最大的是社会化,也就是说企业如何快速将自己的产品和品牌最大程度地为大众所熟知,建立企业与消费者与大众的情感联系,利用网络平台增强企业与消费者的关联度,实现企业自身社会化职能的转变。

　　这个时期代表性的企业有 Linkedin(领英)、小米、麦考林体验馆、钻石小鸟、索菲亚衣柜以及滴滴打车等。领英打造职场社交平台,人脉关系广是领英运行模式的基点,先建立人际关系网再做相应的增值服务招聘,也就是利用 SNS 商务平台做专业招聘,在此平台上激活人际网络;小米通过社区、论坛、微博等网上工具先形成粉丝群体、消费群体,也就是说形成吸引粉丝的经济,利用网络的社交平台形成稳定的消费群体,形成产品的网上营销市场;麦考林体验馆真实将线下的体验与线上的消费结合起来,并且给了消费者一种消费即生活的体验;钻石小鸟通过对钻石的奢侈属性的再认识,完美打造了线上销售平台和线下体验平台,使得顾客可以在线上获知钻石的相关知识以及完成购买,在线下去体验真实的产品,保证消费者买到真货。

传统企业互联网化转型接下来的一个时代是大整合时代。在这个时代,互联网生态圈加速侵蚀实体产业,实体产业加速互联网布局,形成各种新型互联、互通、互动以及互惠共生的时代。在这个时代里面不再存在概念上的互联网公司,所有的公司都带有了互联网的属性。互联网也不再作为一种颠覆的工具,而是作为企业管理经营中的一种基础资源,就像现在的电力等基础资源一样不可或缺。

传统行业互联网化大趋势

从上一节对互联网发展代际的阐释中我们发现,互联网正在经历着代际的跨越,本节将继续了解在代际跨越中互联网发展的具体趋势,以及这种趋势下传统企业所受到的影响,从而进一步推演出企业互联网化转型的具体趋势。

1. 互联网发展的趋势

互联网发展由互动到互惠时代的跨越主要展现出向数据时代进发、向移动时代进发、向社会化时代进发、向大整合时代进发的四大趋势。

趋势一是向数据时代进发。在互联网时代,数据驱动的企业决策、流程管理及产品设计日益受到产业界重视,结合智能计算的大数据分析将成为创业热点。大数据与神经计算、深度学习、语义计算以及人工智能等相关技术的结合将会更加深化,数据科学的综合性应用将不断涌现。物联网与移动计算加强了物理世界与人的融合,大数据和云计算加强了后端的数据存储管理和计算能力。物联网、移动互联网、云计算等热点技术领域将深入融合，产生更多的"数据套餐"。

例如韩都衣舍开发商业智能 BI 数据分析系统，能与其独立开发的 ERP 系统无缝对接。针对订单、库存、发货、退换货统计和 CRM、微博数据进行统计分析，以曲线图的方式呈现。通过该智能商业系统，韩都衣舍的产品企划部门、产品研发部门、供应链部门、市场运营部门、财务部门、人力资源部门等，都可以很直观地看到本部门关心的各项数据指标，并根据数据不断调整和优化。更重要的是，本系统通过不断调整、优化数据计算模型，可以实现各种关键指标的预警功能。"这个系统会大大提高韩都衣舍对数据的分析和应用能力。不仅仅是对订单和用户信息进行分析，也会对公司整体的产品开发、库存情况、营销推广等各个环节进行即时的数据分析，监测预警。对于公司各部门以及整体决策，提供坚实有力的支持。"韩都衣舍 CEO 赵迎光认为，通过客户分析(包括地域、年龄、消费水平)等相关数据，更有利于韩都衣舍今后的精准营销。

趋势二是向移动时代进发。互联网将全面进入移动互联时代，以微信、微博等客户端为代表的"自媒体"正在成为网络舆论场的新重心。移动互联网的发展将促进电子渠道与实体渠道的相互融合，进一步丰富面向个人的服务手段与沟通渠道。以云计算与移动互联网的发展为技术支撑，以个人自助获得服务的"自服务"时代已经来临。

趋势三是向社会化时代进发。互联网技术的进一步发展，大数据的进一步深化，以及移动互联网的爆发式增长，使得企业在运营过程中一切都将数据化、可视化。企业的一切经营发展状况都将暴露在社会消费者面前，企业再也不能通过信息不对称从消费者那里获得高额利润，商品透明度增强，并且更加符合人性化。

趋势四是向大整合时代进发。在这个时代，互联网公司将加速对传统行业的颠覆，传统公司将进一步加速转型。这将使互联网企业与传统企业实现深度融合，使得未来的互联网不再作为一种颠覆传统的工具，未来也并不存在所谓的互联网公司，所有的公司都将具有互联网的属性，互联网也将会作为一种基础设施被整个社会所使用。

2. 互联网发展新趋势对传统行业的影响

互联网的发展新趋势将为传统行业带来工农业大举涉足 O2O(线上线下互动)、电子商务发展速度大幅度回落、互联网金融持续在政策边缘爆发、互联网驱动产业兼并重组与产业结构升级这四大影响。

第一个影响就是工农业大举涉足 O2O。O2O 是当今中国互联网最热的词汇之一,如今我们会发现街边的餐厅、电影院、银行、商超等都在全面拥抱互联网,线上和线下的链条被互联网打通。并且这种趋势在逐渐地向工业、农业以及物流业延伸。例如,一个有一定 IT 系统支撑的养猪场,接入互联网后可以通过网络平台实现生猪的科学喂养和粪便的清理。而当半年后猪需要出栏售卖时,通过"运满满"这样的平台又能实现物流和买卖环节的对接,减少人力的投入,提升整个环节的运营效率,而且还节约了成本。

第二个影响是电子商务的发展速度大幅度回落。伴随着传统企业对电子商务的重新认识,传统企业电商转型之路将变得不再那么激进,日益成熟的电商平台也面临着新的转型拐点。电子商务的发展速度将大幅回落。线下的购物体验和品质在大幅度提升,吸引并分流了大部分的电商消费者。

第三个影响是互联网金融持续在政策边缘爆发。2013 年,支付宝与天弘基金合作推出余额宝,搅动了互联网金融的一池春水,而随着互联网企业逐步向金融业渗透,金融企业不得不主动拥抱互联网,互联网金融飞速发展的 2013 年,也被业界称为"互联网金融元年",到了 2014 年,互联网金融依然保持高增长的发展态势,并将在 2015 年继续显现,除了冲击传统金融的货币基金外,P2P(对等网络)和众筹等多元化形式的互联网金融,对于传统金融的颠覆与重构,都会引起业界的广泛关注,特别在金融准入市场逐步放开的背景下,各路资本将蜂拥而至。

第四个影响是互联网驱动产业兼并重组与产业结构升级。互联网的排他性,以及生态圈属性,必将带来不同产业的兼并重组与产业升级,这对传统企业的互联网化转型更是一个历史性的机遇,滴滴和快的的合并,钢铁企业的转型成功都是有力的佐证。

3. 传统行业互联网化的趋势分析

传统行业在受到互联网发展新趋势影响的同时,传统行业的互联网化转型也具备了自身的趋势。这种趋势主要表现在六个层级:第一个层级是内部互联网化实现管理和业务的双向并轨;第二个层级是外部互联网化实现企业与客户群体以及上下游产业间的互联;第三个层级是联盟互联实现了利益共同体之间的互联网化;第四个层级是基于自身产业构筑新的生态圈;第五个层级是生态圈构筑成功之后次级生态系统的衍生;第六个层级是传统企业互联网化转型和互联网公司的并轨。

第一个层级是内部互联网化。内部的互联网化要实现企业管理和业务的双向互联网化的并轨。管理上要实现组织架构扁平化、智能化,业务流程的互联网化,以及要实现职能的互联网化,运营效率的互联网化。同时内部互联网化还包括企业内部组织智商的打造,实现企业文化、知识体系、员工技能的全面互联网化改造。业务的互联网化要求企业在业务的拓展和发展中,要逐步将内部的业务流程和外部的商业活动与互联网结合起来。从而有效提升企业的核心竞争力。

第二个层级是外部互联网化。外部的互联网化要实现企业与客户的对话,依靠对自身生态圈的全盘掌握,深入分析客户相关经营数据,形成一个在互联网平台高效互通有无的体系,从而建立起企业客户互联网平台。以及企业与上下游企业之间要通过互联网构建起牢固的信息共享机制,联手打造互动、和谐、共荣的平台。

第三个层级是联盟互联网化。随着传统企业互联网化转型的深入,另一个趋势就是企业之间的联盟形成一种互联网化的运作。企业之间联盟通过抱团取暖等方式,打造一个局域网式的平台,来提升自己的话语权。

第四个层级是生态链、产业链和供应链生态圈化。企业最终会基于自身所处的产业和行业,打造一个生态系统,来应对未来互联网的挑战。例如海尔的十年转型,苏宁的云商系统,都是基于自身的产业打造一个属于自己的生态系统,来自我颠覆,自我转型。

第五个层级是生态圈多层次化。传统企业在打造了自身的生态系统之后,下一个趋势就是向生态系统的复杂性进发,多个子生态系统共生共荣、共建共发展。就像阿里巴巴在大淘宝生态下的物流生态、金融生态,传统行业的生态圈会呈现出多层次化。

第六个层级是传统企业的互联网化转型与互联网公司的发展相融合。最终的形态是,整个商业界的大融合,不再存在传统意义上的传统企业和互联网公司,互联网作为一种常态存在于企业的生产管理运营之中。

集团型企业互联网化发展方向

集团型企业互联网化发展方向主要包含了四个层面:一是集团发展形态的互联网化;二是商业民主化;三是外部生态圈掌控子孙公司;四是边界融合模糊化。

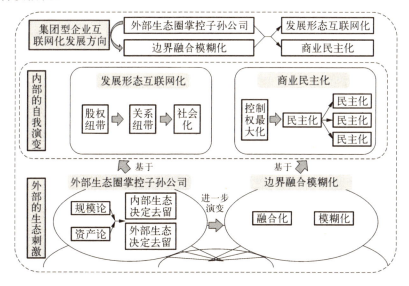

图 1-3-2 集团型企业互联网化发展方向

1. 集团发展形态的互联网化

过去集团特别注重于内部设立子公司、孙公司,呈现一个产权关系上的连接。而在互联网时代,集团企业更倾向于运用互联网,建立高效的外部关系企业(非股权),通过关系企业之间的高效运作,替代原先股权连接的总部与子孙公司之间的直线关系。例如,海尔的互联网化,海尔希望打造一个公共科技服务平台,形成从"创客市场"、"创客实验室"、"创客微工厂",到"创客银行"的生态链。

2. 商业民主化

过去集团特别强调集团掌控一切、设计一切、命令一切,至少集团总部是核心制度的安排者、总体秩序的控制者,但是在互联网范式下,集团会转变为基本规则、基本伦理、基本文化的设计者与推进者,企业将会容许在运营过程当中自下而上产生制度和秩序。甚至于企业将会鼓励一种混序,以一种快速迭代的方式让每一个秩序只能存在较短的时间,从而实现小步快跑。通过多个秩序的连续变化,产生集团的一个动态,但这是有机的、生机勃勃的制度流和秩序流,这种混序,并不是无序,而是一种基于变化的变化,这就是商业民主化。

海尔所探索的"人单合一"双赢模式,就是实现商业民主化的过程。海尔通过这种模式,在"企业平台化、员工创客化、用户个性化"的战略主题指导下,搭建开放的平台生态圈体系,并将员工从命令执行者转变为创业者,为员工提供一个实现和提升自我价值的平台。通过模式创新不断丰富互联网时代的人力资源管理新内涵,这是海尔在踏准时代节拍发展道路上的有益尝试。"人单合一"双赢模式适应了互联网时代的要求,它与传统管理模式最本质的区别是:传统管理模式是以企业为中心制定的,"人单合一"双赢模式是以用户为中心制定的。互联网时代,信息不对称的主动权转移到用户手中,用户可以决定企业的生存,企业唯一的选择就是跟上用户点击鼠标的速度。

要做到这一点，就要给一线员工最大的自主权和决策权，让他在第一时间对用户的需求做出反应。人单合一双赢模式就是让员工成为自主创新的主体，由此形成企业与员工之间关系的一个新格局：即由原来员工听企业的，变成现在员工听用户的、企业听员工的，共同为用户创新。[①]

3. 外部生态圈掌控子孙公司

整个集团的运营，不再是以内部子孙公司为主，而是以外部的生态圈来掌控内部的子孙公司，业务是放在哪里，还是去掉，是否设立子公司、孙公司，要形成怎么样的组织架构，这些问题都是由外部生态圈的运作来进行考量的。

4. 边界融合模糊化

集团型企业内部子孙公司和外部生态圈的边界未来将越来越融合化、模糊化，未来判断一个集团型企业的资产边界，将会越来越不清晰，企业何时持有子公司，何时构成一个生态关系，以及企业的哪些外部机构是和自身集团之间有互联关系，这些问题将会越来越模糊。

企业互联网化全貌

1. 内部互联网化

内部互联网化，就是把整个企业连成一个组织智商，把内部人员的创新、知识、意识乃至社会关系都整合到内部来，为内部的创新及价值挖掘服务。

企业内部要大力推进信息化建设，建立企业内部信息管理系统，对企业内部的信息进行组织管理，实现信息挖掘、信息输入、信息转移和信息共享等。同时，企业将充分开发和有效利用信息资源，把握机会，做出正确决策，

---

① 参见海尔"人单合一"双赢模式：让员工成为创客. 第一财经日报，2014 年 12 月 12 日。

增进企业运行效率,最终提高企业的竞争力水平。

2. 外部互联网化

企业的外部互联网化正如本章第二节所提到的,要从企业外部资源的互联网化、企业客户的互联网化这两个方面入手,主要表现在供应链、产业链的互联网化,此处不再赘述。

3. 生态圈化

企业构筑了生态圈以后,还会进行生态圈化运营。简单地说,互联网功能团里的每一个企业,尤其是核心企业,主要工作就会变成如何推动生态圈哲学的升级,生态圈价值的创造,生态圈互惠互利关系的打造,以及推动生态圈的进化。

4. 组织呈现混序

第四个全貌就是整个组织里面呈现出一种混序。企业鼓励这种混序的存在,企业构建多个连续变化的秩序,通过快速迭代的方式改变秩序存在的周期,减少秩序存在的时间,多个快速秩序周期的变更产生组织秩序的连续变化,形成一个动态的、有机的制度流与秩序流,这种基于变化的变化,看似无序,却遵循变化规律。此外,创新组织自身和规则,形成一种基于商业文明的混序化运作。

5. 企业基于变的运作

互联网化企业全貌最终会呈现出一个企业基于变化来运作的景象。整个互联网的精髓在于互联网是自下而上的,由外而内的。并且它的精髓在于变,而且变的速度、程度、幅度和深度,都是非常强大的,是个剧烈的动荡系统。那么所有企业基于变,如何来应变,甚至来驾驭变化,这构成互联网化企业的另一个全貌,即基于变化来运作。例如,企业的商业宗旨变成为客户服务,尽管客户的喜好在变化,但是始终为客户服务,让客户价值得到增值的经营目的不会变。企业在管理运营中就要去理解这种变化,立足于变化改造自身,并且打造管理体系来管理变化,打造一个立足于变化的动态经营模式。最终企业要去塑造变化,引领当下的时代潮流。

互 联 网 形 态

　　尽管互联网的思维在随时变化,互联网的创新随时在变,互联网的商业模式也在随时变化,但是未来的变化并不是无章可循的。未来每一个集团都会把自己打造成一个互联网功能团,或者是若干子功能团的母团,或者是成为其他大功能团的一个组成团,我们将这种商业发展现象称为功能团化。

　　这种功能团化背后的互联网化转型,呈现出四种互联网化形态,即消费型、价值型、媒介型、功能型。未来的企业要么成为媒介,要么服务于消费,要么挖掘内部价值,要么围绕着所有的物与物、资产与资产、设备与设备、社区与社区之间构成一个可对话的体系来服务与发展,也就是说未来企业将不再按产业来划分,而是按照互联网化形态来划分。企业的并购行为,企业的投资行为,都会按照企业本身是什么互联网化形态来管理。

　　第一种互联网化形态是消费型。整个生态圈不管跨多少个界,形成怎么样的商业模式,集团最终的努力方向是为了形成消费。如果企业是一个娱乐消费服务类公司,或者企业产品直接面向终端消费者群体,那么该企业就适合打造一个主导消费型的互联网生态,以生态圈主的身份引领整个圈层并把蛋糕做大。同时通过顶层设计加底层创新来完善整个圈层的创新体系,服务于整个大的圈层建设。

　　第二种互联网化形态是价值型。价值型是指传统的制造业通过运用互联网化的能力、架构,来生产更好的产品与服务,来提升为客户服务的价值。德国工业4.0,以及美国的大工业企业目前所推广的产业互联网化,其本质就是价值型,如何塑造、挖掘、深度攫取社会存量价值,正是这种形态要思考的主要问题。

　　对于传统的制造行业,如工业、科技能源及重工等产业互联网化而言,就要打造一个价值型的互联网化形态。价值型互联网化形态的核心所在是打造智能化的生产、管理及运营，主要包括三个方面：首先是"智能工厂"的打造，重点完成智能化生产系统的搭建，以及网络化分布式生产设施的实现；其次是"智能生产"，主要涉及整个企业的生产物流管理、人机互动以及3D技术在工业生产过程中的应用；再次是"智能物流"，通过互联网、物联网整合物流资源，充分发挥现有物流资源供应方的效率，从而使产品需求方能够快速获得服务匹配，得到物流支持。

第三种互联网化形态是媒介型。对于社区平台、新媒体平台、资讯平台、生活服务平台，打造一种媒介型的互联网生态。这一类互联网生态宗旨要实现内容的聚合、社会化的互动、入口的争夺以及新形势的塑造与引领。媒介型的关键在于内容，如何做好内容上的聚合，使得企业能够独占某个领域的内容板块，是这种形态的公司所要考虑的核心问题，例如酷我抢夺好声音的独家发布权。此外，这是一个互动的时代，如何做好与整个社会间的大互动，来扩充、更新和创造媒介的内容，对于这个范畴的互联网生态来说也至关重要，例如优酷鼓励原创，而对于媒介型互联网化来说，最主要的做法是去塑造一种新的生活方式、新的社会趋势、新的社会热点以及新的个体娱乐方式。

第四种互联网化形态是功能型。功能型是指物联网、智慧家居、智慧城市、智慧交通、智慧医疗。正如《第四次浪潮》书中所写，通过利用光伏让整个城市的每个建筑都成为一个发电机，并且将每一幢大厦所产生的富余电能集中在一起，实现城市能源自给，而且这种能源是绿色能源，从而实现节能环保的功能。

第四章　消费型互联网化

消费型互联网化的核心是通过不断地与消费者、相关企业甚至全社会的互动，来提高用户的参与程度，增加用户黏性。该类企业的最终目的是不断扩大企业的业务范围，渗透到消费者生活的每个角落，从而使消费者能够在企业构建的生态圈当中不断消费，获取源源不断的利润。

一种较为常见的消费型互联网形态是以大众点评为代表的消费服务类企业。大众点评网解决了用户择店和筛选两个核心需求，无论是吃饭、美容、洗浴、休闲都能找到。以餐饮为例，大众点评的评价体系列出了餐厅总评分，以及口味、环境、服务三项细则分数，基本上就能够快速判断一个餐厅的情况，再加上之前用户提供的人均消费金额，新的用户很容易选择自己可接受的餐厅，这就在一定程度上消除了用户和商户之间的信息不对称。

归纳消费型组织的互联网化改造，可以将其划分为传播及信息获取互联网化、运营及管理互联网化、"三链"互联网化以及生态圈互联网化四个层级。

传播及信息获取互联网化

过去企业的信息传播及获取一般是通过社会调查、报刊杂志以及电视广告等传统媒介方式。例如，从传统报刊上传播或者获取信息，就会受到发行数量的限制，并且版面设计的不同要求，使得企业也很难让大多数目标人群了解到自身所推销的产品和服务。另外，传统的社会调查获取信息的准确性也值得思考。由于在目标群体填写市场调查报告时，受访者受到时间、地点、外部环境等因素的干扰,不同的样本选取质量也会给最终调查结果带来很大的影响,这些均会严重影响最终结论的正确性。

信息获取和传播的互联网化,可以让企业更加快速、低成本地获取企业发展所需要的信息,并且能够准确地将企业的信息传达出去,与传统的信息获取及传播渠道相比,互联网具备信息发布门槛低、信息资源无限、传播区域广泛、传播途径多样、传播互动性强等五大优势。

第一大优势是信息发布门槛低。用户只需具备相应的上网条件,即可在互联网上发布信息。如果想要开设网站或者发布个人博客,通过相应的审核即可。正常情况下,条件具备都能获得准许资格,不受其他资源条件的约束。

第二大优势是信息资源无限。网上资源的无限性便于用户根据个人需求下载或上传信息。

第三大优势是传播区域广泛。因为互联网没有地域限制,致使网络中的信息传播不会受到区域的约束,一条信息可以通过互联网平台传播到世界范围内。

第四大优势是传播途径多样。企业可以利用多种传播媒介来展示内容,并且可以采用互联网平台进行多渠道监测和用户消费记录,剖析用户消费偏好和消费习惯。此外,企业可以使用搜索引擎和舆情监测软件发现新的市场热点和发展趋势,结合专业机构的调研报告进行环境分析,关注众多门户网站和自媒体来适时把握时事热点。

第五大优势是传播互动性强。网民能够通过互联网,实现与网站、网络资源、大众传播者、网民之间的互动,但这些互动部分因传统媒体的局限性或者实现成本较高而无法进行。互联网上的互动极大地渲染了网络传播效果,促进了传播内容的深入发展。

运营及管理互联网化

互联网化以后,消费型互联网企业将向外部运营和内部管理互联网化方向推进。运营互联网化是指企业组织外部各种职能的互联网化,包括销售、服务、品牌等方面的互联网化;管理互联网化则强调企业组织内部人力资源、财务、战略等职能的互联网化。由于这一部分将在后续进行详细的介绍,因此,在本节当中,仅仅是对如何运营及管理互联网化做一个综述。

1. 营销互联网化

2013 年起,很多传统企业开始意识到互联网的重要性,纷纷试水互联网化营销,希望以此来提高企业的整体业绩。两年多过去了,真正转型成功的企业却寥寥无几。

（1）传统营销互联网化六大误区与优势

传统企业引进互联网仅仅关注流量、产品问题,不用担心其他方面的问题。但现阶段企业营销需要思考的问题是如何借用互联网手段,帮助目标客户精准、快速、便捷地找到企业自身。

从现阶段传统企业纷纷试水互联网化营销的趋势来看,传统的企业网络营销受各方面条件的限制,存在明显的六大误区,即简单将网络营销看成建网站;忽视网上用户作用;夸大网络营销成本投入;弱化网络营销功能,认为它仅仅是付费推广;看不到网络营销前景;只愿意做企业网站 SEO。

从优势方面来看,传统企业从事网络营销存在全方位把握产品质量、服务品质,必须生产高品质的产品,赢得消费者的口碑;自身存在很多先天条件适合做网络营销,一旦产品被消费者认可,并获得长时间的关注,则品牌优势突出等明显的优势,因此打造高品质的产品,塑造良好的品牌形象是传统网络营销的必由之路。

（2）传统营销互联网化要注意的问题

传统企业在从事网络营销时,必须密切关注消费者的需求,在从事产品设计、服务过程中要时刻注意做到以下几点。

第一,在做产品设计时,谨记图文并茂,通过图片形式展示产品特色;第二,要规范产品介绍,注意核心要点与整体描述的协调,要精炼语言,以最简短话语突出产品的核心优势;第三,要以客户易懂易接受的方式介绍产品用途;第四,注意与竞争产品的对比,货比三家是消费者心态,通过合法合理的方式展示自己产品优势,弱化其他产品;第五,适当给出承诺,要按照产品自身的特点、状况给予消费者一定的无风险承诺,提升自身品牌形象的同时降低客户的信任成本。

2. 服务互联网化

要服务好用户,关键在于企业要让用户成为业务主导,我们选取电信行业运营商作为案例,探讨企业进行服务互联网化的核心思路。

第一,传播层面的互联网化。在传统的电话接入服务模式基础上,运营商相继采用微博、QQ 等新媒体服务模式。为了迎合移动互联网的渗透,解决业务人员相对固定且不断增长的业务数量而产生的问题,官方客服微信公众交流平台应运而生。例如,"中国电信网上营业厅"的服务号,称之为微营业厅,部分简易明了的问题可以由微信机器人解决,像"查话费"、"查流量"、"查业务"等内容,微信机器人都可以办理。客服 App 应用范围不断扩大,像三大运营商在非集团层面推出客服 App 之后,都相继建立了集团公司统一的"掌上营业厅"、"手机营业厅"。近期,中国电信基于语音识别、定位等技术推出"天翼客服"手机客户端,以满足用户快速话费、流量查询需求。

第二,服务资源的灵活性配置。运营商一方面可以采用集约的方式解决基层担忧问题,结合集团公司整合研究成果,建立相应的知识库,通过分散传播渠道,实现知识共享、提升服务质量;另一方面,运营商在具体的用户服务过程中,下放决策权、资源分配权、任免权等。通过适当权力下放,增加客服工作人员的责任意识,精简内部管理流程,提升客户满意度和忠诚度。而在营业厅,出现差错类的问题,一般都会经过核查,给予最快的赔付。

第三,服务重点是体验。以前,企业能够利用信息不对称引导用户产生企业提供的是最佳产品的想法。但伴随着互联网时代的到来,用户可以采用微博等自媒体获取各类信息,市场开始以用户为导向,因此体验不仅仅是一种营销手段,更是一种无形的服务手段。

第四,构建以用户为中心的企业。体验服务仅仅是一种手段,隐藏其后的效果才是关注的重点。运营商要从"卖方市场"向"买方市场"转变,将用户行为纳入企业运营管理之中。通过增加与用户的有效互动来确定用户需求、明确产品设计方向,构建以用户为中心的企业战略、组织和业务流程。

例如 Airbnb(AirBed and Breakfast,空中食宿)是一家联系旅游人士和家有空房出租的房主服务型网站。这家成立于 2008 年的公司不久前完成了新一轮 15 亿美元的融资,估值达到 255 亿美元。

Airbnb 的业务模式非常清晰,有空房的人在上面发布他们的房屋信息,不想住酒店的用户在上面找到合适的房源,双方同意后,房客付费入住。Airbnb 则从中收取一定比例的交易佣金。

Airbnb 现在除了向你提供短租房源外,还向你推荐以房屋为中心的周边游景点,这意味着 Airbnb 正在试图成为一家以住宿为核心的旅游服务商。

Airbnb 软件工程师 Surabi Gupta 曾在一次总部会议上表示:"上线目的地周边游推荐,只是 Airbnb 切入更广泛意义上的'旅游发现'的第一步。我们的目标,是要帮助用户解决旅游目的地选择和旅行计划问题。"

住宿是旅游中很核心的部分,但还不是用户的决策上选。只有把目的地游玩资源整合进住宿体验,先帮助用户决定去哪儿玩、玩什么,然后才来谈谈住宿问题,这才是 Airbnb 试图打开的局面。

"三链"互联网化

1. 供应链互联网化

传统企业销售在互联网时代面临的挑战,早已不是企业间的竞争,而是上升为线上线下的市场竞争。中小卖家直面终端客户,导致很多线下订单向线上转移,这是传统企业无法企及的。

电子商务的出现,给传统企业带来了很大冲击。传统企业想要转变成互联网企业,不是简单地去涉及电子商务领域,电子商务不仅仅作为销售渠道,更涉及很多其他因素,包括平台、数据、物流、运营等,正是因为涉及因素太多,传统的渠道管理方式已经无法适应电子商务企业管理。

未来电子商务发展将会呈现商务电子化的模式,且不会成为现代商业发展的终点。例如:现在盛行的是 C2C(个人对个人)、B2C(企业对个人),O2O(线上线下互动)正在不断崛起,将来 C2B(消费者对企业)将成为主流模式。

从本质上来说,从供应链到数据化的整体转型才是传统企业转型之道。整体转型包含公司组织机构、人员组成、营销体系和思想转型。一旦企业不能按照企业发展的特点、规律进行转型,最终都将由于思想观念的滞后而失败。

2. 产业链互联网化

"供产销"链条的扁平化,直供与直销主流化,这些已经成为互联网转型的重要方面。与此同时,将会出现规模较大且能从银行获取融资支持的原材料贸易商或一二级批发商被排挤出局,整个供应链条将因为转型问题而瘫痪。为了预防转型失败,企业就应去思考如何平衡各方利益,来和缓地完成产业链互联网化。

3. 生态链互联网化

生态链互联网化,会使得生态链内部的利益关联方之间的信息、效率以及动作保持一致性,形成利益的共享群体。生态链互联网化后,企业的管理和运营就不再是分蛋糕,而将会是做蛋糕的过程。"三链"的运作,事实上把不该由企业和联盟获取的价值转化为可以获得的价值。

生态圈互联网化

所有消费型互联网化企业的竞争,最终都归根到生态圈与生态圈之间的竞争。生态圈不是一个企业,而是一个产业链、一个复杂关联群,因而如何运作生态圈,就变得尤为重要。并且生态圈本身所具备的远见、哲学、运营效率、进化速率,尤其是生态圈层对变化的管理能力,将直接影响到生态圈最终成败。

例如,据《中国经济时报》报道:"2014年8月26日亚马逊中国迎来发展十周年这一契机,与中信出版社签署全面战略合作协议,消费者不仅可以在Kindle书店购买和阅读中信出版社的电子书内容,还能够去Kindle实体书店进行体验和购买Kindle全线产品。亚马逊以图书业务作为切入点,把Kindle电子书店和电子书阅读器Kindle Paper white作为起点,发展一系列Kindle衍生品,建立Kindle生态圈。在亚马逊中国看来,Kindle不仅仅是一个设备,而是为消费者提供的一整套服务,秉承'我们自己生产硬件,因此可以深度地与内容和服务结合;我们深度定制安卓系统,因此我们能提供更多消费者需要的功能和服务;我们有自己的云服务,消费者无须了解软硬件及内容,亚马逊提供一站式解决方案。'"但是在形成Kindle生态圈之后,更应该关注消费者的个性化需求,把握行业变化趋势,不断创新用户服务,才能推进亚马逊中国Kindle生态圈向着更高层次发展。

构建这一类消费型互联网化企业形态,并不是从0立即跃升到1,而是要一步步地经过从传播及信息获取互联网化到最高层级生态圈互联的四个层级。这是一个零碎的、小步快跑的过程。同时,不同行业、不同情况、不同的大背景下每个企业进化的速度也完全不同。更重要的是,并不是所有企业都能进化到最高层级的生态圈互联化。

例如,乐视网,成立于2004年11月,以互联网的用户思维为导向、宽阔的战略视野为前提,致力于打造垂直整合的"平台+内容+终端+应用"的生态模式,涵盖了互联网视频、影视制作与发行、智能终端、大屏应用市场、电子商务、生态农业等。

乐视模式是个系统工程,从"硬件、软件、内容、服务"一体化的打造,到"平台+内容+终端+应用"的垂直整合的生态产业链建设,包含四层架构九大引擎。九大引擎包含平台层的云视频平台和电商平台;内容层的内容制作和内容运营;终端层的硬件及EUI系统;应用层包括:Letv Store、视频搜索、浏览器。乐视的"四层架构,九大引擎"生态圈改变了互联网行业以往的生态法则,以全新的营销、研发和商业理念,依托强大的内容优势和平台战略颠覆了传统的电影行业、电视行业、玩具行业、手机行业，甚至未来的汽车领域。

乐视的生态系统采用的是领先式的互联网开发模式，开创性地采用"CP2C"模式（"众筹营销"）以及众包研发模式，让乐视的终端产品，诸如超级电视和超级手机全流程直达用户。"CP2C"模式实现了产品设计、研发、传播、销售、售后和运营，再循环至产品设计的闭环的每一个环节均能全流程直达用户，并且用户能够深度参与到全流程的每一个环节，真正实现市场的驱动方式，不再是生产商出产品吸引顾客市场，而是订单驱动生产力。

乐视依托自主建立并不断完善的产业链布局，打造开放云平台，提供最全内容、高性能的硬件和智能系统终端，力图开创基于大屏的第三方应用商店的全价值链模式，为用户提供高品质的互联网生活方式。与此同时，它也在持续布局多元非相关产业，寻求资本放大效应和乐视生态化。

此外，乐视不断打造其生态协同效应。乐视倾力打造的生态系统正不断布局全媒体、宽频道和多产业，在生态圈中的所有产业形成交响乐式的协同效应，充分体现集团化企业全产业链的外部协同、品牌协同、资本协同和业务协同。在业务协同打造中，各个环节相互协调、相辅相成。如优质内容能助推终端覆盖，终端可为内容抢占入口，智能终端的销售直接增加 Letv Store 覆盖。在品牌协同的打造中，乐视生态有多个环节，每个环节的品牌提升都会带动其他环节乃至整个大乐视品牌的提升。如超级电视的热销为乐视带来了更高的品牌知名度；"我是歌手"等热播影视内容直接推动超级电视的推广。在资本协同的建设中，因为乐视网在国内创业板上市，市场—资本联动好于海外上市。各关联板块的突破，也都能在资本市场得到快速响应。例如乐视影业成功融资、超级电视和超级手机热卖等，乐视网股票频繁涨停。在外部协同的建设中，乐视周边已经形成了一批专业合作伙伴，包括投资者、硬件代工厂、设计机构、TV 端 App 开发者等，共同协作、共同成长、共同获益。

乐视倾力打造的"平台＋内容＋终端＋应用"的生态模式已经在互联网市场打开一个突破口，并且形成强大的舆论效应。尽管现有的发展仍然面临着资本的掣肘、管理的迷思以及操作的困难,乐视仍有希望凭借强大的内容生态不断地寻求新的增长点。厘清发展的边界问题,注重问题的解决导向,乐视生态未来可期。

第五章　价值型互联网化

价值型互联网化形态是工业、科技、能源及重工等产业的互联网化，以及中介、智力服务、科研机构等创新体系的互联网化。相对于消费型互联网化企业的主要目标是补偿市场机制的缺陷和不足，消除信息不对称，为消费者提供满意的服务和产品，该类型企业的最终发展方向是解决复杂企业的内部价值沉淀、内部创新漏洞以及社会化创新等问题，其核心是内在价值的创造，是国家层面上的互联网化布局。最典型的代表就是德国政府提出的"工业4.0"战略，旨在提高制造业的智能化水平，在商业流程及价值流程中整合客户及商业伙伴，建立具有适应性、资源分配高效性的智慧工厂。

实现企业价值型互联网化需经历以下六个层级的无级变速过程：第一层级是内外部信息化及移动运营；第二层级是深化物理层级互联网化；第三层级是企业互联网化；第四层级是高敏感型组织智商及供应链互联网化；第五层级是高动态型组织智商及产业链互联网化；第六层级是高远见协同型组织智商及生态链互联网化。

内外部信息化及移动运营

计算机IT技术的发展已经经历了五个阶段，由最初的计算机军用发展到现在的移动互联网时代。其产业革命带来的巨大生产力，就要求企业在生产经营发展中要在物理层面实现互联网化。而现阶段物理层面的互联网化，不再单纯地停留在当年用电脑办公来提高企业运作效率的层面，技术的日益更新迭代，已经使得企业物理层面的互联网化有了多方面需求。

　　对于集团化企业而言,更要紧跟技术革命的步伐,深刻理解技术革命背后社会大环境的变化,基于自身发展要求来搭建集团的 IT 物理层级。物理层级的 IT 互联网化主要表现在企业内部信息化管理、移动运营以及与外部对接三个方面,通过对企业这三个方面的改造和优化,来实现集团整体的 IT 物理层级的构筑,使得集团整体从管理、业务层面实现基础 IT 技术的应用。

1. 企业内部的信息化管理

　　企业在生产过程、存储管理、事务管理、资金管理过程中呈现数字化现象就是企业的信息化管理,企业建立信息系统,运用网络将信息加工生成新的网络信息资源,信息使用无门槛,各个层次均可使用,帮助企业洞察行业动态,及时作出有利于未来发展的生产要素组合策略,帮助企业优化资源配置,及时应对市场竞争,为企业发展提供核心竞争力。

　　在数字化技术和制造技术融合的背景下,在虚拟现实、计算机网络、数据库和多媒体等支撑技术的支持下,企业就能够根据用户的需求迅速收集资源信息,对产品信息、工艺信息和资源信息进行分析、规划和重组,实现对产品设计和功能的仿真以及原型制造,进而快速生产出达到用户要求的高性能产品。

　　企业信息化管理的精髓是信息集成,其核心要素是数据平台的建设和数据的深度挖掘。通过信息管理系统把企业的设计、采购、生产、制造、财务、营销、经营、管理等各个环节集成起来,共享信息和资源,同时利用现代的技术手段来寻找自己的潜在客户,有效地支撑企业的决策系统。达到降低库存、提高生产效益和质量、快速应变外部环境变化的目的,从而增强企业的市场竞争力。

　　企业在实现信息化时要时刻注意相关人才的培养和软硬件应用的建设,并将企业的总体规划和战略与信息化建设相对接。企业的信息化必须服从于总体规划和战略,为战略的实现提供条件。

2. 移动运营

　　移动运营将移动设备、网络与企业结合起来实现协同运营,员工不再固定于办公室,随着互联网的不断发展,移动运营已经演变为提升企业业务价值的有效工具,逐渐提高企业工作效率、降低运营成本。

比如,员工通过随身携带的智能手机或者平板电脑就可以进行远程会议召开、方案、产品和流程的讨论以及各种工作的协同,为企业减少了工作环节的堵塞问题,提高了工作效率。再比如,通过随时随地的办公方式,就能提高企业的审批效率,有利于企业整体高效运转。同时,能增强沟通协作,拓展工作范围,让领导与员工快速获取有效信息,提高工作质量。

智能移动终端的普及是企业移动运营的重要条件。最初的企业移动运营方式是依靠单个移动设备的单品移动运营,表现为通过移动电话进行遥控指挥,以及通过步话机进行现场作业指挥等。随着国内软件技术的崛起,软件技术的移动运营越来越多被企业所应用,比如企业可以通过企业微信群、QQ群进行移动管理,管理方式也越来越多样化,但有一个共同点就是这些移动运营方式都是基于单品的移动运营。

单品移动运营解决了企业运营的一部分问题,如沟通的及时性和准确性问题等。但还是存在功能不完善的问题,不能满足现代化企业移动运营的需要。移动运营的下一步发展就是企业移动运营,企业移动运营具体包括移动设备管理、移动应用管理、移动内容管理、移动邮件管理等方面,为企业提供移动化管理的一站式服务。

3. 外部接口

企业内部信息化和移动运营实现企业内部联网和组织的扁平化,提高企业运营效率。企业还需要通过外部接口实现与利益相关者之间的良好互动。外部接口为企业对外互动提供通道,但现代社会,尤其是在互联网环境下,环境瞬息万变,这要求企业的外部接口也应随着环境的变化做出相应的调整,即建立柔性化外部接口。

外部接口柔性化是指企业应根据内外环境的变化,建立与之条件相适应的、具有不断适应环境的外部接口。柔性化外部接口有很大的灵活性,对企业的经营环境有较强的应变能力。市场环境的瞬息万变,要求企业必须实现外部接口柔性化。

虽然柔性化的外部接口有助于企业随时与外部保持良好的互动,而无须担心沟通通道是否通畅。但另一方面,企业需要的互动是全方位的互动,而不是孤立地仅限于上下游之间的互动,这需要企业建立多触角化的外部接口,提高互动影响力。

企业的对外互动实现的是全面互动。互动主体多元化、社会化不仅包括为建立稳定供应链进行的产业上下游之间的互动,还包括与最终用户之间、与社会公众之间、与政府之间、与竞争对手之间的互动。多触角化的企业信息化外部接口,有利于企业充分聚集社会资源,助推企业快速发展。

深化物理层级互联网化

物理层级的 IT 互联网化只是企业互联网化的一个基础层面。企业还要通过实现人际关系、知识管理和企业运营的互联网化,来进一步深化物理层级的互联网化。

1. 人际关系互联网化

互联网化环境下,与企业有关的很多人际关系都出现了互联网化特征,如雇佣关系互联网化、客户关系互联网化、上下游关系互联网化,等等。

在互联网化环境下,企业出现了归核化、非核外包的趋势,这就促使"暂时雇佣关系"的流行。企业只需掌握核心产业,而把其他非核心职能外包。比如销售人员,企业可以在网上销售产品,并对成功推销公司产品的个人或者企业根据销售业绩给予相应的提成,通过这种方式运用大量的网络资源,进行产品营销。这种形式下,原有签订劳动合同的雇佣形式,就变成了基于互联网下的泛雇佣关系。

客户关系也出现了明显的互联网化特征。随着支付技术和网络安全不断地完善,网上购物越来越受到当下人们的喜爱。淘宝、天猫、京东等一大批专业化电商的崛起彻底改变了企业与客户之间的关系。传统企业销售一般是通过渠道商或者批发商进行销售,消费行为是当事人都在场的情况下发生的。但是在网上购物中,消费者直接与电商打交道,此时生产企业已经退居二线。或者是通过网上方式与客户之间形成互动,收集反馈信息。客户关系的维护也是在网上完成的。

互联网打破了企业原有的上下游关系。传统企业采购方式容易出现盲目采购、收受回扣、混淆采购成本等缺陷,造成采购成本虚高,从而增加了企业成本。在互联网技术支撑下,企业完全可以进行网上采购。在采购网站上统一发放采购信息,让有意向的企业进行在线竞标,在同等质量标准的情况下,价低者得。这一方面提高了采购效率,降低采购成本,另一方面使采购过程透明化,减少了中间的跑冒滴漏等现象。网上采购改变了过去固定供应商模式,各批次采购物资的供应商可能都不相同,而且下次谁是供应商也是未知的,这就使得企业采购出现了明显的互联网特征。

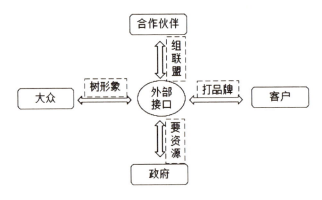

图 1 - 5 - 1 企业与外部接口的关系

同时,企业还要保持与社会不同层次的互动。通过与合作伙伴互动,维护了供应链条和产业链条的稳定。通过与客户之间的互动,宣传了企业的产品和品牌。并且通过收集客户所反馈的信息,进行产品改进,企业就具备了打造强大粉丝经济的能力。通过与政府的互动,积极向政府营销企业的产品理念,争取政策和资金支持。通过与大众进行互动,积极履行社会责任、进行慈善事业,树立良好的社会形象。

2. 知识管理互联网化

企业根据职能和业务单元的不同分为多个部门,各个部门之间彼此独立又相互关联。企业若缺乏有效的知识管理就会出现各部门独立作战,各自为政的现象,各个部门的业务单元分别处于不同的属地,形成了一个个信息孤岛,缺乏有效的信息交流和沟通,从而导致效率低下,重复劳动现象严重。

互联网促进企业知识积累和沉淀。对于知识密集型的企业来说,互联网化不仅要将各部门、业务单元的流程、制度规范化,同时也要对沉淀的知识资源进行有效的管理,让企业员工有效地进行知识交流、共享和储存,使得个人知识转化为组织知识。企业的人员流失会导致企业的客户知识和业务知识的流失,给企业的接续工作带来困难。而知识互联网化则很好地解决了这一问题,基于互联网将知识进行有效的整合和储存,需要的时候可以直接拿出来使用。知识管理互联网化避免了因为人员流失而导致的知识断层和组织失忆。

与此同时,互联网化促进企业形成共享型的企业文化。信息管理平台对知识有效的管理,不仅可以让员工从中获益,还可以作为企业人文关怀的交流协作平台。基于互联网来突出个人对企业的贡献,鼓励员工之间、各部门之间相互帮助和协作,逐步形成知识共享的企业文化氛围。

3. 运营互联网化

企业运营互联网化是在公司运营过程中,充分应用互联网技术和思维,努力做到敏捷生产,满足企业与外界各个终端交互的需求。企业运营互联网化可以从绩效评价、研发动力、生产管理、市场策略、人力计划与招聘对策等维度进行。对于具体的运营互联网化,后续章节将会详细展开,此处不再赘述。

企业互联网化

1. 企业大脑联网

企业有其自有的组织边界、资源边界和大脑边界，传统企业只是在原有的边界内通过组织结构扁平化、资源整合等方式提高企业运营效率，增强影响力。在互联网时代，企业将面临一个开放的环境，原有的组织边界、资源边界和大脑边界等变得越来越模糊，最后被打破重组。其中对企业影响最大的是大脑边界的重组，即大脑联网。

企业大脑联网是企业内部所有员工的大脑联网，是企业层面的组织大脑联网。企业大脑突破自身边界，向生态圈延伸，充分利用互联网化带来的机遇，整合外部资源，与外部企业进行战略协同，组成一个更大体量、更大规模、更大影响力的泛联盟组织，以满足企业在生态圈推进中对速度的要求。

传统企业一般通过并购整合，使外部大脑内部化，助力企业快速发展。或者通过联盟的方式组成比较松散的企业大脑间的暂时联网。但是这种大脑联网很不稳定，维持的时间也比较短。在互联网时代，生态圈中企业的产业链可能完全不相关，整合并购变得毫无方向，而且要付出很高的代价，传统并购整合使外部大脑内部化的方式已经显得越来越乏力。

解决这一问题最好的办法就是企业大脑联网。通过大脑联网，企业可以很好地与生态圈中的其他企业进行交流，实现单个企业所不能达到的效果。以淘宝生态圈为例，淘宝上的店铺分为淘宝天猫商城店铺和淘宝集市店铺。双十一就是主要针对淘宝商城店铺做的一次大脑联网。

2. 互联网化创新

首先是实现消费者互联网化。传统企业对于消费者的认知，本来就不重视。但是在互联网时代，信息爆炸、价格透明、免费体验、眼球经济、体验消费等一系列因素都深深影响着消费者的消费方式。传统的创新思维会让企业离消费者越来越远。企业创新必须以满足消费者的个性化需求为目的,才能实现可持续发展。

其次是实现资源快速聚集。互联网带来的技术、人才、资源等社会化进程远超传统产业的积累过程。企业通过建立平台,形成对于整个市场强有效的吸引力和磁石效应,实现资源的快速聚集。

3. 互联网化组织能力

互联网化组织能力是指组织相关企业完成相关战略目标的能力。互联网化组织能力可以分为供应链组织能力、产业链组织能力和生态圈组织能力三个层次。

第一层次是供应链组织能力。企业根据供应链战略,通过网络规划,设计并实施和公司发展战略相匹配的供应链运营模型,保证供应链组织能力。互联网下的供应链被打破重组,线下的供应链组织转移到线上。企业通过培养互联网化供应链组织能力,建立柔性的供应链体系,实现企业效益最大化。

第二层次是产业链组织能力。企业通过与互联网充分融合,跳出传统环境束缚,站在顶端俯视整个产业链。对产业链的发展趋势、规律以及以后需要哪些资源进行宏观把控,前瞻性地进行产业布局和卡位,增强产业影响力。充分利用互联网优势,吸附产业优势资源、增强企业互联网化产业链组织能力。

第三层次是生态圈组织能力。通过布局生态圈入口,抢占先机,形成强大的生态圈组织能力。以滴滴打车为例,滴滴打车通过提供一体化的出行服务,抢占了与出行有关的一系列消费入口。支付向它聚集,餐饮向它聚集,金融向它聚集,以后保险也有可能向它聚集。

4. 高协同的运营互联网化

企业运营互联网化可以从绩效评价、研发动力、生产管理、市场策略、人力计划与招聘对策等维度进行。这些维度不是单独作用于企业运营,而是通过相互协同的方式共同影响企业发展。比如对研发、生产管理、市场策略和人力招聘等实施互联网化评价体系。通过研发动力的互联网化来促进生产管理、制定市场策略、改变人力计划,等等。通过打造高协同的运营互联网化能力,来充分挖掘企业潜力,发挥企业的最大价值。

高敏感型组织智商及供应链互联网化

组织智商其实是对组织智能的一个测度,而组织智能是指一个组织进行自觉地认知、学习,并提升自己能力的一种人工智能。放到企业中具体是指企业收集和处理内外部信息,通过群体思考和学习,进行有效决策并正确实施方案计划的能力,通过对一些世界 500 强企业的战略进行深度解读,我们发现,企业只有打造顶层设计式战略才能促进组织智商的形成。

在企业供应链的层面上,要对供应链进行物流、信息流、资金流三层面管理,使三者能够协同运作,才能大大提高企业对自己顾客的反映感知能力和外部信息觉察能力。在本节我们主要介绍高敏感型组织智商的特点,以及供应链互联网化的内涵。

1. 高敏感型组织智商的特点

高敏感型组织智商有三大特点:市场敏感性、组织虚拟性、过程集成性。

第一大特点是市场敏感性,是指供应链具有从最终市场获取实际需求信息,并对其做出迅速反应的能力。以前,由于受种种客观条件的限制,企业很少从终端消费市场来直接获取企业所需要的各种信息,比如顾客的实际需求信息。在当时的情况下,企业一般只能靠历史销售数据来进行市场需求预测,并以此来指导企业的采购、生产和销售等活动。市场需求一旦有什么风吹草动或发生一些异常情况,企业往往不能对其做出快速反应。但是,随着现代通讯技术(如 GPS 技术)、信息技术(如 POS 技术)和网络技术在企业中的广泛应用,供应链上各节点企业直接从最终市场获取客户实际需求信息并对其做出快速反应的能力已大为增强。

第二大特点是组织虚拟性,是指供应链中各企业通过信息技术连接起来,组成暂时性的虚拟网络动态联盟,共享资源,优势互补。一旦联盟目标实现,联盟即解散。组织虚拟性的程度大小主要取决于系统集成技术等信息技术的运用程度。在传统的实物供应链中,信息在供应链中逐级转换和传播,转换过程复杂,容易发生扭曲,引发牛鞭效应。但随着因特网和XML(可扩展标记语言)的广泛应用,供应链上各节点企业能够直接依据同一信息源进行商务决策和反应行动。这样,供应链上各节点企业通过关键信息共享,突破了传统供应链时空上的限制,与相关利益共同体联接成动态联盟,形成高效率的虚拟化组织,对市场的变化做出迅速反应。

第三大特点是过程集成性,是指传统企业出于对资源的直接控制所实行的"纵向一体化"战略。这种战略反映在物流管理上,最典型的便是从原料采购、成品制造到产品分销都自备库存。在比较稳定的市场环境下一般可以取得明显的规模效益。但在竞争加速、市场需求迅速变化的今天,企业继续沿用传统的思维模式,必将难以适应竞争的需要。事实上,每个企业的资源和能力毕竟是有限的,不可能在所有业务领域都具有竞争优势。因此,企业要突破传统的"纵向一体化"模式,向"前向一体化"和"后向一体化"扩展。通过资源外向配置,寻求联盟伙伴,将自己不具竞争优势的业务外包,使企业变得更有柔性,增强适应外部环境的能力。

过程集成就是根据市场的变化情况,以企业核心能力为基础,通过资源外用的形式,将供应链中的业务活动过程分解为相对独立的环节,然后再重新组合成具有一定功能、联系紧密的新系统。过程集成需要各方互相信赖,达成共识,形成一种彼此之间依赖性比较强的"扩展企业"。

2. 供应链互联网化内涵

在竞争日趋激烈、市场需求更为复杂多变的网络时代,有必要将敏捷化思想运用于整条供应链管理。其实质是优化整合企业内外资源,提升供应链响应客户需求的速度。同传统的一体化供应链观念相比,敏捷性供应链有着显著不同的内涵。具体体现在以下五个层面。

第一个层面是战略目标。传统管理思想的灵魂是高成本、低效率,而这

57

一思想的理论假设是认为消费者偏好更多地倾向于价格和质量。一体化供应链管理没有摆脱传统企业管理思想的束缚,其主要战略目标依旧是质量和价格。而敏捷性供应链观念则顺应时代潮流,将战略目标定位于及时反映客户的多样化需求。

第二个层面是资源观念。一体化供应链管理仅仅强调对企业内部资源的充分利用和挖掘;敏捷性供应链从扩大生产的概念出发进行上下游的延伸,将上游的供应商和下游的客户囊括到企业的战略规划之中,实现企业内外部资源的最佳配置。

第三个层面是供应链驱动方式。依赖传统生产组织方式是很难真正实现以需定产的,因为缺乏即时按单生产的能力,一体化供应链管理只能按照从供应到生产再到销售的方式进行生产,结果造成各个环节库存的大量堆积。通过敏捷制造技术、信息技术及并行工程技术,敏捷性供应链成功地实现了按客户需求定产的订单驱动生产型组织方式,大大降低了供应链堆积的库存量。

第四个层面是组织机构构建。新型组织机构是新战略所必需的,通过虚拟组织的构建来实施敏捷性供应链,也就是说基于战略一致性的前提下,若干相互关联的厂商构筑成一个动态联盟。这种虚拟组织与传统的实体组织相比,具有超组织性、动态性、网状组织性这三大特性。超组织性是指虚拟组织不一定是一个独立的法人实体,而是为了特定目标或项目由相关结点企业形成的联盟。动态性是指虚拟组织不是一成不变的,当市场需求或组织目标发生变化时,原先的组织即刻解体。网状组织性是指虚拟组织改变了传统的等级分明的金字塔结构,允许信息横向传递与交流,使信息利用更为充分及时。

第五个层面是与结点企业的关系。一体化供应链是在企业的概念框架下,仍旧是把客户当成一种服务对象,把供应链商看成是讨价还价的利益竞争对手。敏捷性供应链超越企业边界,重新定位与上下游结点企业的关系,在共同利益的基础上将供应商看作合作伙伴,把客户看成一种能够为企业创造价值并且能够使产品增值的重要资源。

　　企业实行高敏感型组织智商及供应链互联网战略的一个重要竞争优势就在于速度,最快地满足消费者的个性化需求,及时提供顾客所需要的产品和服务。在传统企业运作方式中,从接受订单到成品交付是一个漫长的过程。但敏捷性供应链增加了企业对市场反映的灵敏度,通过供应链上多个合作企业的信息共享,可以全方位地对市场情况做出响应。同时,由于各个企业都专心于自己的核心优势,可以减少产品的生产与物流时间,可以使得供应链实现即时生产、即时供应和即时销售,将消费者的订货提前期降到最低限度。

高动态型组织智商及产业链互联网化

　　传统的组织架构,是层级式的、权责分明式的,这就使得企业的运作能力完全取决于上层核心领导的构建能力,而非基层个人的原创能力。在一个高动态型、高交互型的组织智商中,企业通过大量的个人之间的联系不断构建针对不同项目的圈层,最后形成在产业当中几个生态圈交互组合的一种组织智商。而这种组织智商早已突破传统意义上企业内部的组织智商,演变成了整个生态圈的组织智商。

　　在国内众多企业中,华润是产业链组织智商管理的典范。近些年来,华润借资本优势大举并购,打破行业自然整合的节奏,快速成为产业链的链主,掌握了产业链的主导权,获取高于行业平均利润率的回报率,并左右着行业发展方向。

　　华润在分析自身特点的基础上,建立了6S管理体系(见图1-5-2),其目的是使华润的管理模式与集团股权复杂和业务繁多等具体情况相适应,由管理法人企业转到管理主要业务与资产上来。由分别多元化管理,转变到各自专业化管理上来,最终通过行业整合,推进集团和利润中心发展战略的实施。

　　处于移动互联网时代的企业,需要拓宽视野、突破传统思维惯性,跳出自我边界,用产业组织者和控制者的思维审视自己的产业链,塑造自己的产业链思维,构建企业的产业链战略。从而让企业成为产业组织者,拥有产业控制权,进而夺取定价权。企业从产业链层级上进行组织智商管理,有利于促进区域性市场的良性、畅通互动,促进地区间资源的优势互补。

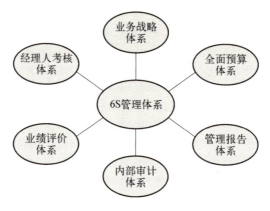

图 1 - 5 - 2 6S 管理体系

高远见协同型组织智商及生态链互联网化

1. 高远见与高协同

组织智商能够依据外界需要来实现自我突破与改进。这就相当于个人的语言已经超越了界限,上升到全语言层面。此时,整个组织集中精力,利用来自过程和来自新思想、新技术的先导性试验来定量反馈信息,从而实现了对过程的持续改进。为了预防缺陷出现,组织有办法识别出弱点并预先针对性地进行自我加强。达到此等级的企业能在短期的循环和阶段中有效地学习,并让创新后的知识在企业内部迅速传播。

通过组织内部若干个决策者之间的大脑联网,事实上是有可能超越天才、个人的创业型企业家的这种战略思考。而组织智商的形成过程是可以通过类似培训、研讨,学习型组织建设,刻意进行哲学方面能力的培养等这样一些有序的方法获得。组织智商最终把一个大脑管多个大脑的旧管理方法转变为多个大脑一起思考、一起解决问题、共同提高的新管理方法。把

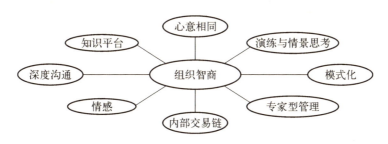

图 1-5-3　组织智商图

专家、教练的能力复制到其他人身上,其他人的提升又反过来提升专家、教练的能力与经验,并不断把这些知识、经验进行固化及内部消化。

2. 组织智商式生态链互联

在企业生态链中,成员包括核心企业、消费者、市场中介、供应商、风险承担者等,在一定程度上还包括竞争者,这些成员之间构成了价值链。不同的链之间相互交织形成了价值网,物质、能量和信息等通过价值网在联合体成员间流动和循环。价值链上各环节之间是价值或利益交换的关系,或者说更像是共生关系,多个共生关系形成了企业生态链的价值网。对企业生态链进行组织智商管理有利于生态链的共融,促进生态链上各利益群体的和谐共生。

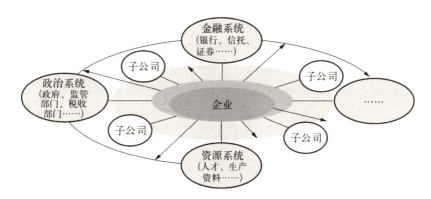

图 1-5-4　生态链价值网络图

对生态链内的利益相关者进行控制力建设,打造生态系统的组织智商,强化以企业自身为核心的生态系统圈,以生态链战略为统领,明晰产业链核心环节,进行企业的产业链卡位设计和结构设计,构建以技术、资源、特色关系、标准为主的控制力,强化对产业链的整合,形成控制能力。

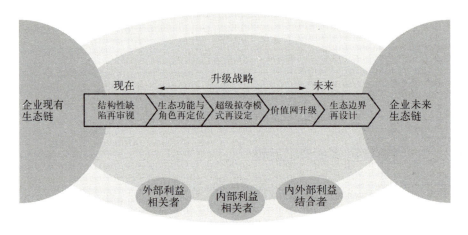

图 1-5-5　生态链升级

企业从现有的生态链进行升级,通过结构性缺陷再审视、生态功能与角色再定位、超级掠夺模式再设定的过程,实现企业的生态链价值网升级,最后通过生态边界再设计构建企业未来生态链。与此同时,互联网为资源全球配置提供了可能,打破了行业边界,为生态链的重构升级提供了条件。

企业以模式升级与创新为核心,进行全生命周期监控与管理,通过系统规律经营最大化捕捉战略机遇并建立系统思考与模式示范及创新,打造系统化的商业智能,建立战略能力的自动循环与升级。

生态链系统的共同愿景是设计系统思考机制,打造系统化的商业智能,同时通过管理模式、商业模式、产业模式的示范应用与优化升级,加速系统循环,实现自我学习与自我提升,全面提升生态链系统的核心能力与战略能力。最后通过生态系统的成员与能量更换,建立良好的生态边缘环境,不断吸引新元素,剔除生态不和谐因素,促进生态链的升级循环,促进生态链系统的链主与参与者、参与者与参与者之间形成良性互动。

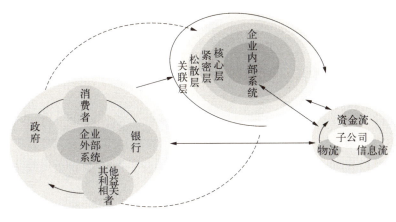

图 1-5-6 生态链系统层次

最终价值与效果

价值型互联网化要达到的最终价值和结果是形成人工智能、打造大脑联网式组织智商、实现组织的深度创新。

1. 人工智能

人工智能是形成组织智商的基础,是对人的意识、思维过程的模拟。人工智能不是人的智能,但可以让组织能像人那样思考,也可能超过人的智能。放到企业层面,人工智能就是人作用于企业的一种智能。未来的企业,它本身会有它的人工智能,也会自我运转。当然人也会作用于企业,呈现人机一体化的特征,在这种情况下,企业有可能会呈现一个无法想象的,远远超越人的一个智能,这种新型组织智商的探索也正在进行当中。

2. 大脑联网式组织智商

在价值型互联网化下,打造大脑联网式组织智商,是为了让企业更灵敏地面对内外部环境的变化,以做出正确的决策。它需要高层的积极支持,更需要一套组织框架的支撑。这种组织设计一方面可以适时地推进知识库、企业思想库的建设,另一方面可以最终推进大脑联网的实现。为了使大脑联网更有效果,企业必须让专门的人来具体负责企业的知识库、思想库建设,完成企业内部知识的获取、转移和使用。

3. 组织深度创新

组织智商形成后,能够为企业带来全新的发展,进而使得企业能够发现新的商业模式,重视对商机和客户的大规模关注。从而企业就可以依靠自身力量,引发战略转型和更新组织运作形式。

组织智商具有自我突破性,当认识到组织不足时,组织本身可以形成一种推动组织深度创新的力量,促使组织内部人员产生一种共识,这种共识能够保证变革的开展,修正缺误,一起共同来完成。

第六章　媒介型互联网化

　　现代生活中,各种报纸、杂志、门户网站等成为人们获取信息的重要渠道和方式,广泛存在于生活的方方面面。随着全球互联网化的不断深入,世界的阶层划分将越来越多,圈层的划分也将越来越细。为了打通各个圈层之间信息交流障碍而形成的媒介型企业,也将成为未来企业互联网化发展的一个重要方向。这将是传媒、文化、生活服务类企业互联网化的最终目标,其核心是在所有可能的系统之间做好互动和融合。

聚 合 为 王

　　要想成为一家媒介型互联网化企业,人气以及流量的聚合是企业发展的首要条件。没有聚合,消费者就不会把企业当成是媒介。我们所有人,都害怕未来的发展是无序的。人从内心里面渴望有序的这一特点,促使企业一定要为用户提供资讯和媒介上的安全感。即用户可以通过企业平台,获得全媒体、全资讯,这也是所有媒介共同努力的方向。

图 1-6-1　聚合为王

　　例如旅游媒介平台去哪儿网,必须让我们感觉到所有的旅游因素都包含在里面。尽管很难完全做到聚合,但是至少要让消费者感觉到遗漏不多或者遗漏的都是比较差的,从而在消费者心目中树立起品牌。当消费者想

65

要获取某类资讯时,首先想到的就是该企业的媒介平台,那么该企业将会获得源源不断的流量和数据。

去哪儿旅游网作为中国创办最早、规模最大、技术最成熟的旅游搜索媒介之一,致力于为消费者提供最及时、最准确、最合适的机票、酒店和旅游信息,为客户的出行提供快速、准确的参考方案,帮助旅行者找到性价比最高的产品和服务。

为了能够扩大平台媒介的影响力,吸引更多的流量,去哪儿网聚合了近乎所有与旅游相关的产业,去哪儿网凭借其强大的聚合功能,在2014年做到了很多个第一。截至2014年一季度,去哪儿移动端用户已经达到6 030万,同比增长86.1%。而且去哪儿的移动端在2015年一季度已经贡献了31.7%的收入。根据CNNIC(中国互联网信息中心)2012年9月的一份调查,去哪儿无线客户端的下载量居行业第一,下载比例达到54.8%;携程排名第二,下载比例为44.2%;淘宝旅游的下载量居第三,下载比例为25.0%。旅游类App下载比例如下图。

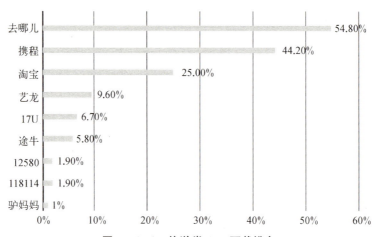

图 1‑6‑2　旅游类 App 下载排名

互 动 为 王

聚合为王的实质就是内容为王。依靠丰富的内容聚合,吸引消费者流

量导入平台。流量是媒介型互联网
化企业发展的基础与根本,做好这些
以后,下一个层级就是要发挥互动
功能。

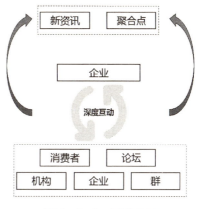

图 1 - 6 - 3 互动为王

企业的互动功能不单单是指企业
与消费者的互动,还包括企业与机构
的互动、与其他企业的互动、与各个群
体的互动、与各种论坛的互动。没有
互动,就没有新资讯产生,也就没有新
的聚合点产生。聚合点刚开始可能是按照大而全的原则,后来则是按照消
费者的价值原则,即根据消费者的需求进行同构型构造。消费者需要什
么,企业就针对消费者进行同构。同时,关注消费者所关注的领域和事件,
忽略消费者所不关注的事项,为消费者量身打造出一个适合自己的互动
圈层。

互动为王的意义在于为企业的聚合指出一条路,使得企业能够更好地、
更有机地聚合。另外,互动能够产生价值,因为互动可以留下用户的使用痕
迹,从而可以发掘出更多的资讯、数据等信息资产。互动还可以产生感情,
产生对消费者的黏性。

因此,媒介型互联网化企业的互动不能仅限于浅层次的媒介与个人的
简单互动,而是要逐步深入,促使登录到同一媒介的每一个人之间都能发生
价值互动。最终形成个人与个人、个人与媒介、个人与圈层、个人与论坛、个
人与社区之间的多层次资讯互动、价值互动以及行为互动的多向互动关系,
进而产生创新互动及社交互动。

2015 年的红包漫天飞,终于成全了一场声势浩大的全民社交娱乐。尽
管许多平台发出的红包规模可能极其庞大,但自娱自乐的用户最乐此不疲
的却是具有社交功能的红包发放平台。在此基础上结合在线支付等金融手
段,就可以直接兑现巨额的收益。从这种意义上讲,2015 年的红包,通过社
群关系角度研判,将互联网平台结合广告用户的撒钱升级为用户自组织的

社交方式;从市场角度讲,从传统的品牌宣传发展成为在线支付和互联网金融的狂欢。

生 态 圈 为 王

达到与用户的强互动之后,下一个层级的目标就是构筑互联网生态圈,即创造消费者的互联网生活。现在,人类的生活可以划分为现实的物质生活以及宗教等精神生活两个大的层面。但是在未来,可以预测到互联网生活将成为人类社会的第三种生活方式。事实上,后两种生活会高度聚合,而且反过来会整合现实生活。也就是说,最终消费者只有一种生活,就是互联网生活。三种生活越来越聚合,这就是互联网生态圈的最大特征。

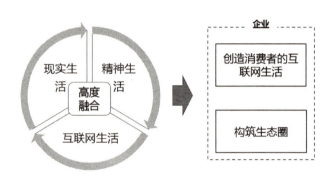

图 1-6-4 生态圈为王

因为生态圈本身是活的、扩张的、有机的,它自动会引发媒介型互联网化吞并一切的属性。互联网企业与生俱来的排他性,使得它根本不可能有第二媒介的存在,所有的人都只会崇拜权威媒介。因此,一旦形成了生态圈为王,企业必然会产生一个向下兼并的效应,所有比它次级的生态圈全部会被整合,形成一个唯一的媒介型互联网化生态圈。

例如,奇虎360依托6亿PC用户、7亿手机用户的大数据积累,以及多年积淀的互联网安全技术,360将自身的云服务能力、大数据平台技术、在线营销平台、App开发能力、开放芯片组等资源等进行全面垂直整合,打造一个开放的完整智能家居生态系统。

此番360入局智能家居市场,已吸引了海尔、老板、奥克斯、希盟、咚咚音响等数十家品牌加入。为进一步完善智能家居生态链,360还将针对有发展潜力的智能家居企业,累计投入百亿资金,让所有的合作伙伴都能够在生态圈中一起成长,实现整个智能家居全产业链的共融共生。

360老总周鸿祎认为,"就当前智能家居行业状况而言,传统厂商希望在自有智能产品体系内实现互联互通,互联网企业的生态同样难以兼容竞品。因为一旦兼容竞品,自身利益很可能会受到损坏。"同时他指出,"360智能家居生态圈致力于打造真正的开放平台,能够让更多不同类型和不同品牌的产品实现互联互通,只有开放共赢的生态链,才能推动整个智能家居行业健康而快速地发展。这也是360致力于打造智能家居生态体系的最终目标。"

可以预见的是,在360智能家居战略正式启动之后,智能家居平台生态之战无疑将进一步加剧。随着开放的不断扩大和优势的凸显,360将吸纳更多的合作伙伴加入,为整个智能家居产业链创造繁荣的生态体系。

互 联 网 入 口

据相关学者介绍,互联网入口是指人们在从事网上活动时,开始选择最为频繁的一种途径。用户需求、上网习惯以及行为模式决定着互联网的入口。互联网大佬们占据入口初衷就是要抓牢入口,抓牢用户。回顾来看,互联网的兴盛与抢夺"入口之战"分不开,微软和网景就以浏览器为争夺的入口,而后互联网领域里出现了很多占领入口的成功巨头,例如,阅读入口被雅虎占据、邮箱入口被 Hotmail 占据、搜索入口被谷歌占领、网购入口被亚马逊占据、社交入口被 Facebook 占领。

在中国也大体如此,但却多了很多入口的升级。例如马化腾、周鸿祎等把工具也做成了入口,包括腾讯、360、搜狗拼音、迅雷下载。它们通过工具掌握人群,再诱导人群进入各自更有商业价值的入口,比如浏览器、搜索引擎、视频网站等。事实上,这也意味着中国互联网业者不断理解入口,特别就创造价值来说,领先全世界一筹。

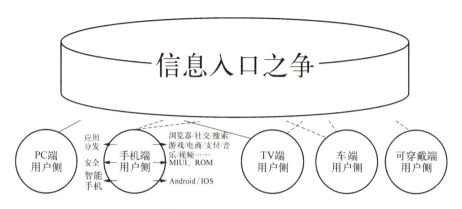

图 1-6-5　信息入口之争

新的入口竞争将会聚焦在电视端、车载、可穿戴设备等领域。乐视制造超级电视、小米盒子抢占电视端入口,滴滴打车和快的打车争夺车载端入口等,都是现在互联网企业在争夺入口。同时,后台关于"网络管"跟"内容云"的布局是大家看不到的,这是背后的较量。但是所有的这一切,都是为了抢信息入口。归结起来,所有之争都是信息入口之争。因为争到信息入口,即争到企业利润点。

互联网入口包含三大属性,一是赋权性,二是塑造加工性,三是智慧再组织性。

第一大属性是赋权性。入口越大,赋予登录入口消费者的权利越大。例如,消费者在登录谷歌看到的资讯和登录百度上所看到的资讯是不同的。因为,谷歌是一个全开放式的入口,而百度则是一个半开放式的入口,很多信息受到国家的管制,被设立一道防火墙,使得信息无法全部呈现在消费者面前。

甚至在完全竞争的市场和行业当中,消费者所赋有的权利也有很大区别。比如说去哪儿网上比价的深度,就比携程比价的深度要大。这是因为携程是为自己服务的,不会把过低的、便宜的价格暴露出来。不难看出,作为旅游信息提供的入口,去哪儿网赋予了消费者更多的权利。这也是去哪儿网能够后来居上,逐步逼近曾经的霸主携程的最重要原因。

现阶段,互联网入口依旧存在着深度不够的问题。包括现在的搜索引擎仍然不够便利,因为,无论是竞价排名还是真实的搜索排名都可以伪造。同时,很多音频、视频、图片仍然无法完全检索,模糊得无法描述的概念等也无法被消费者搜索出来。即使存在点评功能,事实上,也不是权威点评,而是一种基于普通大众的浅度点评,很难做到精确。

第二大属性是塑造加工性。这种特性指的是门户以及入口型媒介对于信息的加工和异化行为。由于互联网时代存在着海量信息,任何门户型或者入口型媒介都不可能涵盖所有信息。这些媒介型互联网化企业会通过入口有意识地对信息进行筛选和加工,主观选取符合自己价值观或者对自己有利的信息进行传播,从而对消费者的观念和行为进行有意识的引导,从而达到控制舆论,打击对手的目的,这种做法有时候甚至能够影响到社会的价值趋势。

第三大属性是智慧再组织性。当媒介的门户、入口吸引大量的消费者对其进行持续的关注以后,入口本身会变成一个超大的、具备组织智商的接口,自己产生知识和智慧。门户智慧化、入口智慧化后,将入口与入口进行智慧互联,会反向来组织和控制整个互联网世界,乃至现实世界。

引 爆 互 联 网

媒介型互联网化企业的最终目的以及最高境界就是引爆互联网。创造新的生活方式,推动新的社会趋势,造就新的社会热点以及打造新的个体娱乐方式。这种创造主要体现在两点:其一是创造新的生活方式,让消费者从物质消费转向精神消费;其二是创造新的娱乐方式,让消费者的娱乐方式实现从现实世界到虚拟仿真世界的转换。

第一种创造是对消费者生活方式的改变。传统社会的消费是物质的消费,人们将所挣的钱主要花在消费物品上。然而,随着媒介型企业互联网化转型的不断深入,消费者与不同商家的信息链缩短,消费者对于追求旅游、电影等精神消费的成本不断降低,这就使得整个时代开始慢慢出现精神消费井喷的状态。

　　国家旅游局官网信息也显示,2015 年春节假期,受人民币汇率上升、签证便利等有利因素影响,出境游人数继续增长达到 519 万人次,同比增长约 10%,其中大年初二中国出境游客数量达到峰值。电影市场同样火爆,认证为第三方票房统计机构的"电影票房"微博称,大年初一,中国内地共放映电影 14.5 万场,观影 906 万人次,票房累计达 3.56 亿元人民币,超 2014 年 6 月 28 日的 2.78 亿元,创内地单日票房新高。

　　第二种创造是虚拟现实对于消费者娱乐方式的改变。虚拟现实并非新兴的技术,20 世纪 80 年代由美国 VPL 公司创建人拉尼尔提出,只是受限于芯片技术发展,尤其是移动计算的滞后,导致设备体积难以缩减,成本高昂,从而没有大面积推广。虚拟现实主要应用于工业设计制造、军事航天的模拟训练、地理测绘合成街景等领域。常见的如军队中的虚拟实境跳伞训练、虚拟实境飞行驾驶训练和工业仿真设计。最为人熟知的可能就是早年广为宣传的数字圆明园了,该项目通过虚拟现实和增强现实技术,将复原的圆明园数字影像叠加到现存遗址之上。

　　虚拟现实塑造一种空间感,可以凭借电脑模拟打造三维空间的虚拟世界,通过视觉、听觉、触觉等感官的模拟,让使用者能够及时、无限制地观察三维空间,产生一种身临其境的感觉。

　　因此,媒介型互联网化企业要不断创造新的生活方式,把握用户需求的变化,注重用户体验,掀起新的社会热点话题,实现加速互联网化。例如,在激烈的互联网竞争下,中国联通于 2014 年 12 月 24 日成立首个独立化运营子公司"小沃科技有限公司",以综合性应用平台"沃商店"客户端、垂直游戏运营平台沃游戏客户端、线下应用分发渠道联通手机服务站,以及专注于家庭娱乐的 V 乐游戏大厅等业务为主,消费者可以在"沃商店"里自由选择,灵活选择适合自己的业务类型,实现娱乐方式的多样化。在互联网企业冲击下,联通面临"管道化"的发展危机,必须将管理市场化、业务互联网化作为未来发展的主要方向,并且要加快改革的步伐,将自身传统业务的发展与互联网化相结合,才能实现管理体制轻资产化,营销思维互联网化。

第七章　功能型互联网化

　　功能型互联网化就是以功能实现为主要目的的互联网化形态。物联网、智慧城市、虚拟世界等组织所展现出来的都是功能型互联网化形态。在这种形态里面，企业将会作为主要的推动者和运营者，把物业、设施、机械、交通工具、生活及商业设施、社区城市组织成一种更强大的功能团，从而把互联网的功能属性发挥到极致。

　　产业不再作为划分企业形态的标准以后，按照互联网化形态来划分企业的属性将会成为新的标准。许多相互关联的机构将会共同组成一个个的互联网功能团。对于功能型互联网化形态来说，每一个企业都不可能独自构筑整个功能团。只有通过不同组织之间的互联互通，每个组织本身的连接，才能将这种形态打造完善。并且企业需要通过联通、功能、智慧、高互动、高人工智能、多层次人工智能构建与自组织这六个层级，才能够完成功能型互联网化形态的构筑。

联　　通

　　最简单也是最基础的就是形态内的组织之间要互联互通。没有互联互通，很难构筑功能型互联网化形态。将人与人、人与物、物与物联通，把原有的物理界限破除掉，这样就会使得所有的信息联网，实现组织之间的信息流动、数据流动。一般来说，联通层级只需要数据的收集，很少有进一步的需求。这些数据往往可以直接拿来就用，不怎么需要更深刻的分析。在这一层级要做到的就是，通过联通将原本很难收集的、分散的数据聚集起来，为

73

以后的大数据运用奠定基础。有了大量的数据之后,才能通过进一步的分析来帮助决策。并且联通作为最基础的层级,也是目前应用最广泛的功能型组织构建手段。

最常见的例子莫过于"天眼工程",在各个社区的入口、大厦的入口、城市的路口安装上各种各样的监控摄像头,组成了密集的监控网络,就像天上有无数双眼睛一直在看着地面一样。这就是将遍布的摄像头进行联通,联通起来的摄像头将收集到的数据实时传送给公安部门,最终成为公安部门惩治违法犯罪行为的重要证据。

在"天眼工程"里,我们可以认为是监控设备提供商和公安部门结成了一个互联网功能团,两方共同推动了这一工程的实现,两方共同承担了这一工程的运营。设备提供商以出售并维护设备获得收入,公安部门通过这种联通带来的数据更好地展开自己的工作。

物联网的初级应用就是属于联通层级,很多制造业企业正在运用不同的技术实现联通,来提升自身的管理水平。2011年,海天味业通过使用"物联网技术",使用通讯网络联通原有独立的包装设备,建立与企业 ERP 系统全面对接的智能包装生产线管理系统。同年,海天味业大力应用无线射频识别及条码识别技术,完成立体仓库入库、出库及库存调拨的全程管理自动化,提升供应链和物流的运作效率。

2014年,大数据精益化管理推进海天味业发展不断增速。四五个工人作业的生产线实现高度自动化,效率也比原来提高了一倍。现在,海天味业拥有十余条大数据管理系统下的生产线。在大数据管理系统后台,汇总不同的生产数据,实现运行数据清晰公开,例如,一个零部件出现问题,大数据管理系统下都能够及时发现并报警。

功　　能

第一层级是简单的联通,联通会收集到大量直观的数据,有的直观数据可以使用,有的需要进一步加工才能发挥更大的威力。那就需要达到第二层级的功能层级,要深入到互联网世界,获得足够多样化的数据,通过数据共享以及数据背后的挖掘分析,才能产生。

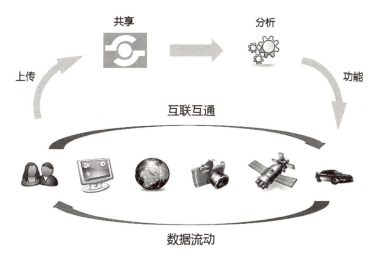

图 1-7-1　功能层级应用

只有多种物与物之间广泛的功能实现,才能使得它产生可调度、可调配、可比较、可优化的智能。GPS 现在应用已经非常广泛,基本已经成为智能手机的标配,人们依靠 GPS 得到更加准确便捷的交通路径。GPS 之所以能够计算出一个更好的交通路径,依靠的是广泛、多样的数据支持。如果没有天上的卫星实时定位,没有实时路况的信息,没有各种交通线路、基本数据以及数据之间的运算,GPS 绝无可能规划出最优的路线。只有每一个环节的功能得到实现,GPS 才能真正发挥其强大的作用。

另外一个例子就是大楼里的电梯。以前的电梯是一个电梯一个按钮,淘气的孩子可以八部电梯按八次,然后八部电梯先后都到了,都打开,不仅不方便真正有使用需求的人,也会造成很大的能源浪费。但现在电梯都联网了,所有电梯只接受同一个指令,所以从节能效果上要好得多,这就是功能的实现。

以上提到的都是一些简单的功能实现,而一些目前非常火的概念,例如智慧交通、智慧医疗、智慧城市以及智能工厂等,都是复杂的功能实现。作为长期的愿景,随着联通的深入,功能的逐步强化,这些概念正在逐步实现。

智　　慧

随着功能复杂程度的不断上升,组织会产生智慧、产生自主判断,可以实现自我管理、自我优化、自我调整,智慧电网就是其中一个经典的应用。

图 1-7-2　智慧电网的应用

电力具有不可存储性以及难以追踪性,而电力的使用又具有波峰波谷的特点,如何在两方面达成平衡一直以来都是难以解决的问题。智慧电网通过智能电表的大范围应用,将用户与电网联通,获得每个用电户的用电信息,分散在各家各户中的智能电表,共同组成了一个超级大脑,总结每个用户的用电习惯,并进一步管理整个供电网络的电力消耗。

智慧电网的直接目标是消除用电峰值,具体手段主要有两个:移峰填谷和限电。

移峰填谷是通过价格刺激来分散供电高峰期的电力需求,是比较温和的手段。让企业和消费者了解用电高峰期的真实发电成本,当启用高成本的电力时,电力公司简单地将高出的发电成本转移给消费者。这种动态的定价机制可以大幅减少对峰值电力的需求并提高整体发电效率。

移峰填谷毕竟是一个相对被动的手段,如果用电量达到了电网承载的极限,就只能使用限电这一手段。传统思路来看,限电一般是在用电高峰期削减大型用电单位的供电量,常见的就是削减工厂的用电量。如果有了智能电表,那么就可以实现指定设备和设施的关停,以维持基本设施运行的方式来代替全面的短期停电,那么工厂就可以分阶段关闭生产线以减少由于设备空转而造成的损失。

这样的智慧电网就是互联网功能团达到智慧层级的经典应用,它既提高了用电的效率,又降低了公共事业管理部门的运营压力,同时也可以使发电企业的运营更加平稳。

这种采用分散式的方式,使无数个体智能聚在一起,最终形成超越一般水平的力量,正是凯文·凯利在《失控》中提到的重要理论。这种思想不应只停留在工具层面,还应该影响到组织管理层面。"经营之圣"稻盛和夫提出的"阿米巴经营"就是这种思想的体现。在前互联网时代,企业可以选择这种经营方式,也可以选择传统的经营方式,但在互联网时代,企业如果还使用传统的经营方式,将会很难融入互联网经济。

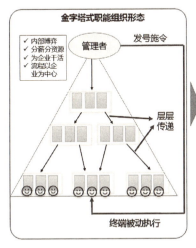
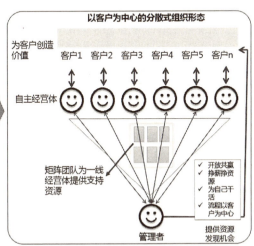

图 1-7-3 分散式的智慧组织形态

早期的凡客在内部组织规律上,没有遵循分散式的"内部组织"规律,迅速膨胀成为巨型的垂直化组织,员工一度达到 1 万多人,高速发展之后是连续的挫折。到 2014 年,凡客不得不进行抛物线式的裁员,仅保持 300 人左右的员工。同年,韩都衣舍似乎吸取了凡客的教训,开始用阿米巴组织来经营电商。垂直型组织是"命令执行"的管理模式。而互联网时代,企业组织需要处理海量信息,这就使得单兵作战能力变得更加重要,这就需要把每个员工变成独立的小蜜蜂。换句话说,必须提升每个员工独立处理信息和决策的能力,才能够实现对外部环境的应对。

高 互 动

1. 高互动的层次

高互动代表了互动的广度更高、互动的深度更深、互动的层面更高。高互动意味着包含人与物、物与物、物与系统、系统与系统之间的深层次互动。人和冰箱对话、人和空调对话,这叫人与物互动。冰箱和空调对话、冰箱和橱柜对话、汽车和红绿灯对话、汽车和大厦对话,这叫物与物互动。汽车和城市的互动、手机和平台的互动,这是物与系统互动。最后是系统与系统之间的互动,例如北京与上海之间的互动。

图 1-7-4　互动的层次

Google 推动多年的无人驾驶汽车项目就是对高互动的典型应用。在车顶上安置一个激光测距仪来提供精细的 3D 地图数据,然后自动汽车会把激光测到的数据和高分辨率的地图相结合,做出不同的数据模型,以便汽车能够识别障碍，遵守交通规则。另外，在汽车的前后保险杠上有四个雷达，用于探测周边情况；后视镜的附近有一个摄像机，以检测交通红绿灯情况；一个GPS、一个惯性测试单元、一个车轮编码器，用来确定位置，跟踪其运动情况。

自动驾驶汽车依赖于非常精确的地图来确定位置，因为只是用GPS技术会出现偏差。在自动汽车上路之前，Google的工程师会驾车收集路况数据。因此，自动汽车能够将实时的数据和记录的数据进行比较，这有助于它将行人和路旁的物体分辨开来。自动汽车也必须具有某种智能。比如在交通灯变绿色的时候，汽车开始拐弯，但这时有路人走过，它将会让路。另一个例子是，在十字路口的时候，它会根据规则让其他车先过，如果其他车辆没有反应，它将往前行进一点，以表明自己的意图。

2. 高互动的影响

首先，高互动会使设备与人之间形成一个更新的关系。比如说故宫博物院有这么多的藏品，我们这一生也看不完，有很多也不让我们看。如果把故宫博物院所有的藏品，都进行虚拟化，我们甚至可以在网上用手指触摸到它原有的那种脉络。当然我们也可以利用科学技术，还原画作刚诞生的面貌，我们甚至可以看到它自创造10年、20年、50年、100年、600年以来变化的每一个层次，这就是高互动。

其次，高互动将会给工业体系带来一场革命。在高互动下，智能工厂中"人"的作用会被进一步的弱化。因为机器之间可以交流，可以进行数据共享。数据的流通不再是从机器到人再到机器，而是机器直接与机器之间的交流。机器之间的直接对话使工厂的智能程度进一步加强，工厂的运营效率也进一步提升。如GE首席执行官伊梅尔特所说："如今在全世界有数百万种机器设备，从简单的电动摩托到高尖端的MRI(核磁共振成像)机器。有数万种复杂机械的集群，从发电的电厂到运输的飞机。有上千种复杂的机器网络，从供电网到铁路系统，这些网络把机器和它们的集群联系起来。这是一个庞大的物理世界，由机器、设备、集群和网络组成，能够在更深的层面和大数据、数字分析相结合。这就是工业互联网革命。"

最后,高互动最终会产生一个低成本、高流畅、高安全、高舒适性以及高服务性的社会。例如,在未来可能一群驴友在山上遇难的刹那,运营商就能知晓,运营商知晓的刹那,一个高马力无人机即可启动。当然在驴友踏入那片土地之前,地图已经提示他们,这个地方有多少驴友被困,其中有多少遇难、多少被救,用什么方式救的,通常救的时间是多少等,这就是未来产生的高互动。

高 人 工 智 能

高人工智能,就是在实现了功能、智慧之后,在高互动的基础上,继续强化传感器之间的数据交换、分析和挖掘,或远程指挥通讯。长期目标是系统本身形成学习能力,构成一种人工智能。比如说人回到家里,自动会形成最舒适的光环境,自动会形成物对人的服务。厨房会根据房主的喜好和身体状况,自动生成菜谱,给他做好菜,等等,这都属于高人工智能。

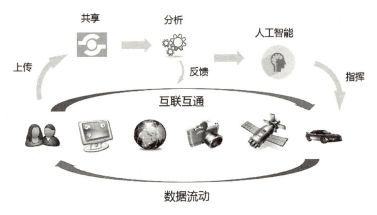

图 1-7-5　高人工智能

高人工智能除了设计的时候带有目的性、安排性以外,还有一些学习的能力,有自生性智慧的能力。比如屋子会逐渐学会如何把主人服侍好,城市会学习如何自动管理。未来城市规划,既有人工的第一次规划,也有城市人工智能对不合理的路段、不合理的设计的报警、提示。我们做了一个新的商业区的设计,把这个规划放到虚拟的沙盘上,虚拟沙盘报警,揭示可能产生的风险,这都是高人工智能。

高人工智能的学习能力可以实现"悄无声息"地改变人们的生活,提升人们的生活品质。这一层级的市场非常广阔,这也是为什么 2014 年 Google 公司会斥资 32 亿美元收购一家智能家居公司 NEST。当时这家创业公司还推出过两款产品,其中一款产品是智能温控器,可以智能化控制房间的温度,并且很有希望成为未来房间内的智能家具中心。

NEST 的智能温控器是一个直径 5、6 厘米很小的圆形盒子,一般挂在每户人家经过最频繁的那面墙上。此外,可以使用电线将其和家里的中央空调、无线路由器连接,这样便可以在 NEST 上或者手机上查看和控制室温了。它与众不同的功能便是无论身处何地,在手机或者电脑上都可以观察和控制家里的温度。那么,以上所展示的仅仅是联通层面的应用,而高人工智能更大的功能是它可以智能记录用户使用规律,自动调节温度。

智能温控器可以记录不同时间段室内温度高低、暖气供暖的时间、用户离开、回来的时间,还可以通过数据分析,完成跟人相似的学习过程,以更好地服务用户。例如,一旦有人经过它,阻碍了它的传感器,它便会亮一下,在后台记录下用户在家的时间,同时还可以与此时的温度设定进行结合。这就是一种学习能力。

高人工智能的前提是需要一大群的智能设备互联。我们可以想象一下具有高人工智能的办公室,办公室里面有上百个物品对自己、对彼此、对他人都有一个大概而模糊的意识,每个物品都会记录下自身的使用记录,根据这些记录来推测用户的使用习惯,再通过物品之间的信息交互,最终形成一个"私人订制"式的办公室,人将会被电脑的智慧所包围。

多层次人工智能构建与自组织

多层次讲的是整个社会经过功能化以后,在各个不同的层面都会产生不同层次的人工智能系统。在个人和穿戴设备之间,会产生互动。一个人的身上所有的穿戴设备,会产生一个最微观层面的人工智能;进一步到人所在的环境,商业空间、生活空间,会产生中观的人工智能;再到一个小区、一条街道、一幢大厦、一座城市,会产生一个宏观的人工智能。这种由宏观到中观再到微观,就形成了一个千层饼式的人工智能。

图1-7-6 多层次人工智能构建与自组织

对于人工智能来说,不能光强调它的自组织,还要强调其中的设计特征。未来的社会就是低于政府的社区,里面包含大量的群和联盟。一个人的生活圈子,就由多层次的组织共同组成,其中就有政府、社会、企业、机构、个人,机构就包含非营利组织、居委会,或者是大厦管理者。

这些机构以及个人,一方面会用最新的理念、趋势和远见去构建人工智能,构建人工智能无外乎围绕着数据采集、数据交互、通讯方式、后台与前台的互动、设计物与物之间的通讯协议等;另一方面还要通过设计,使多层次、多维度之间的人工智能实现互动。整个系统产生智慧,产生学习能力,甚至产生进化能力,使系统的能力越来越强大。例如,海尔集团推出了Uhome的智能家居,实现家居生活的智能化。搭建智能平台,将家庭内有线网与无线网结合起来,通过设备传感将信号传递到网络设备中,设备可以根据传达的信号智能化识别,进而实现家居的人性化控制,从而实现了隔空智能化操作,实现了物联网、互联网与实际家居生活的结合。整个智能系统的建立较为复杂,也是一个长期的过程,需要在发展过程中注重将智能家居与消费者需求相结合。

第二编

互联网化战略及范式冲击

2

本编通过企业互联网化战略构建、集团型企业的互联网化战略、互联网化战略的异化效应等内容,深入阐述了互联网化战略及范式冲击。

第八章　企业互联网化战略构建

顶层战略定位

互联网化战略不是单纯的职能战略,而是站在集团顶层所设计的战略。职能战略是企业中各职能部门制定的指导职能活动的战略,描述的是在执行经营战略的过程中,企业中的每一职能部门所采用的方法和手段。

对互联网化战略的认识要上升到更高的层次,即上升到顶层战略的地位来认识。互联网化战略带来的是企业整体维度的上升,企业上升到更高的维度,在市场竞争中就是站在高维打低维,才能带来颠覆与整合。而职能战略只是一个低维度的战略,或者说是一个分战略。如果把互联网化战略降低到职能层面,就相当于还停留在原来的低维度,这样的话互联网化战略的制定也就没有多大意义了。

互联网化战略之所以是顶层战略主要有四个原因:第一个原因,互联网化战略是一个全新的范式;第二个原因,互联网化战略是一个高维度战略;第三个原因,互联网化战略不纯粹是高效化战略;第四个原因,互联网化战略是企业对社会资源最大化的驾驭。

1. 互联网化战略是一个全新的范式

互联网化战略本身就是作为适应一个全新到来的社会范式所构建的战略,互联网化比之传统经济是一个范式的变化,而不是一个简单的模式变化。范式的变化使企业经营活动所有遵循的模式都发生了变化,企业的盈利模式、产品模式、用户模式、市场模式、营销模式都将发生剧烈的变革。因此,必须站到最高处,从顶层对企业的所有经营活动进行指导。

2. 互联网化战略是一个高维度战略

因为互联网化战略是站在产业链、生态链层面的战略,并且在互联网战略下,企业提供的是超越当前消费级别的产品和服务,所以互联网化战略是一种高维度的战略。

（1）站在产业链、生态链层面

企业要通过互联网化战略实现对产业链、生态链的整合或颠覆,所以互联网化战略从一开始制定就要站在产业链、生态链的层面,通过整合产业链、生态链,或者是自己重构一个产业链、生态链,颠覆原来的形态。现在所有的互联网化发展,颠覆了原来的产业组合形式。整个互联网化会使产业原有的组合形式、原有的产业链、生态链理念被彻底颠覆,未来的产业链会变成比现在更加新兴的产业链。而这种产业链的构成,会在互联网的背景下对所有行业进行一次全面的洗牌,现在存在的所有产业链上下游关系,会被彻底颠覆掉。

整合产业链只是第一阶段,最终企业制定互联网化战略还是要跳出原有产业链,站在更高的维度去思考。企业在研究自己产业链的时候,视角就已经受到局限了。如果没有高维整合视角的话,企业定的任何战略,都是自说自话的产物。

（2）超越当前消费级别的产品和服务

在企业的互联网化战略下,企业能够为消费者提供超越当前消费级别的产品服务。例如给二线城市客户提供一线城市的产品服务,或者给中等收入客户群提供高收入人群的产品与服务,并且能够通过管理、创新、技术等手段,将产品和服务的价格下降到消费者可以接受的水平。这种商业现象被称为升维攻击,之所以要求企业升维攻击,提供超越当前消费级别的产品和服务,是由互联网时代商业规则的变化造成的。

第一,产业集中度变得更高。伴随互联网时代的到来,信息传递更加快捷、透明。电子商务的崛起促进了销售量的提升,新一代消费者的价格承受力也变得更高。这在一定程度上意味着,强者越强的马太效应将更加突出。

第二,营销与产品同等重要。当前,消费者日益追求消费体验,企业在保证产品质量的同时,更要通过各类营销"组合拳"满足消费者的精神满意度。使用户更加了解产品、品牌的气质和价值观,提高消费者的存在感。

第三,转型窗口期越来越短。伴随互联网技术的发展,各种新产品、新技术、新服务的更新换代速度加快,大数据、云计算、各类网络交易模式风生水起。在这个过程中,传统企业模式与新兴企业模式的碰撞火花四溅。时代变革的大潮给予传统企业的转型时间非常短,相对的,新兴企业会以更快的速度崛起。

3. 互联网化战略不纯粹是高效化战略

目前很多企业的互联网化战略,大多数是基于一个根本的出发点,就是把传统企业原有的工作、原有的产品与服务高效化,用一切互联网的工具和手段使其运作高效化。但互联网化不应该纯粹是高效化的概念,随着互联网的存在、发展,出现了一些新的重大特征。

第一大特征是消费者由物质型消费到精神型消费过渡。过去生产物质消费品是最重要的,现在生产精神消费品比生产物质消费品更重要。原有的产品主要在价格和功能上竞争,这是一种理性消费。消费者要计算效用,是过去的消费特点。新时代下,人们越来越重视情感的吸引力,这就需要在原有的产品中注入一些精神性、情感性因素。

第二大特征是整个时代表现出高时间密度的特性。过去我们的时间是以分钟或以秒计,互联网时代是以毫秒计,甚至未来可能还会以微秒计。消费者更加注重在每一个瞬间里面获得最密集的精神体验,这是互联网时代的一个内在化消费,它不再是物质的外在化消费,而且时间的计量单位越来越小,这就使得一个人的生活方式发生了巨大改变。

过去人们都以为互联网化带给企业最大的优势是高效化,但是现在发现,企业要借助互联网化来给人提供有关于精神的、时间的产品。人与空间的关系改变,例如视频对话,使得消费者可以跨越空间。几万人、几百万人同时在线打游戏,也是一次对空间的重组。现在企业做互联网化,不再是做出一个更好的房子,而是做出一个能让用户随时可以上网并且有很多应用软件的房子,类似这样的产品模式才应该是互联网化的关键。

总的来说,互联网化战略就是内部组织的智商化,外部的精神化、时间化、空间化,它不再是纯粹满足一个企业的效率化。

4. 互联网化战略是企业对社会资源最大化的驾驭

从根本上来看,互联网化是重组了时空,让企业站在更高的维度,使得一家企业可以重新组织与外部时空之间的关系。任何企业的互联网化战略,本质上就是这个企业对时间与空间的驾驭战略。一家年轻的企业,在过去可能要15至20年才能成功,现在三五年就能成功,事实上是企业改造了时间;一个偏居一隅的互联网公司可以拥有全球市场,也是企业改造了空间。互联网化战略本质上就是一家企业对社会资源的驾驭,尤其是对时空关系的一次再造。

互联网化战略对经营哲学的异化

企业一经规划互联网化战略,企业的愿景、使命、价值观、经营哲学也会随之发生改变。其中企业的经营哲学包含企业的追求,企业与社会的关系,企业与员工的关系,企业与生态链、供应链、价值链的关系,企业的社会责任,企业对未来的认识,企业对未来商业的认识等等。

互联网化战略对于经营哲学的异化主要体现在六个层面:一是企业追求的异化,二是企业与社会关系的异化,三是企业与员工关系的异化,四是企业与生态链、供应链、价值链关系的异化,五是企业社会责任的异化,六是企业对未来认识的异化。

1. 企业追求的异化

一般来说传统企业短期目标是追求盈利,长期目标是追求做大做强,贯穿其中的是对企业持续不断的优化。互联网化战略下这种企业追求不再完全适用,发生了部分变化。首先就是企业对短期盈利的追求变淡了,特别是做平台型的企业,目标直指做大做强,大量地烧钱也在所不惜。企业的组织和管理也只为这一目标服务,即使有时出现短期的混乱。很多互联网上市企业已经无法使用市盈率这一指标进行企业价值的衡量了。像京东、亚马逊这种大平台企业深受投资者追捧,是因为大家都明白,现在企业追求长期目标,短期目标不是关注的对象。

2. 企业与社会关系的异化

随着互联网技术的应用,企业会更加深刻地融入社会,经营活动不再仅限于原本的交易对象而是会完全的社会化,形成社会化商业,即社会化设计、社会化生产、社会化营销。

社会化商业是指一个组织自觉利用社会化工具、社会化媒体和社会化网络,有计划地整合 web2.0 技术和互联网空间来重塑其品牌—消费者的沟通关系及其组织管理和商业运作模式。

在企业的发展过程中,很多方面都带有社会化商业的痕迹。通过数字或媒体渠道实现销售模式的创新,提高业务量;以更加开放、系统的业务环境进行数据的处理与分析,提高系统运作效率;而在内部的管理中,很多企业将社交媒体的经验加以利用,实现扁平化管理与运作。

这三个方面虽然侧重点不同,但是彼此相互联结。随着社会化概念的兴起,很多企业开始探索营销领域的媒体化发展,例如微博营销。在经过一段时间的社会化业务运作后,很多企业不再满足于营销带来的业务增长,进而探索数据处理与收集,并通过多种方式进行数据的分析与整合。在实现营销增长、数据处理进步的同时,企业为了更好地运营、提高运营效率,不断进行各种管理模式的创新与探索,从而引发内部社会化管理的热潮。

3. 企业与员工关系的异化

互联网思维的第一条就是去中心化,每个人都可以发挥影响力,而且还有可能产生远远超出既定角色的作用。而传统的企业大多存在中心的集权化管理,在去中心化的过程中,企业与员工的关系也发生了异化。而无论是去中心化还是自治组织,核心都是平等,因为平等是互联网重要的基本原则。要实现平等就要求企业重新审视与员工之间的关系。员工和客户是同等重要的资源,企业可能需要像对待客户一样去对待员工。

伴随互联网思维的发展,员工的需求不仅限于物质层面,而是更加追求精神上的丰满。企业也开始尝试用更多的软性激励措施鼓励员工的积极性,如何更好地满足员工的个性化需求、如何与员工更好地交流、如何使员工培训更有效等,已经成为人力资源部门特别关注的事。当人力资源能够走向以"用户需求"为核心的阶段,实现与员工在同一个频率上对话、平等地沟通,那么必然会提高员工的积极性与满意度。

4. 企业与生态链、供应链、价值链关系的异化

企业与生态链、供应链、价值链的沟通和交互会变得更加频繁和多元,这里面包括了企业与企业的交互、用户与用户的交互以及企业与用户的交互。对于有志于提高自己在生态链、供应链与价值链中地位的企业来说,这种异化是一个很好的机会,借助技术的进步,加快建立健全企业互联网生态圈。

5. 企业社会责任的异化

互联网化思维不仅可以用到企业的经济活动中,也应该应用到企业履行社会责任的实践中去。例如互联网概念中的众筹,依靠大众的力量,注重创意的特征,是一种向大众募集支持的行为,这种方法完全可以应用到公益事业中去。企业可以以众筹发起人的身份,或者是以一种"对赌"的形式,即企业会捐助与众筹同等数量的善款,来履行企业的社会责任,也可以起到很好的宣传作用,最重要的是激发了全社会的公益热情。

6. 企业对未来认识的异化

借助互联网大数据的应用,企业可以准确地把握发展的趋势,通过数据

的结果进行决策。大数据应用的最高层次就是企业拥有足够多的数据，判断出事物发展的趋势。这样就可以利用趋势预见未来，走在时间前面，成为掌控未来的企业，企业对未来的认识就发生了异化。

构建型战略定位

构建型战略在传统企业里是找出企业变化的规律和本质并加以构建。传统企业的规律和本质非常好找，企业发展仍然是沿着产业的，只要是沿着同一产业，规律和本质的变化脉络就是清晰的。而互联网的本质和规律是不确定的、迭代的、跨界的。要想构建互联网化战略，就要把握构建的机遇和根据。

互联网化战略构建的机遇和根据就是互联网的形态，因为互联网的形态是确定的。企业、行业的变化是不确定的，随时变宽变窄、随时跨界。如果站在两维世界上，企业左冲右突、坐标不确定。但如果是站在三维世界上，无论是冲还是突，看得是非常清楚的，形态还是那几个形态，这依然需要构建型战略。所以互联网化战略也应是构建型战略，只不过是开放性构建。简言之，互联网世界仍然是有规律的，只不过这种规律较难以被简单表达。它具有多种规律的复合性、自生自促性、交叉衍生性、小概率事件敏感性和不稳定性等特征。

互联网的构建也有自身的方法论，主要表现在九个层面：一是系统逻辑选择，二是系统结构设计，三是系统发展有机推进，四是高效率试错与高频次调整，五是随机应变式学习与纠错，六是正向蝴蝶效应推进，七是多种正能量因素保障，八是负向因素抑制或去除，九是小概率事件把握。

1. 系统逻辑选择

无论具体的战略措施怎么变化，整个系统的逻辑选择是确定的。系统逻辑选择就是一个顶层设计，是所有战略行动的指导原则。互联网化战略的指导原则应与互联网的特点紧密对应，那就是要把系统打造成一个学习系统、颠覆系统、机遇捕捉系统。这样才能适应不断变化的外部环境，及时抓住机遇,颠覆传统模式。将这种系统选择的逻辑固化到企业的文化、企业的基因中,形成一种决策指导,这样才可以保障无论是在战略制定还是在战略执行的过程中,始终贯彻把握互联网精神的本质。

无法做好系统逻辑选择是今天很多传统企业向互联网转型失败的主要原因,他们往往是以互联网技术为"术",却没有把握互联网精神的本质,没有上升到"道"的层面,没有从整个系统的逻辑选择上进行准确把握。

2. 系统结构设计

根据华彩的系统结构理论,系统结构可以分为同构系统和异构系统。互联网化战略构建是需要使用异构系统,因为企业在互联网背景下面临的是高度多元的环境,只有不断地吸收、组合,将外部环境内化为自身的实力,才能实现进一步的超越。

异构系统是由多个不同种类的系统平台或应用子系统通过系统网络连接而成的系统。系统平台是指系统的系统行为和文化理念的组合。以中国整个社会为例,改革开放可以看成是慢慢由主观努力打造的同构系统向异构系统逐渐转变的过程。而这个异构系统的平台则是中国的传统文化儒释道,以及由此而展开的一系列民众思考与民众行为。当然,在整个系统不断演进的过程中,系统平台也在随之改进,如中国社会系统的平台则在不断引入西方的民主、平等理念。

异构系统在推进过程中,将不断发生各种交互行为。其中既有平台式交互,也有节点式交互。当然,这个过程同构系统也会发生,但同构系统的交互主要是系统内部交互,而异构系统的交互更多的展现在内外部的结合,而这种对外的交互将更多更快地推进异构系统的演进。同时,由于交互所产生的异构系统互联也将是推进系统发生的一个重要因素,互联网技术带来的交互频率的大幅度提高决定企业必须选择异构系统结构。

3. 系统发展有机推进

这个系统不能完全交给社会,而是要交给互联网的无限试错,其中公司领导层对这个系统还要进行顶层设计。系统之间竞争行为的重大决策权要交给公司领导层、管理层,由他们进行统筹,这叫有机推进。

互联网化战略下的扩张和试错并不是无方向、无限度的,其扩张和试错不能脱离公司的文化基因、不能偏离公司的发展方向。腾讯公司的文化基因就是社交,成功的产品无论是 QQ、微信还是各种游戏,内核都是社交。

4. 高效率试错与高频次调整

互联网时代,市场瞬息万变,如果不在第一时间抓住机会,就会永远失去机会。要想及时抓住这些机会,只有不断试错,同时推出多个战略措施。通过试错来选择,失败了马上放弃,成功了就追加,迅速集中资源将其做大。

5. 随机应变式学习与纠错

高频次试错主要依靠用户反馈,即通过用户的启发来改进企业自身的产品或行为。但是外部环境除了用户,还有很多的竞争对手,竞争对手的行为同样可以给企业带来很多启发,甚至有一些是企业被迫应对的行为。有时候看到竞争对手有一个很好的点子,在不侵犯知识产权的情况下,就可以拿来借用一下;有时候竞争对手的某个行为带来的大量的用户提升,企业就必须做出应对,这属于被迫的应对。

6. 正向蝴蝶效应推进

对外部反应行为,企业要进行正向蝴蝶效应推进。企业选择其中一些能带来正能量的,能带来好处的因素进行推进。正向蝴蝶效应,无外乎是创新的氛围、对互联网化趋势的探讨、多元化文化的培养,还有对趋势和数据的挖掘。对此刻有利的和对未来有利的在传统世界里两者往往是一致的,但在互联网企业里未必一致。所以对目前看起来前景不明朗的项目,不能彻底否定,要留有一定的成长空间。

传统企业要特别注意对企业文化的改造,文化转型是传统企业转型的内在要求。互联网化战略下需要企业具备鼓励尝试、包容失败、兼容多元精神的文化特征,传统业务往往秉承的文化是最小化风险、保持稳定增长。如果简单的沿用已有的文化特征,可能会从机制基础上扼杀新型业务,错失发展良机。

7. 多种正能量因素保障

互联网推崇的是开放精神,因而要求企业也要具有开放精神。企业要包容各种不同的文化,对其中的正能量因素加以放大,以正能量因素作为企业进一步发展的保障。企业中的正能量因素有很多,内部包括热情的员工、开放的文化、积极的探讨、创业的激情。还有一些外部积极因素、外部的意见领袖,企业要吸收他们的正能量影响,转化为企业发展的动力。

8. 负向因素抑制或去除

包容的企业在吸收正能量因素的同时,还会遭遇到很多的负向因素。对于这些负向因素要及时地抑制和去除,避免让这些因素对企业产生不利影响。典型的负向因素有僵化的、狭隘的思维,以及各种对创新不利的因素。

9. 小概率事件把握

最后还要不断把握一些小概率事件、黑天鹅事件。未来长寿的互联网企业只有在很多小概率事件里不犯错,至少不犯大错的条件下才能活下来。互联网世界使得一个互联网功能团的寿命较长,但是具体到每一个企业寿命未必很长,企业常生常死,只是互联网功能团相对长寿。

企业掌握规律也好,数据推演也好,都无法准确预知小概率的事件,所以我们在应用规律、应用统计数据的时候,要随时做好应对黑天鹅事件的准备,提前做好预案,做好资金储备,不要在黑天鹅事件发生时成为待宰的火鸡。

互联网化战略的四种构建模式

互联网化战略有四种构建模式：一是扩散型构建，二是要素型构建，三是趋势型构建，四是生态型构建，如图 2 - 8 - 1 所示。

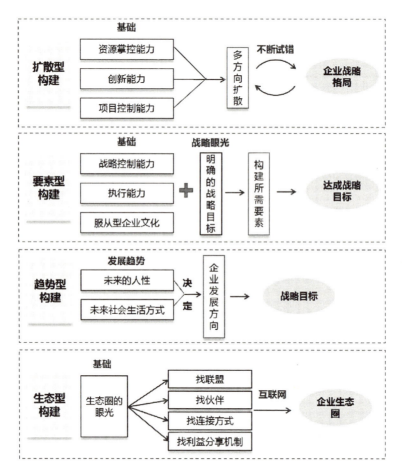

图 2 - 8 - 1 互联网化战略的四种构建模式

1. 扩散型构建

扩散型构建是基于向四周无序扩散方式的战略构建模式。扩散的方向没有明显的目标导向，通过多方向扩散，不断试错，最终形成自己的战略格局。一般使用扩散型构建的企业,要有较强的资源掌控能力、创新能力和项目控制能力,因为扩散成本是非常高的,企业要有足够的资源去承担扩散成本,并且要保证扩散的质量。

　　腾讯就是经典的扩散型构建方式,其主打产品 QQ 目前用户已超过 10 亿,这么大的用户基础可以说是腾讯的"核武器",而且几乎是没有什么消耗的,腾讯仅仅依靠 QQ 的虚拟道具就挣得盆满钵满。而当腾讯希望推广任何一款产品的时候,只需要启动这个"核武器",通过 QQ 弹窗和面板内置,用不了多长时间,自己的产品就能够进入业界前三名。而竞争对手则在 QQ 的"谈笑"之间就灰飞烟灭了。无论是腾讯的游戏、微信、财付通、浏览器还是其他产品,只要通过 QQ 进行推广,很快就能做起来。QQ 作为即时通讯工具时代的赢家,已经无人能够打败。其他互联网巨头推出的类似的即时通讯工具,像新浪的 UC、网易的泡泡、百度的 Hi、阿里的旺旺,当然还有早就在那里的 ICQ 和 MSN,由于在用户数量上存在的差距,要想赶上 QQ 已经是没有可能了。

　　除了 QQ,腾讯的产品能力和运营能力都是业内首屈一指的,几种能力互相结合,使腾讯不受限制地扩散型发展。似乎人类已经无法阻止腾讯的扩张了,如图 2-8-2 所示。

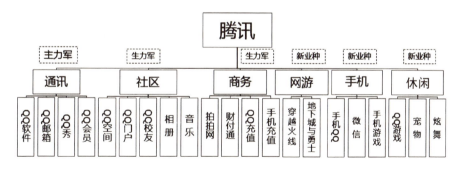

图 2-8-2　腾讯业务体系

2. 要素型构建

　　要素型构建是企业有一个明确的长期战略目标,根据战略目标来确定企业所需要的要素,然后再逐步构建这些要素。使用要素型构建方法的企业,要有较强的战略控制能力、较强的自上而下的执行能力,以及服从型的企业文化。长期战略目标需要企业领导层有极强的战略眼光,长期目标往往是基层人员很难理解的,需要自上而下的贯彻机制。

阿里巴巴作为一个以战略见长的企业集团,很早就确定了战略目标,并且根据公司缺乏的要素提前进行构建布局。正如马云所说:"我们是通过15年的布局,慢慢形成的网络效应。这就是战略的威力。上市前我们做了几次收购,很多人都开始惊呼看不懂了。再过三五年,有几个人看得懂我在买楼?连老太太都看得懂的战略我七八年前就在看了。凭什么现在我买,你们就能看懂?我在2008年讲过,一个真正的大楼,是由建它的窗、门拼起来的。你只有建小房子,才是一砖一瓦从零开始建起来的。而像摩天大楼,主材还没有做,突然一下那么大的东西就出现了,那是因为之前都已经做好了。"

现在看阿里巴巴上市之前的战略,就是打造一个电商帝国,从阿里巴巴开始,到淘宝,是从 B2B 到 B2C。为了解决信用问题,成立支付宝为前两者服务,同时也有信用收集的作用。交易体系建立起来了,还缺少一个营销广告体系,阿里妈妈应运而生,其定位是服务于阿里巴巴的广告推广系统。2013 年合作成立的菜鸟物流,以及投资日日顺物流,都是为了打造阿里巴巴的大物流体系。所有的这些都是阿里巴巴电商帝国的诸多要素,紧密地服务于长期战略,如图 2-8-3 所示。

3. 趋势型构建

趋势型构建是以未来的人性、未来社会生活方式为基础构建的,而不是着重于企业目前拥有的位置和形态,也不考虑目前领域内的专家们认为有哪些要素,只是从必须要走的方向、人性所趋的方向去构建。

这种构建方式的典型就是德国的工业 4.0,将智能 ICT 部件、传感技术和驱动装置整合到产品和生产系统里,使得现存的互联网服务和已知的"物联网"同步成长。德国的这一战略正是迎合了未来的社会发展趋势,属于依

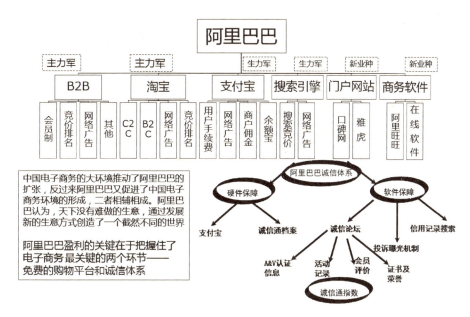

图 2‑8‑3 阿里巴巴的大电商体系

照趋势而构建的战略。

4. 生态型构建

生态型构建要求企业首先要有生态圈的眼光,能够找出与谁之间能构成一个生态,然后不断地找联盟、找伙伴、找连接方式、找利益分享机制,通过互联网构建成一个生态圈。

深圳的前海金融生态圈就是一个很好的例子。在下一轮改革过程中,前海的金融业战略地位将进一步凸显。中国内地也将进一步与世界金融、服务贸易体系接轨,更多的金融创新举措将不断涌现。入驻前海合作区的企业被称为"前海合伙人",而在前海合作区建立时,香江集团就深度参与前海的开发,作为前海首批引入的 15 家企业中的唯一一家金融控股集团,是前海战略最合适的"金融战略家"。

香江的金融生态圈由内部生态圈和外部生态圈组成,将内部家居、商贸、健康服务等内部平台与外部金融机构如银行、保险等合作,打造良好的生态环境。

集团型企业与单体公司互联网化

本节介绍集团型企业互联网化战略的特点，从不同的角度讲解集团型企业与单体公司互联网化战略的不同。

1. 集团型企业互联网化战略的特点

集团型战略是用集团战略来统筹多个子公司的战略，而集团型企业互联网化战略其实不是简单的对集团型战略的互联网化体现。并不是说一个集团在集团层面有个互联网化形态，多个子公司各有其互联网化形态，两者形成一种顶层设计与基层首创之间的互动关系，就能实现集团型企业的互联网化。真正意义上的集团型企业互联网化战略是将整个集团打造成互联网化功能团的一个主团，即要为集团型企业打造自身的互联网形态。

一个集团型企业的互联网化战略事实上会有一个个性化的形态，所有子公司都是个性化形态里面的其中一个节点。具体表现为一个互联网功能或互联网化行为的一个子功能、子行为。

2. 集团型企业与单体公司互联网化战略间的不同

集团是一个总形态，复杂形态。而单体公司即使是以自身为领袖组建的一个互联网化形态，哪怕外部的互联网化再复杂，他本身的内部空间也是比较简单的。从集团的内部各个子公司之间、各个子公司与总体形态之间、各个子公司与外部关系之间这三个层面来看，集团型企业的互联网化战略是相对复杂的。

两者的不同主要体现在三个方面：第一个方面是集团型企业互联网化战略需要更复杂的内部行为；第二个方面是集团型企业互联网化战略具有更高的层次；第三个层面是集团型企业的生态圈构成不同于传统单体公司的生态圈。

（1）集团型企业互联网化战略需要更复杂的内部行为

一个集团的互联网化战略往往意味着各个子公司不仅是集团互联网化功能的支点，且在各个子公司之间要构筑出互联网化功能的深度挖掘空间。多个子公司之间会形成多层次价值创造，这和单体公司具有巨大的不同。单体公司事实上就是以自身的功能团行为来整合外部生态链。而集团不光是整合外部生态链，还在每两个子公司之间、子公司与母公司之间、每一个子公司与外部子生态链之间进行多层次的价值创造。简单地说，集团型企业外部行为复杂，内部行为也复杂，外部获取价值，内部也有价值获取。

（2）集团型企业互联网化战略具有更高的层次

集团的互联网化战略不是单纯为了做一个互联网化行为，而是用互联网这种载体去获取集团行为特有的价值和收益，去做单体公司互联网化做不到的事，去获得单体公司获取不了的价值。例如，亚马逊的互联网化战略和阿里的互联网化战略不在一个层面上，亚马逊和阿里都能获得电商收益。但是阿里获得电商收益的层次、空间结构要比亚马逊复杂得多、深刻得多，所以仍然可以把亚马逊视作为一个单体公司，把阿里视为复杂的集团公司。集团是企业里面比较高级的状态，互联网化是新型的动力里面最好的一个形态，这两者之间是交叉、相互激发的关系，并不是说集团路子走得不对。

有一种观点认为，既然互联网是借助社会力量，那就把内部集团拆掉，变成单体公司，或者是每一个子公司互联网化，总部化身为若干个互联网功能团的投资者，这种认识也是不对的。互联网化战略依然需要集团的路子，用互联网化做好集团，用集团这个形态获取更高的互联网化收益。用互联网这种载体去获取集团行为特有的价值和收益，去做单体公司互联网化做不到的事、获得不了的价值。

（3）集团型企业的生态圈构成不同于传统单体公司的生态圈

集团公司也可以存在生态圈，一个集团公司的多个产业都归属一个生态圈是不可能的，除非你是个互联网企业。但是集团公司同时管理多个生态圈，这是有可能的。

单体公司通过战略的发展，根据自身的核心生态，逐步做生态圈的外延。集团公司在各自生态圈外延的过程中,通过要素控制进行生态圈拆解、整合、再控制。就是说集团有若干个产业板块的时候,可以把这些产业板块、生态圈的供应拿出来。比如大家都需要搜索、都需要某一种产品、都需要某一个平台,可以把他们抽出来进行拆解、进行融合。融合完之后,又会根据各自在生态圈中扮演的角色,进行生态圈的再度拆解,拆得更细,甚至拆成几个生态圈。比如服装生态圈,可以拆解成时尚媒体生态圈、平面媒体生态圈、服装剧照生态圈,等等。然后再融合,根据客户的真实需求,再度把这些生态圈的要素收回来,重新融合。集团型公司可能会做融合、拆解、再融合,更容易形成生态圈的进入者,更容易在现有的产业中塑造内部生态圈。简单地说,更有互联网化的基础。集团型企业可能自身已经带了某些生态圈的雏形,比如说企业的上下游、关联性的多元化,某些表面上非关联型的多元化,其实都使得集团公司具有了打造生态链的基础。

互联网化战略与企业的两元化战略

现在有一种提法,所有集团都要进行互联网化改造,但这个提法太过不切实际。有很多集团一时半会互联网化改造完不成,一忙着搞互联网化改造就把传统的业务丢掉了。所以对很多传统企业来说,需要在做好传统业务的同时做好互联网化改造,两手抓,两条腿走路。一条腿是积极地用互联

图 2 - 8 - 4 互联网化战略与企业的两元化战略

网化的工具优化现有的产业,即以现有产业为主,以现有产业为道,以互联网化为术。另外一条路是,以互联网化为道,以原有产业的理解和能力为术。走出两条路来,这才是一个较好的互联网化转型。

如果仅仅是把原有产业搬到互联网上去,那只是个浅度的、肤浅的理解,是一种丢掉自己优势的错误做法,是在新形态里不知所从的伪互联网化,或者是一种抑制内心恐慌的自我安慰型互联网化。纯粹地根据别人怎么互联网化杀进去,丢掉自己的根本,是一种过于激进、幼稚的互联网化。所以要两手抓,两手都要硬。

这样一来,现有产业互联网化的优化和应用,是按照互联网的规律而不是直接杀入到互联网形态里面。即使是做互联网的投资,也要基于现有产业的能力和组织,分析企业表象能力背后有什么核心能力,再分析互联网领域里面的需求是什么。

传统企业互联网化战略的重点就是把当前的能力用好了,苏宁现在在这一方面就做得非常好,实现了现有产业的互联网化和互联网化对现有能力的提升,两条腿走路,又稳又快。

第九章　集团型企业的互联网化战略

集团型企业互联网化哲学

卡尔·波普一生主张世界应该是开放的,拒绝接受一切可能导致社会循环运转、自我螺旋运转的规律。这和黑格尔以来的哲学背道而驰,黑格尔以来的辩证主义都是主张世界是踩着规律、韵律在跳有节奏的舞,历史有时会自我重复,认为历史中藏满了规律和逻辑。

总的来看,以黑格尔为代表的本质与规律派系应当是赢定了。直到互联网出现,一种真正意义上的范式跃迁发生了,我们相信了若干年,也解释了若干困惑的本质与规律派系遭遇了新范式的挑战。之前的多次革命,从农业革命、工业革命、科技革命、信息化革命、全球化革命都未能真正击穿本质与规律派系的理论,其实在这种持续中已经隐藏着颠覆性因素,培养了个体与社会的冲突、信息与权力的冲突、组织结构与适应性的冲突等,直到这些冲突达到一个临界点。

一个新的本质和规律的世界呈现在我们眼前,正如复杂系统也有其规律,只不过不是常人所理解的那种静态和简单稳定的规律,而是一种动态的、持续发展的、不断进化和学习的规律。换言之,静态的本质与规律派系让位给了动态的、开放的、自组织、进化的本质与规律。

突然以互联网为载体的世界接管了传统世界,带来了一些重大变化:第一个变化就是世界由被管制转变为多维度、多层次、多尺度、多取向自组织;第二个变化是世界由信息不对称转变为信息过剩下的反应不对称、逻辑不对称、传导线路不对称;第三个变化是,世界由一个自上而下宏中微观层层影响,转变为自下而上微中宏观层层颠覆传导的倒置系统;第四个变化是,世界与人性娱乐化、精神化、情感化再塑造之间呈现严重的震荡反应。

这些变化使得集团企业过去被我们认为恒定的特性出现了若干巨大变化。第一个变化是,企业的边界、产业、运营方式、获利方式,以及企业与员工、与周边利益相关者之间的关系进入高颠覆期。第二个变化是,企业内在边界价值链可以被颠覆,企业外在边界也可以被颠覆,而且这种被颠覆的频度越来越高,实验性与趣味性越来越强。第三个变化是,在一个全不确定、全波动环境下,企业被迫开始高柔性化、高敏感化、高多头下注化(分散风险、保障利益)、高机动化,快速捕捉商机与热点化。

集团战略的变迁

因互联网化因素的发展,集团战略根本性因素发生了以下几种变迁。

第一,在未来不确定的情况下,集团具有极强的主观能动性,可以引导与创造需求,组织产业链内的其他成员,朝某个确定的方向聚焦式投资。随着互联网的发展,可以借助联盟力量,捆绑社会热点,借助流行趋势,预埋潮流、布点娱乐,总之就是多方位塑造未来,促使未来出现。传统背景下集团战略仍是一个有组织的科学"赌博",所以量大者胜、居高声远者胜、产业组织者胜。

第二,集团战略,大范围及长期具有高不确定性,中范围及中期虽然仍有不确定性但会呈现一定的趋势,而小范围和短期的不确定性较低。在这样一种远中短、大中小的结构中,企业要有意识地通过固化当下和局部,再通过延伸优势和能力来锁定中期,去辐射远期,塑造和影响未来。

第三,企业战略严格说取决于领导人的时间感。领导人对战略的短中长的不同关切程度,深刻地影响着该战略将往何处去。美国企业的短期思考,欧洲企业的中长期思考,日韩企业的跨时间长度的思考,这三种典型的风格,事实上是来自这三种区域或三种文化状态下的民族生物钟。这种关切长度的不同,使得企业所做的算大账行为,未来塑造行为,关注近期与远期行为,局部与整体平衡行为,从名目上听是一样的,其实际操作手法截然不同。

第四,集团战略仰赖于总部高屋建瓴的指挥,赌注式、分配式地确定各个子公司在集团中的位置。形成战略阵型以后,在相当的时间长度当中,强化各个子公司对该战略的一种匹配度或牺牲度,通过各个子公司越来越适应自身被分配的战略角色,逐步积累和产生相关能力。乃至各个子公司的战略能力之间出现耦合,出现协同,互相背靠背,能形成"打群架"结构,甚至形成变形金刚结构,来完成顶层设计的大战略。

而传统战略的结构在互联网时代,很多运行基础彻底被摧毁了。摧毁的直接结果是使得整个社会呈现超复杂性。人所共知,我们生活的人类社会、经济、金融、产业、城市,乃至一个国家的发展,都呈现高度复杂性。这种复杂性,由微观到宏观、由局部到整体,逐次增加其复杂程度。

互联网的出现,使整个社会出现了再组织。它最鲜明的特点是:微观不确定性会促使宏观出现巨大的超不确定性。微观世界、局部世界、社区、消费者、店铺、某一次购买行为,本身呈现了高随机的内在不确定性。而微观的随机性,往往意味着其边缘的破碎化,其与周边其他系统关系的破碎化。这就是互联网世界带来的测不准原理,微观上越不确定,宏观上越会叠加不确定性。

同时,互联网也会带来一些挑战和悖论。首先,去中心化冲击了原有的中心化——本来传统集团的顶层设计、顶层运作、顶层价值集中的作用是巨大的,可是去中心化使之不再那么光鲜。其次,商业民主化冲击了集团化的平台化、顶层化——本来管控是自上而下的势能系统,可是现在出现了由下而上的趋势,而且势头还很猛。此外,创新多元化冲击了集团价值统筹——本来价值创造的大头是总部,可是现在子公司,个人、外部协作者都可以进行创新、进行价值创造,总部的地位降低了。另外,权力与能力倒挂冲击了集团化的初衷——领导不懂却有权利,一线虽懂却没权利。

所以互联网世界使得经济世界的每一个微观行为、每一个具象的交易行为和交易过程,人性化、数据化、信息化。而微观行为之上的边界接口与影响因素多到难以想象,比如到底由哪个商家来完成这个交易,这个交易完成的方式有多少种,消费者通过多少种渠道获得这种交易,这种交易还可以与哪些交易重组等。它从边界开始,就具有超级不确定性。如果这种不确定性再推到中观、宏观、超宏观层面,可以预见,这种梦幻般的天量变数,使得世界早已成为一个超复杂系统。

影响集团未来发展的四大因素

集团战略的互联网化,使得集团未来发展的四大因素发生了质的变化。如果此时我们以古老的姿态再去凭栏赋诗,就会掉到山崖下面去。这四个因素分别是时间因素、权利因素、广泛联系因素和内心及精神因素。

1. 时间因素

我们对时间的感受,从通常旧经济时代下的分钟为较小单位,逐步走向秒,乃至于毫秒为心理感受单位。可以说互联网时代,人们的生命密度远远超过旧经济时代,乃至于更古代时期。那么这种时间因素的切碎,使得未来很多产品,必须具有这种毫秒特征,乃至于微秒特征。它必须格外迅捷,格外能够在极细的时间颗粒上展现可体验性、感受性。那么这种因时间粒子被切碎而带来的新感受、新的空间体验、新的价值感受,将会彻底改写人类的物质创造、文化创造,将会把整个人类的商品阶段拉到一个全新的以毫秒计、以微秒计的时代。看谁能够拿出这种产品和服务,能关切这种感受。当然,这种更精致的时间感受,既会赋予很多新产品空间,也会破坏很多旧产品范畴。更多地还会为传统的文化领域、旅游领域、娱乐领域、社交领域,打开一个全新的产品创造空间。可以夸张地说,毫秒经济的时代到来了。

2. 权利因素

互联网时代的权利结构崩塌,使得权利扁平化,这是我们都看得到的。但是我们在欢呼互联网时代全人类平等的同时,必须看到这其实是个谎言。

在互联网时代,人类被高度等级化,拥有更多话语权的人,与低话语权人之间构成一个严格的阶层划分。而整个世界的互联网时代阶层,可以以十万乃至千万计,它是一个真正的高密度细分。

话语权、认知、圈层、高话语权人之间的社交关系、高话语权人之间的阶层划分、不同话语权阶层之间的理念传递、相互影响的行为,将会共同造就一个无限混乱的权利图谱,这时候我们再也不能说世界是和平的。而这种权利图谱,不光会影响社会意识形态、文化、理念传播,更会影响产品认知、消费形态及消费者自我认同,乃至于商品开发、经济行为、金融行为,甚至整个世界将会从定价时代走向定话语权时代,从而使得话语权取代传统上的定价机制,成为新的定价机制因素。

3. 广泛联系因素

所有因素之间存在着广泛联系,这是一个众所周知的旧认知。而在互联网时代,所有因素之间的泛联系,会充分地展现,不光互联、物联,所有因素之间都通过若干因素来连接,所有的新创造、新模式,都是为了把已有的缺陷,已有的跳跃连接起来。所有模式的创新,都意味着再破坏和再连接,胜出模式无一不具备联系指数更高这样一个根本特征。泛联系,使得权利因素、时间因素充分被搅拌、发酵,人与物、物与物、物与非物、实体与虚拟、非相关度事物充分地联系在一起,将世界蜘蛛网化、多层次化、融合化、非真空化,将事物之间的空白地带充分地密实化。这种泛联系因素,使得企业除了出现非常大的权利空间的作用外,所有未被联系的空白地带,就由权利去填充。

4. 内心及精神因素

在互联网背景下,人们更加关注自我。由我思即我在,到我秒即我在,我毫秒即我在。同时,这种内心因素,将会更进一步地展现到世界运行层面。每一个人将会把自身的内心建设成一个小宇宙,与真正的宇宙并列,内心的丰满程度将会与宇宙高度相似,将自身内心宇宙化,是内心因素的一个重大关键或推力。那么这种内心因素的建设，进一步推动精神因素的发挥、发展。众所周知，人类有史以来的发展，都是有关于精神与物质的一个满足过程。物质的满足，除了吃住行游购以外，更多的是感官、触觉、身体、生理需要的一种满足。而精神层面，更多的是围绕着抗拒死亡、自我认同、自我实现等形成的精神生活，形成独立于物质的、与外界隔离的、自我思维层面、想象和幻想层面的一种精神行为、一种思考行为。在互联网时代，内心极度丰满化、充实化、多元化，促使我们形成了更多的精神因素。

那么精神因素是什么呢？首先是围绕着关于自我的再定义，自我究竟是什么，以及生命、死亡、认知、感受、世俗生活等，这些因素无一不出现了巨大的飞跃式、超常规的不断量化。在未来，精神因素将会更进一步成为商业行为背后最强大的动力。消费者除了正常意义上的工作和事业以外，将会把更大部分时间，更高比例的注意力，分配到精神行为、精神生活、精神感受上。

可以说一个平凡的世界、简单的世界，彻底地被这四个因素消解了，这四个因素正拉着整个世界奔向一个不可知的领域。集团战略的制定过程当中，有几个关键因素，深刻地受到这几个要素的拉动或摧毁。在这个背景下，我们需要多思量，集团战略将意味着什么。

集团型企业互联网化战略方法论

在战略思考上，有个重要因素，那就是对战略起着关键作用的超认识论。而从现在来看，认识论本身，也需高度跃迁。并不是互联网在改变着世界，而是互联网与旧世界的融合在改变着世界。互联网对旧世界的加工，旧世界切换到互联网时代，这种融合性行为对世界进行了怎样的改变，我们对这种改变如何解读、如何辨识的一种新型认识论，就叫超认识论。

从旧的认识论到超认识论，是世界的融合，范式转换的必然。但是我们发现，前几次工业革命，并没有发生如此具有跃迁特征的超认识论。虽然在自然科学领域发生过这样的超认识论，从亚里士多德理解的物理，到伽利略的物理学,到牛顿力学,到爱因斯坦广义相对论,再进一步跃迁到量子力学及其与相对论的对峙。在社会科学领域,较难发生这样巨型的断崖式跃迁,所以之前在人类社会历史上,认识论更多是具有迭代特征,而非我们看到的这种超级、跃迁特征。那么有了这样一个超认识论以后,我们怎么来对战略进行思考,这就是关键。

超认识论是指某家企业的高管层,或者对战略有话语权的这一批人,组织、遴选并决定该公司战略该如何制定,决定在哪一个人、哪一种理念、哪一种行为之下可以整合到一起,是高整合还是低整合,是破坏性、互相抵消性自组织,还是高级融合性自组织等的超前判断和决策。

建设超认识论,无外乎学习,通过组织学习、反复学习,展开各种对未来的开放式研讨,拥抱各种未知。同时,思考无禁忌、研讨无禁忌、学习无禁忌,是超认识论形成的关键。反复辨析未来,反复确认当下,通过横向学习、优秀学习、标杆学习,使得超认识论更加成熟。

所以如何以超认识论来驾驭一个思考的宽度、深度,并且产生重要且别人看不见、看不清的概念辨析,以及对一些次概念和微概念的放大,辨识出它在未来的巨大作用,乃至于创造性地构想某些现在不存在的概念和模型,才是超认识论真正发挥作用的战场。

集团型企业互联网化战略分析

集团型企业要从五个层面来做好企业的互联网化战略分析。第一是跨界思考;第二是迭代思考;第三是动态思考;第四是世界趋势思考;第五是跨时间思考。与此同时集团型企业要从两个层面做好互联网化战略的落地,第一个层面是战略规划;第二个层面是战略实施。

1. 互联网化战略分析五层面

第一个层面是跨界思考。跨界不单单是跨行业。跨界要求企业基于自身的文化、产业、产品来与整个外界进行跨越式连接。主要有按照企业的投资哲学跨界、按照产品的本质跨界、按照区域跨界、按照客户的需求跨界、按照行业跨界等五种途径。

第二个层面是迭代思考。迭代,本质上就是一种对企业以何种试错的方式,使得不断走出自我舒适发展的趋势。表面上是不断通过产品的短代际创新,满足消费者变化的需求,但本质上是企业对不确定性、时间、速度、客户喜好的培养,对高价值市场的占领。

第三个层面是动态思考。互联网加速了外部环境的动态变化,企业要根据自身的能力建立起外部环境动态分析体系。建立起动态认知能力、动态管理能力、动态利用能力,使得企业更动态化。从动态的变化环境中找到本质和规律。

第四个层面是对世界趋势的思考。互联网带来了世界格局的变化,带来了新的范式转变。这就要求企业必须对世界形势作出有效分析,把握大的时代潮流,来指导战略的制定。

第五个层面是跨时间思考。正如前面章节所提到的,企业要善于制定自身企业的大事件战略,通过对世界范围内的时间跨度的思考,来重新审视企业战略的构筑,寻找企业的发展机会。

例如,河南省机场集团有限公司是河南省人民政府直属的国有大型航空运输服务保障企业,于2013年2月在河南省郑州新郑国际机场管理有限公司基础上组建成立。目前,河南机场集团拥有十个职能部门、五个直属单位、下辖郑州机场等15个子公司。

互联网促进河南机场平台型商业模式的转型,未来机场将是数据集中平台、产品交易平台、营销平台,前端连接消费客户,后端整合不同层次的供应商,而机场作为平台提供综合性服务。河南机场采用"产品＋APP＋服务的平台型商业模式"实现在客户多层次需求的基础上通过大数据中心进行前后台链接的模式。此外,对出行、旅游、购物和休闲娱乐等供应商进行整合,促进服务界面的整体运行。

河南机场的互联网化实现了一次消费向多次消费转型以及机场盈利模式的多样化。尤其是机场商业收入可从单一的依靠高租金向租金＋平台使用费＋数据使用费＋收入分成等多样化收入模式转型。

2. 集团型企业互联网化战略落地

首先要做好战略规划。在战略规划中要抓好两大要素：互动和组织智商的打造。企业要加强规划方法论与规划方案之间的互动，规划受众与规划实施者之间的互动，规划方案与规划落地方案之间的互动，从而确定好战略规划的主轴方案。更高的战略规划手法是组织智商的打造。正如前文多次提到的，企业要善于打造企业内部的人工智能、企业外部的人工智能，并将两者之间打通，只有这样，才能够让企业的互联网化战略构筑更加完善和有效。

其次是战略规划的实施。在战略实施之前要做好情景化模拟，推演战略是否可行。在战略的实施过程中，要在掌握大方向不变的同时，做好小处的调整，做到试错式修正。在战略实施之后要做好绩效的反馈和学习总结，以便制定下一个战略的时候，能够在此基础上更上一层楼。

第十章　互联网化战略的异化效应

互联网化的深化发展所带来的异化效应，深入到战略的每个层面。根据互联网化的异化效应，将集团的整体战略划分为时间异化战略、空间异化战略、动力异化战略、系统异化战略以及基因异化战略。

时间异化战略

利用互联网技术，把握互联网的精神实质，将组织的各层级、各职能部门、各数据收集中心高度互联网化。换句话说，即时间的均匀性、不可逆性、平等性、线性、饱和性都在新经济下被彻底改变。比如大中小企业，时间对它们是不均匀、不公平的。对于快慢企业，时间对它们是非线性的。对于复杂运作企业，时间可以为它加速或停滞，乃至倒流，甚至企业可储存、压缩、折叠、扭曲、平行、逆行时间。时间变成了可以经营的要素。经营时间古已有之，如日本在海底储存大量的矿产，其本质就是为了储存时间，怀旧电影就是在逆行时间，而在新经济下，有大数据、云计算、虚拟仿真的帮助，我们对未来的预测，对经营过程的压缩，对关键因素的并行推进就有了更理性的工具和手段。

通过这种互联网化，组织的效率得到了极大的提升，组织的反应更加灵敏，组织更有创新力和活力，组织对时间就产生了异化效果。时间的异化主要表现在未来时间、平行时间、压缩时间、整合碎片化时间、扭曲时间五个方面。

1. 未来时间

在互联网化的异化效应下,企业争夺的不再是当下的发展,而是未来的发展。在快速变化的外部环境下,企业如何及时应对;在高复杂高动态的变化中,提前找准未来的发展方向和战略布局,将直接决定着企业未来的发展。从目前来看,企业主要通过利用大数据来预见未来、提前布局大时间战略两个层面。

企业利用大数据来预见未来已经多次阐释过,在此我们着重解释企业的大时间战略布局,即通过利用不同地区在不同时间段内的发展不均衡,调整企业战略,提前在发展日趋成熟的国家进行战略布局,获取先进的技术和成功经验之后,再在相对落后国家进行战略布局,充分利用前者来带动后者的发展。

例如,大时间战略布局在日本、中国的发展还不成熟时,日本富豪企业家孙正义选择先在美国等发达国家开展业务,等到业务成熟、时机合适时,回归日本,并考虑进入中国市场。经过在美国的稳定发展,孙正义回到日本,创办了雅虎日本公司。随后,他又开始将目光投向比日本落后的亚洲其他国家,像中国、印度的互联网公司。

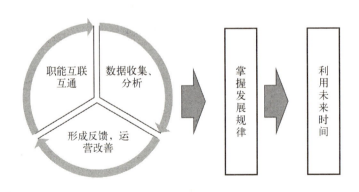

图 2 - 10 - 1　企业获得未来时间

2. 平行时间

在企业内部通过对职能的互联网化,让各个部门高效运作,使得多部门

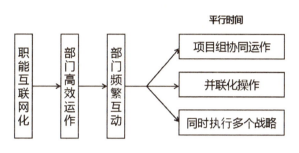

图 2 - 10 - 2　平行时间

执行过程中频繁互动,乃至不再是以部门为主,而是以项目组或基于课题的工作小组的协同为主,甚至把之前非得要串联化运作的事情变得并联化操作。企业内部甚至可以同时执行多个战略,同时进行多场变革。

现在,各大行业的领头企业都在进行多个产品线的强化投资,实现多产品线多优势发展。这些企业在进行多产品线并行运营和强化的同时能够使每个产品线都得到核心竞争力的锐化,最终实现集团企业的遥遥领先。这种多项业务并行发展就是一种平行时间的手法。

著名的 3M 公司是操纵平行时间的高手,公司内部存在大量平行的创新小组,每个小组就是一个变革单元,这种设置为公司带来极大的创新推动力,可以说是将时间划分为多个平行的轨迹并驾运行。

3M 素以勇于创新,产品繁多著称于世。在其近百年历史中开发出 5 万多种高品质产品,涉及领域包括:工业、化工、电子、电气、通信、交通、汽车、航空、医疗、安全、建筑、文教办公、商业及家庭消费品等。现代社会中,世界上有 50% 的人每天直接或间接地接触到 3M 的产品。3M 公司视革新为其成长的方式,视新产品为生命。每年,3M 公司都要开发 200 多种新产品,它那传奇般注重创新的精神已使 3M 公司连续多年成为世界最受人羡慕的企业之一。

3. 压缩时间

互联网时代,原本需要很长时间才能完成的工作,现在企业利用各种手段,会在很短的时间内完成,这就是互联网化带来的时间压缩效应。互联网化对于时间的压缩主要体现在三个层面：第一个层面是高频试错加及时调整；第二个层面是内部研发加外部创新集成；第三个层面是打造爆款超快速增长。

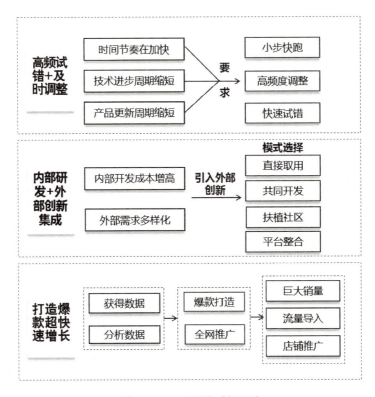

图 2-10-3　压缩时间手法

（1）高频试错加及时调整

互联网时代的时间规律在改变，时间节奏在加快，影响最大的就是技术加速进步。技术进步的周期越来越短，产品更新的周期也越来越短。相应地，如果技术呈指数级的进步，产品更新的速度也会呈指数级变快。

产品的更新节奏要加快，就要实现小步快跑。先快速推出产品，这个产品不一定就要求它完美，关键是快速获得用户的反馈，了解用户的感受，在这个基础上进行快速的更新和迭代。

互联网时代时间节奏的加快带来产业节奏的加快，企业的机会也稍纵即逝。企业已经不能等一个市场出现了再考虑是否进入，而是要走在前面，提前预知市场,自己开创一个市场,然后快速地以一个小的切入点进入新市场,根据客户的需求不断调整完善自己的产品和服务,最终占领市场。

（2）内部研发加外部创新集成

随着研发成本的剧增和市场对推出新品速度的高要求,越来越多的企业开始尝试将内部研发与外部创新集成相结合。既压缩企业的开发时间,又能准确地把握市场,实现资源的高效配置。这种创新就是将企业传统封闭式的创新模式开放,引入外部的创新能力。

一般而言,内部研发与外部创新集成可以借鉴四种模式:直接取用、共同开发、扶植社区、平台整合。它们的复杂程度由低到高,宝洁、英特尔、IBM和苹果分别是这四种模式的典型代表。

第一种模式是宝洁直接取用模式。宝洁通过直接引用企业的外部创新进行开放式创新。宝洁公司主要通过收购新产品或者直接从其他企业获权的方式来推出本公司的新产品。为保障这项工作能顺利开展,宝洁还成立了一支技术搜索队,协同公司内部2万名研发人员时刻找寻最有前景的产品和技术。

第二种模式是英特尔共同研发模式。英特尔以合作研发来进行内外部创新集成。供应商、用户和相关开发商成为其重要的外部合作伙伴。为保证联合开发的有效性,英特尔新建两个实验室,通过从供应商和架构研发实验室获取新技术和新创意。

第三种模式是IBM扶植社区模式。众所周知,Linux是一个开放式免费软件系统,试图通过它获利是行不通的,但IBM知道Linux能够在一定程度上对企业IT发展产生控制作用。因此,IBM大力发展Linux系统,不断完善以Linux为核心的技术开发社区。

第四种模式是苹果的平台整合模式。这是内外部创新集成中最复杂的一种模式,也就是生态系统创新。这种模式的实施,要求核心企业起到技术平台和整合者的作用,要在生态链中处于链主的地位。而所有相关企业则围绕这个核心企业形成一个活跃而多元化的企业生态系统,在核心企业的协调和指导下进行互惠互利的创新活动。

其实,内部研发和外部创新集成不但只是创新从外向内输入,还包括内部技术和创新的向外输出。宝洁的政策是如果一个技术在开发后三年内未被宝洁任何一个部门使用,就可将其向外输出以获取专利费用。IBM 也是如此,它先把自身的微处理器技术开放给第三方,同时还把若干核心技术如铜镀隔离器技术向外输出。早在 2001 年,IBM 在技术执照上的收入就高达17 亿美元。

另外,对于一个企业而言,内部研发和外部创新集成可以综合进行,不一定只选择一种模式。而且,在企业发展的不同阶段,需要选择不同的创新模式,以求和企业自身特征形成最大程度的契合。因此,一个企业在考虑实施内部研发和外部创新集成时,一定要清楚地了解自身的需求和特点,以选择合适的创新方式。无论如何,企业只依靠内部的封闭式创新已渐成历史,每家企业都要认真考虑内部研发和外部创新集成所能带来的新机会,并选择实施合适的模式以获得最大效益。

（3）打造爆款超快速增长

互联网化带来时间压缩的最终目的是企业业务的增长,特别是爆发性的增长。将原本需要几年的时间压缩到几个月,就像淘宝的爆款,一条裤子,几天卖 1 万条,这在以前根本是无法想象的,然后通过爆款带来的流量和商誉带动店铺所有产品的销量。这样店铺宣传推广的时间得到了极大的压缩,业务也就得到了快速的增长。

商家通过淘宝的大数据平台,分析消费者的搜索数据,找出最大的消费者需求,提供相应的商品,然后再通过淘宝的各种推广工具进行推广。成功运作下来的话,商家得到的不仅是客观的销量和收入,更重要的是因此带来的流量导入,消费者会顺便看一下商家的其他产品,买到的商品比较满意的话会有二次购买或者推荐朋友来买。因为巨大的基数存在,即使是很少的转化比例,也是非常可观的用户流量。

4. 整合碎片化时间

互联网的出现使得人们的时间更加碎片化,大块的时间被短信、微信、微博等社交工具打成碎片。我们本想用碎片时间去应付社交,却被社交工具将时间更加碎片化。同时,企业的组织随着互联网化变得越来越扁平化和分散化,组织内的员工关系也比较松散。如何将分散化员工的碎片化时间有效地利用起来,成为企业必须面对的问题。如果这些碎片的时间能够得到有效地整合利用,企业的管理效率必将得到极大的提升。

图 2-10-4　整合碎片化时间

5. 扭曲时间

互联网对于时间的扭曲主要表现在用未来筛选现在、用过去推演未来两个方面。

图 2-10-5　扭曲时间的手法

在前互联网时代,企业的经营者会通过沙盘演练的方式,模拟企业的经营环境,演练市场的经营,以预演企业的未来。此外还有很多经典的方式,比如战略演练、未来预算等手法,都是企业常用的。这些方式在互联网时代到来后,结合大数据和互联网化的深入,能够使得推演结果更准确。这些结果也就更可以为企业所用,用来对企业当下的商业计划进行筛选。这就是用未来筛选现在。

在互联网时代一定要避免路径依赖,因为互联网的存在,我们的时间被扭曲了,原有的时间单位发生了变化。摩尔定律指出芯片的计算能力 18 个月翻一番,其实产业的节奏也同样如此,是一个加速度,最近 20 年变化的速度和 100 年前 20 年的变化速度相比根本就不是一个数量级的,所以我们不能放弃用过去推演未来,而是要结合互联网时代的特点去做。我们以前预测 10 年后可能会怎么样,现在提一个数量级,这个结果可能两年后就会出现。

空间异化战略

世界的物理特征很明显,产能布局、客户分布、分销效率、在途时间、运输半径、物流节点、辐射距离、供应链组织效率、便利性等词汇都在描述物理特征的重要性。但是在新经济下,空间被去距离化、虚拟化、效率化、高效匹配化。

现在在互联网化的环境下,一家企业可以重新组织与外部时空之间的关系。未来这种关系会有更多的创新与整合空间。任何一家企业的互联网化战略,本质上就是这家企业对时间与空间的驾驭战略。一家很年轻的企业,在过去至少要 15 至 20 年才能成功,现在三五年就能成功,这就是改造了时间。偏居一隅的互联网公司可以拥有全球市场,其实它也是改造了空间。空间异化主要表现在创造空间、打通空间、扭曲空间、整合碎片化空间四个方面。

1. 创造空间

创造空间是指把分散办公的人,在虚拟空间上结合在一起进行协同工作,把内部员工、外包人员、公共知识提供者、非营利组织、政府、金融机构等分散在不同空间的人结合在一起推动其协作。这种创造出的虚拟空间要比把所有这些人集中到一起还要大很多倍。

苹果公司就有大量的建筑密布在两个城市里,每一栋建筑都是公司某一个不同职能的"总部"。即使是小公司也可以在同一地域中以分布式的方式存在。一旦实施了网络化，公司到底是在写字楼里办公还是乡村里办公，根本就不重要了，公司的实体以一种被创造出来的虚拟化空间的方式联合在一起。

2. 打通空间

一个互联网化的工厂就是一个信息的加工厂，就是一个知识网络。当产品的知识附加值越来越高的时候，这个知识网络的价值也就越来越大。工厂生产出来的小部件，按照以前的方法，就是遵循从设计到生产再到配送的线性路径。而在互联网化的工厂，一个通过知识网络生产出来的小部件，其生命历程呈现出了一种不同部门分散在不同位置的网状状态。因为互联网化的工厂是整个网络同时在行动，营销员、设计师、制造商、供应商、消费者都被卷入到创造一个成功产品的过程中。产品的设计阶段可能需要营销、法务和工程团队同时都来参与，而不是像以前那样要按顺序完成。打通空间主要包括打通企业研发与消费者潜在需求、打通小众需求与大规模智造、打通使用过程的问题收集与迭代改进三个方面。

（1）打通企业研发与消费者潜在需求

企业研发要满足消费者的需求，更进一步就是要理解消费者的潜在需求，在消费者产生某种需求之前，已经开始进行产品的研发制造。要探究消费者的潜在需求，通过数据分析得出消费数据是一个方法。还有一个方法就是建立一个企业与消费者沟通互动的平台，建立一个消费者社区，企业与消费者进行深入的互动，这就是所谓的C2B。以小米为例，其在研发小米手机的时候采用了"众包"模式：通过与小米论坛上的粉丝互动收集意见，每周快速更新版本，做出产品改进。这样不仅培养了一大批忠实用户，更是积累了大量的用户需求信息，让用户参与到了产品研发的过程当中，为之后小米手机的畅销提供了坚实基础。

（2）打通小众需求与大规模智造

满足小众需求与实现大规模智造，其实是C2B的延伸。在个性化的时代，小众需求是非常分散的，要满足消费者的需求就要求工厂的制造更加灵活和柔性化。工厂生产灵活性的提高是工厂互联网化带来的必然结果。总之,消费端的互联网化和生产端的互联网化是衔接在一起的,两者需要共同实现,同步进行,才能实现企业的利润最大化。

当工厂高度互联网化以后,所有的机器、模具都必须是智能化的,都要包含网络化的智能组件,可以根据生产需求随时调整,整个生产过程是高度灵活的。而且所有的劳动力也要必须与机器协调成一个整体,生产流程中的物料分送也要可以灵活转向,供应商和市场营销也要高度同步。达到了这种要求,整个工厂就是一个高度灵活的工厂,今天在生产轿车,明天可能就可以生产皮卡,生产流程的调整都不需要停下整个流程,在运行中就可以进行。这样就可以打通企业研发与消费者潜在需求,打通小众需求与大规模智造,实现对空间的打通。

(3)打通使用过程的问题收集与迭代改进

迭代思维是互联网时代出现的经典打法,第一时间把一个产品的原型放在网上,充分利用正反馈的效应,来完成产品的试错迭代。就是一个进化的思路,以前也有改进,现在由于与客户的沟通距离短了,这种改进就会变得特别快,就达到了进化的层次。

传统的研发是企业招募一些具有专业技能的工程师、研发专家形成研发团队,关起门来搞研发,用户参与度小。即便进行了市场调研,受限于样本数量,分布范围等局限性,结果也往往不尽如人意,还要付出大量的时间、经济成本。互联网的出现使用户可以直接参与产品研发,消除了用户和企业之间的距离,企业就可以将研发过程作为企业把用户需求"变现"的过程,这样就可以推动产品进行快速迭代,快速而准确地把握市场需求。

3. 扭曲空间

扭曲空间包括使生产柔性化、模块化,提高员工领导力两个方面。

(1)使生产柔性化、模块化

公司利用互联网技术,建立公司内部的实时通讯系统,进行实时的沟通。实际上就形成了一种对空间的扭曲效果,通过实时通讯,企业可以随机调整工作的全部或部分过程,可以使生产更好地柔性化、模块化。

辛巴达是国内第一家也是唯一一家专注于服装行业的"小批量、快速生产"的小快柔性供应链平台。公司采用"模块化工厂群组创新"的模式,即运用 IT 和互联网技术对传统工厂进行"模块化"改造和"标准化管理",并利用互联网将成功改造的模块工厂实时连接起来,组成一张相互链接、随时组合、动态响应"小快时代"的市场需求的柔性生产大网。在这张大网中,每个工厂只负责一个模块,比如专业的打版工厂、专业的面辅料检验工厂、专业的裁剪中心、专业的后整工厂以及大量的专业缝制工厂。该项目的实施,成功帮助工厂老板降低了 80% 的管理难度,并且使人均效益提高了 200%,同时对客户保证了 99% 的产品合格率和 98% 的及时交货率。历经两年的快速成长,辛巴达目前已与 200 多家厂商达成战略合作,在广州、杭州、青岛分别建立"模块化工厂群组"基地,小快柔性生产的年产能已经达到 2 000 万件,预计 2015 年突破 1 亿件。

(2) 提高员工领导力

通过对计划、预算、资源配置、现场工作、权力配置、成效、反馈、经验与知识总结任意一段或全部时段进行随时、短平快调整,使得低领导力人才或者基层员工也可以领导大型机构、复杂项目。

原有的沟通形式、工作流程、组织形态都会发生一定的改变,组织智商得到了极大的提高。就像利丰集团,以部门为基本运作单位,尽可能令整个部门集中服务一个客户,创造出一种真正"以顾客为中心"的解决方案。整个公司有上百个单位,各自组成营利中心,由不同的企业家管理他们擅长的范畴,满足香港人"人人都想当老板"的企业家精神。这是一种很扁平的现代企业组织结构,具有高度的灵活性及竞争力,这是一种"即插即用型"的组织结构。

4. 整合碎片化空间

把零散、碎片的工作过程中产生的数据档案化、逻辑化整理,可以被后面的团队完整吸收和消化。这些碎片化的数据在前互联网时代是无法收集的,更不用谈整理和利用。其实往往碎片化的数据也能包含重大的内容,利用好这些数据,将其变为组织的经验,会使组织的价值得到有效地提升。

最能借助互联网化大潮,充分整合碎片化空间,提升组织价值的就是服务行业,特别是直接面向消费者的服务行业。这些行业每天都要面对大量的顾客,顾客的数据管理和挖掘是一个很大的挑战。现在随着技术的提升,这一工作变得更容易实现了,可以通过大数据更精准地解析用户,从而提供更精准的营销,比如个性化的预推荐。

动力异化战略

所谓动力,就是企业执行战略的推动力,包括创新、机遇、远见、战略联盟等。作为企业发展的原动力,动力要素往往直接影响着企业能否达到战略目标。在企业制定战略的时候,动力要素是企业需要作为重点来思考的。在互联网时代,动力要素的各个层面也都发生了不同程度的异化。

1. 创新

创新是企业最大的动力,在互联网化背景下,创新可以被无限激发,创新模式也被异化了。互联网化为企业带来沟通速度和沟通效率的提高,大数据的应用使企业接触海量信息。这样,企业可以更方便地直接面向消费者,更方便地与产业链、生态链中的企业互相沟通,使企业在进行创新时可以使用互联网技术结合内外部的力量,给企业带来极大创新动力。互联网时代的创新主要包括了两个层面,一是宏观创新与微观创新的融合,一是大数据的应用。

通过大数据来进行创新能力的构筑,主要是通过数据的挖掘及分析,此处不再赘述。在这里主要阐述互联网时代宏观创新与微观创新的融合。

企业的宏观创新可以理解为一种体系化的创新,比如开发出一种完全不同的新产品,就像摩托罗拉第一次制造手机。微观创新就是在已有产品的基础上进行的小创新,比如在已有产品基础上增加一些功能,以改善用户体验,如第一次给手机增加摄像头就是微观创新。

企业宏观创新要与微观创新结合,宏观创新下兼顾到微观,微观创新融合到宏观。宏观创新之后要不断地在基础上进行微观创新,以不断提高产品的持续价值,延续产品的生命,形成一种持久的、长期的市场控制力,令竞争对手无法或者难以效仿,从而构筑起坚实的进入壁垒,培养消费者良好的消费习惯,实现先发优势。微观创新的精神也要体现到宏观创新中去,注重产品的细节和人性化功能等。在已有产品的基础上进行微创新,充分利用最新的技术与产品创造性地结合,提升用户体验,最终实现后发优势。

两种创新的本质其实都是要求企业不断地进行微创新,一种是以微创新保持,一种是以微创新追赶,这也是互联网化所带来的必然特点。由于互联网时代技术变革速度很快,先驱者的设备和技术会很快过时,而后动者可以采用最先进的技术和设备。由于互联网时代顾客忠诚度很弱,后动者很容易就能打开市场。互联网带来的信息快速流动,先驱者付出巨大代价获得的技术和经验可能轻易地被模仿甚至被颠覆。

2. 机遇

机遇是企业发展中最稀缺、最难把握的因素。但在互联网化背景下,企业既可以迅速把握机遇,还可以同时把握多个机遇,甚至还可以通过人造经济创造机遇。

由于受到传播、空间、时间等因素的限制,前互联网时代想制造人造经济是非常难的。互联网时代由于技术革新带来的原有限制被解除,企业可以利用新技术和新市场特点构建人造经济。最成功的莫过于淘宝运作的"双十一"购物节了,看到"双十一"的成功,各大电商纷纷效仿推出各自的购物节,但始终无法超越"双十一"的影响力。对于一般的企业,我们也能从中获得一些启示,首先就是可以"搭便车",借着"双十一"全网促销的机遇,从中分一杯羹;其次就是运作自己的"双十一",自己制造事件,这也就是事件营销。

3. 远见

对于未来,对于不确定性,对于变化,对于种种可能性的猜测、预见,部分清晰部分混沌的未来镜像拼组,企业就要多头下注,逐步试错及动态塑造,实现短线战略执行循环与长期战略情景化管理。

这里的重点就是短线战略执行循环与长期战略情景化管理,所谓战略情景化,就是对企业的长期战略所能带来的未来情景进行立体化思考,使战略变得可视化与动态化。由于环境的变化速度加快,短期战略可能会随时改变,如何根据短期战略的改变而对长期战略做出适当的调整,需要更强的战略管理能力,需要企业有极强的远见。

4. 联盟多层次

多维度的联盟才能构成企业发展的更大外部动力,互联网时代的逻辑就是赢者通吃,要做就要做到最强。对于传统行业,一家企业很难实现,只有通过战略联盟,所以战略联盟在互联网时代更加重要了。

根据华彩的战略联盟方法论,总体而言,有三种基本的战略联盟。分别是供应链型战略联盟、轻资产型战略联盟和综合运营型战略联盟。

供应链型战略联盟主要采取的是供应链外包的形式,企业与供应商的关系是战略合作关系。具体来讲它们之间是共享利润、共担风险,业务间是互相协调、渗透的关系。产生这种关系的原因是联盟企业降低和维持非核心业务的成本和突出核心竞争力、分散经营风险的需要。

轻资产型战略联盟就是在资源有限的条件下,利用他人资源,以最低的投入,实现股东价值最大化的战略管理。轻资产型战略联盟的核心思想在于以杠杆原理充分利用联盟内资源,减少自身投入,集中自身资源于产业链利润最高的阶段,以提高企业的营利能力。

综合运营型战略联盟是在企业运营中根据自身的资源状况和市场竞争环境,通过联盟伙伴间资源的互补、整合、集中、协同、共享,达到资源优化配置的目的,使得企业综合运营效率得到提高。

战略联盟可以分为六个层级,每个层级都有不同的联盟管理政策和资源配置。

表 2 - 10 - 1　战略联盟六个层级

联　盟　级　别	联　盟　级　别　细　化
垄断级联盟	垄断、整合、控制产业链、产业标准
集成级联盟	集成、集聚、组合
价值级联盟	性价比、价值让渡
效率级联盟	提供效率、改善、更高的效益
成本级联盟	成本、替代性
候选级及潜在级联盟	数据库、跟踪研究、类别管理

根据联盟业务模式的不同,可以分为五种战略联盟。

表 2 - 10 - 2　五种战略联盟

联　盟　形　式	特　　　点
股权式战略联盟	由各成员作为股东共同创立的,拥有独立的资产、人事和管理权限,联盟成员为巩固良好的合作关系,长期相互持有对方少量的股份
契约式战略联盟	联盟各方借助契约的形式,联合开发市场的行为。这种联盟形式不涉及股权参与,具有组织松散、合作平等、管理复杂的特点
利益捆绑式战略联盟	联盟各方以共同利益为出发点,将利益捆绑在一起,以激发结盟各方的积极性,实现联合双赢的一种联盟模式
商业模式导向式战略联盟	结盟各方本着"企业价值最大化"的原则,以自身商业模式为导向,通过对联盟内各要素的整合,形成完整的高效率的具有独特核心竞争力的运行系统
战略及文化认同式战略联盟	结盟各方出于对战略或企业文化的彼此认同,以共同价值观为基础而形成的一种联盟形式

系统异化战略

互联网化带来的系统异化主要包含组织结构异化、商业模式异化、超级集团战略异化三个层面。

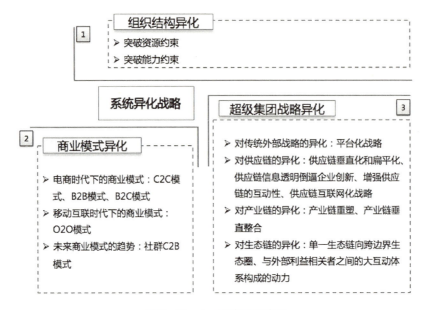

图 2 - 10 - 6　系统异化战略

1. 组织结构异化

组织结构是构成企业系统的最基本要素,传统企业受制于时空、资源、能力和短板,从而无法使得企业价值最大化。而互联网化企业则摆脱了这些约束与瓶颈,开放地、创造性地打破一切束缚来创造价值,甚至是利用人造经济去梦幻般地创造价值。这种结构上的异化,主要体现在对于资源约束的突破、对于能力约束的突破、对于组织约束的突破。

互联网化带来资源约束的突破,是指在互联网时代资源被反向聚集,企业能够实现在已有的资源上通过互联网嫁接外部资源,从而实现资源向外延伸。例如,海尔通过创办自己的创新实验室,以企业自身的技术资源为基础,来整合整个社会的创意,从而创造新的技术,这就是对创新资源的极大化应用。

互联网化带来能力约束的突破主要是指,互联网化使得个人能力得到提升,个人在企业中所起到的作用越来越大,这带来的直接结果就是以人定岗。例如,利丰提倡每一个人都是一个公司。具体做法就是,将客户整体外包给销售人员,客户只收管理费,来保障自身资本的增值。打破包括采购部、销售部等原有的组织边界。客户的销售经理拥有极高的自主权,是否要招财务人员和人力资本等问题可以自己斟酌,所以客户可以重新定义其在这个圈内的职位,既可以是采购,又可以是销售,又可以是财务,甚至可以一个人操作这个生意,获得利润最大化。因此,互联网化带来的结果就是以人定岗。

互联网化带来组织约束的突破是指企业铁三角的组织模式被彻底颠覆。管人的人不再存在,管事的人成为唯一。我做我的事,你做你的事,我们都是平等的,不存在上下级。比如,某公司要做整合营销,A同事负责做整合营销方案,B同事专门做微博营销,这是相互独立的两个工作,并不存在任何从属关系。当双方开会的时候,是大家坐在一起开会,各自负责各自一块的事,没有一个负责管人的人,这个就是互联网的生态组织。

互联网化带来组织约束的突破还表现在组织的全面归核化,非核部分全面外包。组织的归核化,意味着组织只固定做几个核心的不可缺少的内容。对于制造业企业来说,其真正的核心业务也就是生产和销售。其他业务,比如说采购,完全可以通过外包第三方公司来进行规模化的采购。而制造过程,则可以通过转移到欠发达地区来降低成本。这种做法就是欧美大多数公司采用的,将制造业务全面外包给中国,现在又在向东南亚国家转移。另外,IT部门、人力资源部门、财务部门等都可以进行归核化。例如,现在的欧美一线奢侈品牌LV,就几乎将所有的制造业务全部外包,重点培养核心的设计部门以及销售部门,从而以最小的代价来获取价值链中附加值最高的部分,提高盈利能力和资金运作效率。

2. 商业模式异化

传统的从产到销的商业模式,在互联网化后,已经变得复杂多样和精细化。这种商业模式的复杂多样和精细化,是对整个互联网时代潮流的适应,是为了满足消费者主权时代的到来所做的及时调整。

　　现有的商业模式可以分为电商时代的商业模式和移动互联网时代的商业模式。电商时代的商业模式主要就是大家所熟知的C2C(个人对个人)、B2B(企业对企业)、B2C(企业对个人)等模式,是线下的商业模式在线上的呈现以及演变。在移动互联网时代,主要的商业模式有O2O(线上对线下)模式,逐渐做到了将线下的商业模式与线上的商业模式进行大规模的整合。目前呈现在消费者眼前的其他商业模式,如轻资产运营模式、网络搜索模式、天猫的新型商家合作模式、"京东到家"模式等,这些都是由O2O模式所衍生出来的。

　　轻资产运营模式。指企业紧紧抓住自己的核心业务,而将非核心业务外包出去。轻资产运营是以价值为驱动的资本战略。将产品制造和零售分销业务外包,自身则集中于设计开发和市场推广等业务。这种模式降低了公司资本投入,特别是生产领域内大量固定资产投入,以此提高资产回报率。例如,耐克公司把精力主要放在设计上,具体生产则承包给劳动力成本低廉的国家和地区的厂家,以此降低生产成本。还有像大连万达重视企业发展的战略取向和创新思维,不断实现由重资产向轻资产模式的转型。

　　网络搜索模式。在互联网化背景下,借助互联网的平台,其中互联网的信息搜索至关重要,搜索引擎深刻地改变着人们的生活,增强了信息搜索的便利性和及时性,其中存在巨大的商业机遇,成为盈利的一个切入点,因此信息搜索催生了新的互联网模式,即网络搜索模式。如Google、百度、360、搜狗,都是网络搜索模式的典型代表,虽然同为网络搜索模式,但是他们的盈利模式各有不同。其中最早做竞价排名的是百度,竞价排名是主要的收入来源,竞价排名是商家顾客通过购买关键词的搜索排名来宣传自己的网页,提高自己网页的知名度并且需要按照点击量来付费。但是该模式很容易影响搜索结果的客观性,降低了用户的忠诚度和信任度。其中,Google通过关键词广告盈利,但Google的广告和搜索结果是分开的,广告只体现在页面右侧;百度通过竞价排名盈利,广告体现在搜索结果中。360、搜狗也已加入竞价排名的行列,盈利方式各有偏差,除竞价排名外,360浏览器主要是通过网络游戏和出售第三方开发的防病毒软件来盈利;搜狗主要是通过输入法获得大量用户,其中搜索与浏览器分开使用。

天猫的新型商家合作模式。天猫搭建网上销售平台,吸引商家入驻,入驻商家需要自己经营管理自己的库存、商品编辑、定价、宣传等工作,入住商家在天猫展示自己的商品,消费者通过网上下单的方式购买自己所需的产品。阿里巴巴为其提供流量支撑,"菜鸟储运"为其提供存储配送服务,就近原则满足消费者的实效性需求。

"京东到家"模式。京东依托信息服务平台和移动互联技术,将消费者需求和就近的商家超市进行需求匹配,整合线上订购平台和线下实体店,消费者在网上或移动端口 App 订单后,就近商家进行商品的配送,实现"2 小时送货上门"的到家服务,快速满足消费者的需求。

从未来来看,"内容＋社群＋商业"的 C2B 商业模式将成为未来的主流。究其原因,内容是媒体属性,用来做流量的入口;社群是关系属性,用来沉淀流量;商业是交易属性,用来变现流量价值。用户因为好的产品、内容或者工具而聚合,然后通过社群来沉淀,因为参与式的互动,共同的价值观和兴趣形成社群而留存,最后有了深度联结的用户,用定制化的 C2B 交易来满足消费者需求,就变得水到渠成。商业社群生态的根本价值,是实现社群中的消费者不同层次的价值满足。

3. 超级集团战略异化

互联网化对于传统超级集团战略的异化主要表现在对传统思维的异化、对供应链的异化、对产业链的异化、对生态链的异化四个方面。

第一个方面是对传统思维的异化。互联网时代,企业的导向要从规模与范围思维向平台思维转变,平台成了互联网时代企业发展的原动力。这缘于网络使企业和最终消费者之间的零距离,从信息不对称变成对称。不但信息对称了而且关系改变了,原来信息的主动权在企业手里,而现在信息主动权到了用户手里,用户可以在网上随时点击是要你还是不要你。因此,新型企业的战略发展方向应是构建一个由企业、员工、用户与合作者组成的多方合作平台。

　　第二个方面是供应链的异化。主要包括供应链的垂直化和扁平化、供应链信息透明倒逼企业创新、增强供应链的互动性三个层次。首先是供应链的垂直化和扁平化带来传统中间渠道商的消亡。移动互联网时代的到来，制造业企业越来越有能力直抵消费者。略去中间渠道商、与消费者直接对接将成为未来的一个趋势。其次是供应链信息透明倒逼企业创新。云计算、大数据、物联网和移动互联网的成熟，让每个行业都具备了收集、传输以及处理大数据的能力。正如前面所提到的，这样就会使得企业获得了创新能力。最后是互联网化增强了供应链的互动性。供应链上游互动，实现了供应链敏捷性运作，供应链中游互动，整合原有产业竞争对手，实现了虚拟经营。供应链三个层次的异化就带来了供应链整体的敏捷性、高效性、协同性，从而为企业的运作带来了新的发展。

　　第三个方面是产业链的异化。主要表现在产业链重塑和整合。即颠覆了原有产业链的结构，重新构筑一个更高效、信息更透明的新产业链。例如，盛大的起点中文网打碎了整个原创出版业既有的产业链，不但取代了出版社的功用，更扮演了经纪人、经销商的角色。网站以整套完善的机制体系引导读者和作者之间的交流，既满足了读者群体在阅读方面的多样化需求，而且还圆了每位作者的梦，让他们的故事直接贴近市场。

　　第四个方面是生态链的异化。主要体现在单一生态链向跨边界生态圈转变。将原来的单一生态链构筑，转化成更紧密和更完善的生态圈构筑。例如，滴滴打车的生态圈、办公室消费生态圈、大宗物资交易生态圈等，都属于生态圈战略。而生态圈不同于产业链，在产业链当中，吸引进来的可能不是和自身产业链相关的部分。传统企业的互联网化根本途径是主动构建和完成互联网化改造。就本企业而言，企业内部员工、外部客户、上下游经销商和同业客户之间，共同构成了一个生态圈。在生态圈里，内部所有企业要素都有合作关系，共同形成一个内部局域网，通过何种方式和途径去实现各个终端之间的合作，类似于生态链里各交互层、广域网和局域网之间的数据链。

基因异化战略

互联网化战略基因主要包括产品战略基因、开发策略基因、盈利模式基因三种。互联网化对于企业变革基因的塑造又包括变形虫式进化基因、学习基因、创新基因嫁接三个方面。

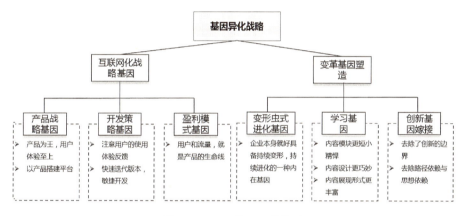

图 2‑10‑7 基因异化战略

1. 互联网化战略基因

首先是产品战略基因。指的是互联网行业以产品为王,用户体验至上。谁的产品能体贴入微地解决用户的需求,谁就能生存下来。在依靠一种核心产品吸引用户之后,可以建立排他性的产品优势。在此基础上扩充产品功能,逐步搭建平台,创造直接伸往用户终端的渠道。

其次是开发策略基因。由于互联网行业不存在准入门槛,用户极其挑剔,在同类产品中的迁移成本很低,因此在面临竞争时,必须时刻注意用户的使用体验反馈,快速迭代版本,敏捷开发。在上一个功能没有取得用户的绝对认可之前,不能冒险开发下一个功能。那种抱着推出产品第一个版本就涵盖了大而全的功能的想法,已经被证明是一种错误的认识。如果有一天产品停止了更新,新版本不再具备新功能,那么用户流失就变成现实。关

131

于产品的迭代我们将在后续章节详细展开。

再次是盈利模式基因。现在大多的盈利模式都是以用户和流量为依托的,对互联网产品来说,用户和流量,就是产品的生命线。百度在2004年斥资千万元人民币收购了一个功能简单得不能再简单的网站hao123,让市场大呼不解,其实李彦宏看重的无非是该网站能够给搜索引擎带来的流量。一款产品依靠基础用户的青睐而达到最大的市场占有率后,流量和用户就代表了可挖掘的现金流。流量变现一般有两种方式。第一种是吸引第三方产品的进驻,对此进行收费或者快速流量变现。例如,360安全卫士开发了桌面软件商店和游戏捆绑入口。第二种是对高端用户或者垂直领域的用户,提供差异化的增值服务。例如,腾讯的QQ秀和空间黄钻等级制度,优酷土豆的高清视频收费服务,迅雷面向付费高级用户提供的更快速下载服务。

2. 变革基因塑造

互联网化的变革基因塑造主要包括变形虫式进化基因、学习基因和创新基因嫁接三种。

首先是变形虫式进化基因。传统企业状态下只有领导人登高一呼才能推动改革,互联网化战略下企业本身就要具备持续变形、持续进化的内在基因。企业的微观层次时刻在变形,用户界面时刻在变形。微观操作在数据的快速反馈连续变形下,个人能力与经验也随机发生变形,这些因素层层汇聚推动上一层职能的变形,上一层职能又往上汇聚成更高一级运营的变形。比如商业模式非线性变形,使得组织结构变形,并最终推动战略变形。这种由下而上的力量最终使得企业一直变形,一直连续进化,尽管进化的轨迹本身不一定是线性的。

以华为为例,为了适应瞬息万变的互联网化环境,为了保证产品的持续创新来满足用户的各种需求,华为将产品的创新模式转为以精英团队为基础的快速迭代模式,即将有核心技术能力的一部分人,组队形成一个类似于精英团队的模式,通过对客户需求变化的不断关注,紧紧地抓住市场脉络进行快速的迭代,保证企业的持续创新能力。

其次是学习基因。无论学习形式、学习技术如何变化,由于学习需求以及学习内容本质上未发生变化,使得企业对学习内容的针对性、有效性、适用性等要求也始终未变。但在学习形式和技术发生变化的影响下,内容的设计要求、制作要求、展现形式、模块划分、组织形式开始发生改变,相应的组织、管理、开发方法也开始变得多样化。

当前,移动互联网主要媒介包括 PC、平板电脑和智能手机,主要形式有推送式学习、碎片化学习、社区化学习、社会化学习、情境式学习、嵌入式学习、搜索式学习等。这些学习形式具有更快速、更方便、更高效、更智能以及更注重学习体验的特点,而不同学习形式、学习技术和学习媒介对学习内容的要求也不同。主要表现在内容模块更短小精悍、内容涉及更巧妙、内容展现形式更多样。

再次是创新基因的嫁接。正如前面章节所提到的,互联网化的创新特征打破与颠覆了传统思维,破除了一系列传统企业的约束性因素,比如企业的边界、企业的内闭化、企业的权力结构、企业内部的路径依赖与思想依赖、企业的战略思考与事业必须聚焦带来的局限与束缚,这些瓶颈都被去除。在破除的基础上,再加上若干其他因素,就构成了企业的创新基因。

例如,对互联网时代下传统家电企业遭遇的挑战,长虹有着自己清晰的认识与思考。其推进“家庭互联网”最根本的核心在于,使家电真正“成为属于每个特定消费者的个人家电”,让家电能够根据消费者个体的喜好和习惯提供个性化体验。为了达到这个目标,首先就要跨越黑电、白电、手机、IT 等产业的传统界限,实现所有智能家电终端之间的互联、互通、互控;其次,要建设统一的云平台,对智能终端提供的数据展开分析和洞察,最终提供“一云多终端”的互联网个性体验和差异化服务。由此可以看出,四川长虹的新型发展战略,标志着一个传统的家电制造商植入了新型互联网基因,由过去简单向消费者销售的终端转向为用户提供个性化的体验和服务。

第三编

互联网化转型

3

本编通过七大范式的转变及推动力、集团型企业互联网化建设、构建互联网化集团六大步骤、传统产业互联网化转型、如何进行互联网化业务运营、业务互联网化企业的管控结构与制度流程等内容,全面阐述了互联网化转型的诸多路径和方法。

第十一章 七大范式的转变及推动力

互联网化对集团战略的五大异化，推动的范式转变，我们认为至少是七个层面：产权范式、心智范式、战略范式、决策范式、运作范式、组织范式和绩效范式，这七个方面发生了重大变化。

产权范式的转变和推动力

范式原意指"模范"或"模型"，如今已被广泛用来描述一个时代普遍接受的一种广义的模型、框架、思维方式或是一种理解现实的体系。以此观照作为"一种思想方法"或指导行动"根本方法"的战略概念。本节主要阐述产权范式转变的四个境界，以及重点阐释产权范式转变带来的影响。

1. 产权范式转变的四个境界

第一个境界是（货币）资本。众所周知，一个公司的产权，在刚开始就意味着出资，出资就是确切的出货币，所以叫货币资本。在每公司注册时，实收资本多少，说的就是这个货币资本。后来随着国家的开放，发现知识、创意、专利、发明等无形资产也可以当货币。演变至今，很多公司的注册资金里面，货币占 70%，无形资产占 30%。无形资产和有形资产，本质都可转化为货币，与货币有同等的效应。能直接带来货币的这些要素，被界定为另外一种资本，能够为企业创造收益。例如，迪士尼每年卡通人物的授权，就能带来十几亿美金的净利。

第二个境界是多本。指的是货币资本、管理资本、经营技术资本、软实力资本、人力资本等,多种资本共同参与治理,共同维护出资人利益。

出资人本身是出货币、出管理、出经营技术、出软实力的,包括自身身上的人力资本。但凡一个公司认为可以配给股权的这些人,我们都可以简单地理解为这些人身上具有超出一般人的人力资本。所以今天看到一个百度或者一个腾讯的员工被挖出来,就有资本追着他。这并不是给他这个人的人力资本,而是给他的经历、给他的光环、给他的市场影响力估值出来的人力资本。

管理资本就是经营管理的能力,比如设计出一套模式,制定一个好的战略,以及形成一个好的执行力。它既可能是一个人弄出来的一套框架模式、办法或制度,也可以是一个团队、一个公司日积月累的一套东西。尽管夸张地说互联网已经冲击了传统金融,但是像高盛所发明的那一套风险内控办法、大宗商品炒作办法、内部运行办法,仍然是人类世界里面最高精尖的东西之一,仍然每年给高盛带来两百多亿元美金的净利润,这就是管理资本。

经营技术资本,比如并购、连锁、融资、整合、拆分、破产重组、扭亏为盈都属于经典的经营技术资本。管理和经营技术、经营不是一个概念,管理主要是计划、组织、领导、协调和控制,而经营则涉及企业的开创、运行、关闭、盈利和风险抵抗等若干因素。

软实力资本是一个企业所拥有的政治资源和所能动员的社会关注度等。当初达能想并购娃哈哈,娃哈哈就呼吁全中国来关注达能的这种大公司行为,强调一旦达能把娃哈哈并购了,民族品牌将会消亡,动员全社会帮助娃哈哈度过危机,终于击退了达能。最终,达能刚和娃哈哈签订和解协议,一个月后瑞典法庭就判达能违约。国际法庭其实没有强制力,但是它有道义能力。如果达能再不把股权让给娃哈哈,达能有可能被中国政府赶出去。娃哈哈制造了这么强大的声势,这些都属于软实力资本。

第三个境界是众本。众本意味着之前很多不属于资本,乃至于和资本不沾边的东西都成了资本。由资本到多本再到众本,走向驾驭整个社会的多维度、多层次资本。一个最基本的例子,就是管理社会化创新,这就是一个非常重要的众本行为,这就是说,这个创新不是我们公司的,但是我可以管理它。

充分来看,社会上有多种资本,例如创意资本、营销资本、品牌资本、传媒资本。资本从来没有像今天这样来源丰富多彩。为什么"我是歌手"会成为立白打翻身仗的一个平台,因为"我是歌手"已经变成了一个重要的社交货币,重要的传媒平台,它本身比一般的传媒具有更高的能量和愉悦度。人在愉悦的情况下,更愿意接受一个品牌,所以立白仅投"我是歌手"就一骑绝尘地杀出来。之前的王老吉,今天的加多宝,也都大占众本的便宜。随着整个社会的发展,我们越加不能想象到底什么是资本。资本已经被广泛化定义,这种相互酝酿发酵,不是传统的社会结构,一维、两维结构所能想象的,像一千零一夜里面的故事套故事,这种套嵌结构构成了社会多资本。

众本的本质是传媒,只要能构成传媒特征的一个事件、物体,就可以构成资本。名气、事件、符号和流行语都会构成一种重要资本,参与到价值创造里来。过去只有出资人出货币,雇用很多人来干活做事,才创造效益。现在有钱的出钱、有智的出智、有力的出力、有笑料的出笑料、有名气的出名气,大家一起来挣钱,各分所得,包括一些对重要事件的搭顺风车行为。所以所有行业都是娱乐行业,所有行业都是传媒行业,这两个特征,把整个众本行为说透了。

第四个境界是动本。动本指的是动态的、及时黏合和组织在一起的各种资本。在众本之前,所利用的资本大约结构是固定的,比如在传媒上和哪些人合作,在通道上和哪些人合作以及在流行资讯上和哪些人合作都是固定不变的。而对于动本,每一秒它的资本结构就重组一次,组织随时都在组建它的资本结构。目前我们整个社会也正处于一个动本的时代。

以上所述就是产权范式转变,由资本走向多本、走向众本、走向动本。过去那种很闭合的倾向于股东利益最大化的结构,慢慢倾向于为价值创造者利益分享化。这个变化会带来一系列震荡。用《21世纪资本论》作者的说法,如果一直采用的是股东价值最大化,整个社会分配会极度不均匀,最后必须用复杂的累进税制来解决这个问题。在众本时代,在整个产品从生产到销售到被消费的过程中,产品所创造的价值,会被每一环节的利益相关者所瓜分。

2. 产权范式的转变及影响

第一大影响就是伟人和远见的消失。这是整个范式的一大变化,由鼓励资本家、鼓励致富的人继续致富,到鼓励价值创造转变的过程,这其中带着两个重大的内涵:一个是伟人的消失,另一个是远见将逐渐消失。像达·芬奇、亚里士多德、释迦牟尼、孔子这些人不可能再有。人口的密集化、阶级的固化、社会学科的细分化,使得很多人的人生路径相对固化,这是产生不了伟人的重要原因。而且在这个时代,困扰人类的巨大世纪课题不再存在,人类越来越自我,没有人再去过问宏大的问题。随着科技越来越发达、生活越来越舒适、商品越来越丰富、创意越来越极大化、个性化及柔性化产品越来越多,使得人类越来越关注自己,并妄图使自己的每一秒都活得很精彩,以此来抵抗死亡的到来。越觉得生命精彩,越想留住青春留住生命,这样一来人类就会越来越没有远见。迈克尔·波特的《日本有战略吗》认为日本没有战略,认为日本只有商业和生意,什么流行干什么,什么热火干什么。日本人会很认真地、很正式地干一些很荒谬的事情,这就是日本的当下性。在未来,企业在众本和动本推动下,远见将逐渐消失,企业越来越关注当下,关注即期效益、即期发展。用不着华尔街化,用不着股评人每季度评你,就会自动短期化、碎片化,这是社会使然。

第二个重大的变化就是整个价值创造会更多地和社会交融。因为在一个价值创造过程当中,我们会发现,仅有 20% 乃至于 10% 的资本是来自内部,更多的是来自社会外部。整合整个社会的多种资本,就构成了一个复杂的产权范式。产权范式不仅会颠覆未来的财富创造、分配和继承,客观上还会异化资本。

3. 产权范式跃迁的推动力

在产权范式的背后,主要有五大推动力:一是意识形态跃迁的推动;二是社会跃迁的推动;三是关联跃迁的推动;四是传播方式跃迁的推动;五是交易方式跃迁的推动。跃迁指的是量子力学中状态发生跳跃式变化的过程,这里指的是跳跃性的变化。

一是意识形态跃迁的推动。意识形态越来越由重视货币转向重视创造,越来越由君主化、专制化走向民主化,越来越由一种固化的社会结构走向松散的社会结构。

二是社会跃迁的推动。社会跃迁使得很多新工作、非传统定义的职业、非传统定义的生活方式广泛出现。人们获取报酬的方式变得琳琅满目。并且在未来这种职业多元化现象将会发展到我们难以想象的境地,这都是社会跃迁导致的。社会越跃迁,越发现每两个职业及两个产品之间就会出现大量的空隙。每一家企业与消费者接触过程当中有大量空隙,每一种产品与消费者接触的过程当中有大量未被满足的需求,而这些空隙就会诞生足够多的职业或商业空间。苹果的软件商店,就是一个很经典的用软件来填补一个产品与消费者之间缝隙的产品,在这种缝隙填满的过程中,服务是其中一种重要的行为。

三是关联跃迁的推动。关联跃迁指人与人之间的关系重构,由以血缘为主,走向以社交关系为主,走向以同乐趣为主。这种人与人之间的关系,包括人与社区的关系,直接缔造了产权的一种环境,使得众本、动本得以出现。传播方式和交易方式跃迁,使得我们更易找到动本和众本。

四是传播方式跃迁的推动。随着整个社会各种资讯传播方式的改变,人类前所未有地养成一种被动式阅读、被动式资讯获取的习惯。过去传播就是一个传媒、一个媒介,但是现在传播本身不再是媒介。今天的任何资讯里面,都带有传播者本身对传播内容的再加工,这在过去是不可想象的。

五是交易方式跃迁的推动。过去的交易,一般是你买我卖、物物交换、等价交换、资源交换和主动付出这几种交易方式。但是未来的交易方式会更多元、更复杂,人们见到的最基本的一种交易方式,就是以我的时间换取你的货币,即虚拟货币参与交易。当然中国现在还不承认虚拟货币,如果承认虚拟货币,腾讯一夜之间市值会超过阿里,因为腾讯的 Q 币,事实上在生活当中可以直接当钱来用。交易的形态也由两个人信赖、两个人见面,或者至少有一个交易的管道,变成无中间的管道、无信用的交易。就像风险投资一样,很多交易得不到回报,也有很多交易会得到回报,不再是等值信赖型交易。

心智范式的转变和推动力

心智范式是比资本范式更深刻的一种模式,心智范式的形成有一个漫长的、艰难的转换过程。心智范式的变化主要有四个阶段:智衍、学衍、共衍和动衍,并且心智范式的变化给整个环境带来了众多影响。

1. 心智范式转变的四个境界

第一个境界是智衍。智衍就是企业的心智,它是由天然的智力和认识来塑造的。这就是所谓的精英主义,虽然不可能每个公司都找到最聪明的人,但是精英主义事实上是想把较为卓越和优秀的人聚在一起,然后形成若干聪明的制度,使得他们更好地发挥作用。所以任何一个企业刚开办时候的那个心智范式,是由智力来衍生的,所以叫智衍。能够战胜竞争对手,从竞争当中杀出一条血路而成就事业的企业,至少可以证明,在那个环境、那个圈子、那个直接竞争者对手里面,它是具有相对的社会化智商的。

第二个境界是学衍。走向学习型企业,个人梦想与公司梦想进行叠加、互相拉动。所有个人可用个人梦想去弥补、拉伸、延长和拔高企业梦想,企业梦想又以更高的志向、更远见的卓识以及对科技的展望、对潮流的把握、对未来的研判,来拉伸和拔高个人的梦想,它们是互催互动的。作为学习型企业,其心智范式是动态的、变化的,是于干中学、学中干,与环境、与学习到的东西是互为表里的。

第三个境界是共衍。指的是面向企业与社会、企业与生态链,企业范式破碎以后的再构。共衍,就是企业与供应链,企业与产业链,企业与生态链,所有的参与者,企业的内部、外部员工,离职的员工和非顾客,以及社会的大众之间,构成一个共同的心智范式。这种心智范式,比如企业开展培训,即使企业再培训,上班也是八个小时。员工回到家后自己的生活空间更大,很多员工的交际时间远远超过在企业里面待的时间。这样一来,心智范式就变成了时刻在变化,时刻与社会保持同呼吸、共命运。只不过有些企业结构比较刚化,心智范式刷新得慢一点,有些很柔性,刷新得很快。

第四个境界是动衍。共衍走到较高境界后,和之前的资本是一个道理,将形成动衍,最后走向企业开放,动态地与社会融合。企业实现内部外部融合、多个大脑的知识之间融合,完成企业及关联者之间的大脑联网。这里的联网未必是物理上的联网,而是及时的信息交流、创意、资讯、对未来的展望、对敏感事件的发现。

2. 心智范式跃迁的影响

心智范式的跃迁主要带来三大影响:一是心智范式跃迁带来的个性迷失,二是个性化对心智范式的反作用,三是心智范式需要更好的产权结构。

(1)心智范式跃迁带来的个性迷失

如果把心智范式变化说得简单一点,就是企业的认知状态、思考方式,在互联网化连续冲击下发生的变化。这种变化直接带来了企业的核心理念从由领导人缔造、关键人物创造转变为由社会化产生。企业的使命、愿景和价值观,也不再是该企业固化缔造的,而是整个社会生成的,当然这也会带来很多企业的无个性或个性迷失。

(2)个性化对心智范式的反作用

当发现这个知识结构非常良好,生活经历非常良好,家庭结构非常良好以后,这些人所办的公司之间的心智范式,最终会通过相互传染而变得同质化。差异化成分、个性化元素,对心智范式的贡献意义越来越大。这也是从生态学上来说,我们为什么要保护濒危植物和动物。因为一方面未来未知的某一种疾病,可能会从大熊猫身上找到一种血,或者一种器官组织来治疗。自乔布斯成功以来,到日本去学禅,到印度去学瑜伽,以及学习少数宗教,学拜火教等古怪教的人在美国骤然多起来。这些人可能也意识到,在生命里加上这些古怪元素,很有可能更容易成功。因为心智范式越动衍化,就越容易同质化，越容易复制化，所以这种个性化因素必须从人身上找。

（3）心智范式需要更好的产权结构

当然心智范式本身对每一个个体既提供足够的资讯，使个体的心智范式越来越健全、越来越健康、越来越广泛，同时也使得个人的认识越来越同一化、归一化。美国接受黑人总统、女性总统，也是想给整个社会注入一些多样性元素，《白宫风云》里面就阐述了对多样性元素的非常追捧。

心智范式使得一些个体失去个性，企业失去个性，所以就整个社会来讲，我们很难说心智范式是福还是祸。这就更呼唤个人或企业在充分地共衍化、动衍化的同时，形成个性化的认识，保持自己的个性。那么我们就发现，也许产权范式、众本、多本的独特结构，越有可能产生完全不同的心智范式。美国政府拥有这么多的智库，每一个智库提出完全不同的见解，最后不同的议员会拿着不同智库的研究结论去游说，然后不同的企业给具有不同观点的议员捐款，最后形成一个庞大的复杂的院外政治。这个院外政治指向于较聪明的决策，尽管有时候它并不总是最聪明的。我们认为一个好的产权结构，有可能促进心智范式的创新和个性化。

战略范式的转变和推动力

1. 战略范式的转变

在"五化"（即政治多极化、科技更迭化、区域重构化、市场金融化、社会互联网化，下文同。）的影响下，战略范式也完成了高构、巧构、共构和动构四个境界的变化。

第一个境界即高构。高明的、聪明的构建战略，甚至是分析战略。一群聪明人，一个神话般的高管，缔造了一个聪明的战略。理查德·布兰森说得好，管理企业，我从不请咨询公司。在西方公开宣称从不请咨询公司的，他是唯一的一个。

第二个境界即巧构。把握结构和变化，超越竞争对手，用意识创新、理念创新以及对趋势判断的创新，反其道而行之，走在时代前面，完成战略的构建。杰出的投资家索罗斯有一个著名的理论,叫反身性理论,也被叫做反射性理论。理论的核心就是,在某个特定的时候,人类会犯集体错误,如果你找着那个集体的错误,与他们之间进行对冲性操作,你将会获得世界级的回报。他的量子力学基金就是与人类对赌,当然他其实主要赌的是政府的愚蠢,例如狙击泰铢、港币,以及狙击马来西亚的货币就是这样的事,这就是巧构。

第三个境界即共构。主要包括全方位共构企业战略、把握非常规手段构建战略、充分利用外部资源共构战略三种方法。

方法一是全方位共构企业战略。不是由企业里面的人高构或巧构,而是整个社会一起来构建战略。共构,就是上上下下、里里外外、左左右右、前前后后,所有的利益相关者一起构筑。松下幸之助说得好,调查一个产品的时候,不仅要去问消费者,还要问非消费者,为什么不买企业的产品,这样企业才会明白我的产品有些什么好或坏。这事实上就是共构。

方法二是把握非常规手段构建战略。顾客与非顾客、机遇与非机遇,有些时候我们踩着机遇去走。但是有些人不踩机遇,是不是也是一种风格呢?千军万马过独木桥,都去踩机遇了,没踩机遇的赚大了。这就是巴菲特为什么在科技股这么盛行的时候,唯独冷静地只买消费类的股票,赚得盆满钵满。这就是非机遇性思考、非优势性思考、反身性思考、逆周期思考。迪拜认为,非优势也是一种优势,不挖石油搞旅游,迪拜完全没有做旅游的优势,但是人造了一个中东华尔街、人造了一个世界免税港、人造了一个全球旅游岛,这是非优势思考。包括规律与非规律,把握规律不按规律走,认为规律总会被打破,也是一种重要的做法;趋势与非趋势,按照趋势走很好,但是不走趋势,不理趋势,反其道而行之,也是一种战略。

方法三是充分利用外部资源共构战略。就是利用外部,利用传统制定战略时不重视的地方,利用传统制定战略不考虑的要素,构建出一个真正的战略。这个战略更具有生命力、更具有一致性、更具有高度。习近平总书记用"一带一路"、亚投行,构建一个命运共同体。本质上就是在对抗 TPP(跨太平洋伙伴关系协议,Trans-Pacific Partnership Agreement,也被称作"经济北约"),但是对抗得非常有礼有节,且有利益驱使。TPP做的只是贸易方面,但是亚投行是就具体的铁路、高铁、高速公路、石油管道、飞机场各种方式将利益共同体联系在一起。

这些都是一种经典的共构行为,里里外外一同构建。共构一定意味着时间是破碎的,不可能一次构建20年,共构往往有随机构建、临时构建的特征。共构战略往往意味着不仅是由少数睿智的人来决定的,而是企业基层员工、企业外部人员,所有利益相关者一起来构建的战略。

第四个境界即动构。和前面的几个动态、变化、随机是一致的,但这里呈现一个有机加随机。企业战略本身要有机构建,上有顶层设计,下有基层首创,然后整个总部最终定调。动构主要有战略的有机构建、战略的随机构建两种方法。

第一种方法是有机地构建战略。战略是变化的,大的战略制定出来以后,各个子公司无权制定战略,必须基于集团战略制定战略。但是各个子公司战略制定好以后,应容许子公司颠覆及改变集团战略。而且这个颠覆和改变不是做五年战略时再改变,而是随时可以改变。当然集团有更新的发展以后,也可以对之进行颠覆。这就是战略的有机构建。

第二种方法是随机地构建战略。随机指的是制定战略以后,在战略实施过程当中会碰到很多问题,这时企业就要临时地、就近地、就便地做若干的组合调整,还要进行系统加试错、延续加颠覆、优势加风险、企业加生态链、实体加传播、长期加即时等多个维度动态构建战略。如果动构讲的是要素多,那么战略的形成采用的就是多项量、多思维、多价值观、多元化思考,而动构强调的是动态、即时性、碎片化。当然战略如果太碎片化以后,事实上会带来巨大的风险,所以长期加短期、共性加个性、有机加随机就变得很重要。

2. 战略范式转变的核心

战略范式转变的核心主要有两个方面:抵抗战略的即时性、碎片化和战略平衡。

（1）抵抗战略的即时性和碎片化

战略范式的核心，事实上是想抵抗地球吸引力。一方面众所周知，战略会碎片化，长期战略就像长期天气预报一样，越来越不靠谱，这是系统的变化导致的。从全球化的弊端上看，世界已经步入到高风险、不确定时代。世界格局并不是由联合国来决定的，也不是由几大洲几大洋的国家来决定的，而是由世界之间的关联性，世界之间的贸易、商业、军事、科技等要素来决定的。进入全球化时代，世界相互间的交往、相互间的资源流动速度加快了。就好像一队排列整齐的士兵，经过一座大桥，发生共振导致整个桥被震塌了一样，整个世界会进入高风险、不确定的时代。这就越需要通过战略范式的确定，来抵抗即时性、碎片化，因此这个战略又不能过于长期，那样就会变得教条主义。

（2）战略平衡

有人说得好，我宁愿要混乱的成长，也不要有秩序的萎缩，它表达了某一种重要的观念。所以战略范式的核心是在长与短之间进行平衡，在整体与局部之间进行平衡。未来战略会非常注重某一个产品、某一个具体的区域，那么到底该如何把握整体战略思考，决策模式由此将发生哪些重大变化？

决策范式的转变和推动力

管理无外乎决策，过去决策是企业家和管理者最神圣的职责。某家企业请咨询人员，其实本质上就是为了获取更好的决策。如今在五大异化的影响下，企业的决策范式也发生了巨大的变化，使得企业的决策范式呈现出了四个境界，即智谋、大谋、共谋和动谋。

1. 第一个境界即智谋

聪明的决策，是由有职业素养的、训练有素的、在几百亿美元的企业里面干得很好的重要人物、知名人士，共同作出卓越的决策，是宏大的、算大账的、全局性的决策。

2. 第二个境界即大谋

大谋主要分为咨询公司的大谋以及世界级企业的大谋。大决策时代到来，使得智库广泛化。今天咨询公司能够给企业、给政府做规划，是因为企业及政府已经认识到要大构、要大谋，而不能小谋。尽管有很多企业家，有很多市长、市委书记本身就是规划高手、战略高手，但是他们仍然想广泛听取外部意见，这也是咨询公司之所以赖以存在的社会认可的大谋。

同样的，世界级企业都纷纷研究人类问题、文明问题、宗教问题。据说谷歌已经在研究外星问题、移民火星的问题，地球上的问题已经不是其研究的重点。这种大关怀、大思考，恰恰给企业带来了真正的全局性思考。未来人类有三大命题，第一是长寿；第二个是重大的商业空间，就是从外星把那种钻石星球、黄金星球拉来，然后沉降下来供人类使用；第三个重大的商业想象力就是把闪电接下来，实现闪电的电能转化，如果能够做到，所有的全球电厂就不用开了。目前在这些方面，我们整个全球都做不到，但等到超导足够发达就可以做得到，这些都是大谋。

3. 第三个境界即共谋

只有大谋是不够的，还需要共谋。在战略里面，也讲了共构，当时讲的是战略，现在讲的是决策。大谋讲的是高格局的、宏大的思考，考虑到企业的同时还要考虑产业。国家不仅仅考虑国家还要考虑地区，世界不仅仅考虑世界还要考虑宇宙，这就是一种大格局、全方位、算大账、算长期账的考虑。比如罗马俱乐部所推出来的，有关于可持续发展的研究，叫资源的末日，深刻地影响了整个人类，今天我们的环保行为、可持续发展，全都是基于罗马俱乐部的研究。

真正意义上的共谋决策，讲的不是多层次、多群族、多利益都参与进来，而是说不同的人和核心群体出原则，外部智库出研究，利益相关者出有关他们的各自诉求，然后有一些重要管理者，调和多种利益之间的冲突，通过权衡来进行的决策。

4. 第四个境界即动谋

动谋是动态的决策,决策在执行过程中,加创新、加例外、加试错、加颠覆、加模仿,这么一个全过程的动态系统的决策,不再是过去的决策。企业需要把决策不再看成一个事件,而是要看成一个过程。把企业获得卓越绩效的过程的关键视为决策,那么决策就变得很重要了。

从动态的系统决策到执行的螺旋上升循环,从认识到再认识的螺旋上升循环,构成几个螺旋上升。因为有了这个生态链以后,可以构成好几个这样的螺旋上升。例如,多个螺旋上升互相叠加,由独创到系统化、由思维到颠覆、由试错到系统再造等。这样就把决策这么一个孤立的事件变成了一个系统性的思考。

运作范式的转变和推动力

单体公司过去的运作范式就是内部价值链设计。但仅是企业内部价值链生产出来的还不够,要在整个供应链、产业链层面去谋求价值的创造,这就是今天非常熟悉的商业模式。价值链是企业内部的事,人财物产供销如何分配利用。商业模式则是不再区分某个产品、服务是由企业的哪个部门生产出来的,而是分析整个链条之间的内在逻辑。

在理解商业模式与内部价值链创造之间的不同后,再来分析在"五化"的影响下集团企业的运作模式。从目前来看,集团型企业的运作模式主要演变为四个境界,即独创、链创、共创、动创。

1. 第一个境界即独创

关于独创的运作模式,无论怎么创新,核心其实都是由企业家、高管按照他们自己对商业的理解开创的一个做法。

2. 第二个境界即链创

链创取代独创，指的是整个供应链、产业链、生态链共同来创造，就不能独善其身，还要协同创造和分享。这时链创就变得很重要，运作模式不再取决于你。例如，富士康在苹果的生态圈里扮演着很重要的一环，没有这个链创，苹果可能不存在。过去整机厂、整车厂，组装商具有绝对话语权。因为知识产权是企业自身的，产品也是企业自身的。但是今天我们发现，一条链上不一定是整机厂具有绝对话权，就可以获得权力。例如在Wintel联盟里，电脑厂商是最弱势的，反而 Windows 和 Intel 具有绝对的影响力。

3. 第三个境界即共创

共创主要有三种形式：一是由内而外共建，二是由外而内共建，三是利用平台共建。

首先，企业与周边复杂关系导致的多导向、多维度、多层次构建，促使所有的利益相关者都闯进来共同帮助构建，从而使得整个构建更加复杂。我们今天看到的构建里面，像苹果的软件商店，缔造了一个庞大的应用软件开发产业，并且在应用软件开发产业背后，应用软件本身又构成一个复杂的行业。有人专门出创意，有人众包，有人专门开发，有机构把你开发的产品验证、收购，有人去推广等，这就是由内而外的共建。

其次，运作模式不再由链主来定义。而是由很多外围的、边缘的、局部的参与者由外而内地影响整个核心企业的运作。这种共创式的构建，是过去我们不能想象的。陈凯歌拍了一部电影叫《无极》，被别人改编成《一个馒头引发的血案》，事实上这个视频，极大程度地提升了《无极》的影响力，很多人思考《无极》是不是真的那么无聊的同时，走进影院去看《无极》，这就是由外而内的共建。

再次，企业的领导者们会发现，他们对运作模式不再有很多的话语权。并且，尽管企业的领导能够预测运作模式的初始，但是预测不到其结尾，也预测不到中间,这是"五化"冲击的一个结果,是商业民主化的一个结果,是众本、动本的一个结果。所有的人从每一个行为里面,都可以攫取到商业利益。例如,不可能每个人都参与到好莱坞大片发售里去捞一杯羹,也不可能每个人总是参与到新型产品的发售里。在随处可见的商业行为里,有多种大家看不上的动本参与进来分配,这才是关键。

4. 第四个境界即动创

企业与周边的即时关系导致的多层次关系重构,企业与周边各种要素的即时关系、临时性组合,形成多层次重构、碎片化重构。这种重构背后,原则和理念也在悄然发生变化,尽管原则和理念并不是每次都变,但是原则和理念变化的速度比之前快得多。过去我们认为基本上原则和理念是永久不变的,后来我们认为,每过一个时代,整个社会发生重大变革后,原则和理念是会发生变化的。现在我们发现,原则和理念小步快跑、具体的各种重构大步快跑的时代到来了。

运作范式发生变化可能是我们未来最大的困扰,因为运作范式的变化给我们所制定的框架性、持久性的管控模式带来了严峻的挑战。

组织范式的转变和推动力

本节主要阐述组织范式转变的四个境界。其一是威权,其二是赋权,其三是共权,其四是动权。

1. 第一个境界即威权

组织范式也将发生重大变化,组织事实上主要是威权。这里的威权又不是简单的权威,它的威来自指挥、配置和智慧。指挥就是企业有经验,配置是指企业能够洞察运作的方方面面,智慧则是指企业能够精巧配置。今天的企业,配置智慧在其中扮演的成分很重要。比尔·盖茨说得好:我不要什么战略家,我只要一个 CEO。在比尔·盖茨看来,配置比制定聪明的战略更重要。当然他这个理念错了,人人都知道,因为他拥有了巴尔默以后,微软差点死掉。但是他这个观点,在某些情况下也有一定道理。最后这些权威往往还因智慧、前瞻拥有了威权。

2. 第二个境界即赋权

民主化地赋予外部权利、赋予消费者权利、赋予一线员工权利,尊崇趋势、尊重人性化、尊重去中心化等,这都属于民主化的趋势。如果说分权、授权还是主动行为,是核心领导人可控制的行为的话,民主化则不是核心领导人可控制的行为。而且,如果企业不民主化就没法创新,企业的积极性就释放不了。企业只有民主化了,才会拥有卓越的绩效。

3. 第三个境界即共权

共权指的是趋势、阶层、观念、远见、媒体、生态圈、社会多种权利的融合。组织不再是威权产物,变成了趋势的引领者,负责把趋势引进来。共权是让趋势来说话、让阶层来说话、让消费者说话,用观念、用外部的冲击来说话,用远见来指导我们,让媒体、媒介发挥作用,让生态圈发挥作用。这样一来,整个组织的决策,既不是由上而下,也不是由下而上,也不是倾听消费者的。这些力量会共同参与到企业的运行里面来,参与到组织里面来。

4. 第四个境界即动权

当前很多组织,不再以部门为主,甚至也不再以项目为主。比如说市场部,就会建立一个消费者调查委员会,或者有一个面向消费者的公共媒体,或者一个面向消费者的朋友圈,引领消费者参与到企业中来。然后公司经常雇用很多智囊团,或者一些非常有远见的人来跟企业的员工交流,使得企业拥有了远见。但这仍然是威权制度,而那些不花钱的、少花钱的、民间化的远见,才是动权。

TED演讲就是一种外部智慧进行融合的应用,未来一个企业将会办得越来越社会化。企业内部有论坛、有社交、有 TED 演讲、有各种调研、有各种思维的融合,还有各种趋势的报告,只有这样企业才能够把这些权利用于一体。像现在传统的由董事会、监事会、总经理办公室等多个部门为主的结构会慢慢地崩塌,至少会弱化。

以小米公司为例,上面的多个委员会,下面的多个横向工作小组、课题小组,再往下企业与外面人之间的融合,小米公司 2 000 多个人都参与到公众号的营销和论坛,个个都是社会化营销的高手,这就充分地揭示了什么叫动权。这个动权探索、理论探索,一直在实践,尽管理论往往来自实践的昭示,但是我们从理论上把这些平行的要素健全以后,又会去指导企业,把更多其他的权利引进来。比如说关键权利,就是各种内部的论坛、演讲、交流。

美国的一部电影叫做《女巫布莱尔》,就搞众筹,让众多全美的论坛版主为主的潮流人物来众筹。第一集的票房是 2 亿多美元,为什么能够做到 20 万美元搏 2 亿多美元?《女巫布莱尔》没有任何烧钱的企图,但是当它众筹的时候,《女巫布莱尔》未映先红,结果又拍了第二集和第三集,都很红。事实上这就是一个经典的生态圈赋权,把生态圈权利融进来了。

绩效范式的转变和推动力

绩效范式也随着"五化"的推动而变化,主要也有四个境界:压力、动力、创力和敏力。

1. 第一个境界即压力

绩效范式在压力阶段表现出来的就是绩效带来的最基本的要求,给员工安排一些工作,布置一些任务,员工必须在一定的时间内按照要求和质量完成它。完成以后,相关部门再按照一定的考核标准对其任务进行考核,做得好的进行奖励,做得不好的进行惩罚。面对这些关系到自己切身利益的绩效模式,一定会有压力,这是绩效模式产生和存在最初衷的缘由。

一个好的绩效范式首先需要给员工一定的压力,这样才能创造出一定的绩效,才能适合市场经济的发展,实现优胜劣汰,符合自然规律。如果一个绩效范式没有一定的压力,那么它的存在就毫无意义,不仅是一个无用的制度,还浪费了资源。

2. 第二个境界即动力

企业仅有压力绩效是不够的,压力只会被动地带动企业发展,不能主动地激励企业和组织进行深刻变化。在动力阶段的绩效范式下,绩效会给企业或组织一定的激励,引起组织内人员的兴趣,让员工发现企业的热点,形成企业或者组织的使命,从而全面推动企业、组织的发展。这样的阶段绩效范式将压力转化为动力,形成企业或者组织源源不断发展壮大的动力来源。这样的绩效范式是现阶段大部分企业所处的现状,互联网化更能将绩效的压力转化为动力,"五化"也将加速推动这种转化。

3. 第三个境界即创力

绩效范式仅仅带来动力还是不够的,还要带来创力。创力就是能够给企业带来创新,给企业带来变化。同时创力也是对企业发展趋势、产业发展趋势、行业发展趋势的认识,将绩效范式带来的压力转化为动力,将动力运用到企业创新中去。有些企业就是在其内部设置一些具有创新、变革和趋势研究的部门,对其进行正向的绩效激励。

在"五化"的作用下,创力将会加速发挥作用,成为企业或组织战略发展的一种作用力。这种创新的研究,带来的是企业的新模式、新阶段、新环境和新格局。这一系列的创新也会带来企业的变革、组织制度的变革、集团管控的变革、组织架构的变革,这些变革都是围绕着创新、围绕着企业发展的趋势、围绕着产业发展的趋势、围绕着行业发展的趋势进行的。

4. 第四个境界即敏力

这是一个极其动态的绩效阶段。在这种绩效考核下,可以在任何时刻、任何地点,面对任何情景,都能敏锐地、敏感地作出反应,进行回应。将敏感、敏锐、敏捷、敏明和敏远融合在一起,在"五化"的推动下,作出一系列对应举措。一些公司就会进行情景化的绩效设置,对绩效的设置多元化、复杂化、快速响应化,都能体现出绩效范式的敏力。

第十二章　集团型企业互联网化建设

　　集团型企业作为传统企业里跨领域最多、跨地域最广的一类公司,在互联网化转型过程中将面临更为复杂的问题。当企业开展互联网化转型时,首先,要明确需要构建一个什么类型的互联网形态,并分析自身的资源和能力,搭建一个适合自身发展的互联网化运营模式。其次,应从管理互联网化和业务互联网化两个层面去构建自身的互联网化细分战略,通过管理和业务的双行并轨来为集团的互联网化转型保驾护航。再次,企业还要构筑好三个生态圈:企业内部生态圈、企业资源生态圈、企业客户生态圈。做好企业与非生态之间的互动、与非消费者生态的互动、与非利益相关者之间的互动,最终实现与整个社会的互动。

　　具体的操作层面,企业可以通过构建四大互联网化管理战略,五项业务互联网化评价,在执行层面为企业互联网化转型做出具体的战略指示。

发 展 模 式

　　互联网化发展模式呈现多元化的特征,主要包括平台型、垂直型、借用型、互补型四种。任何一家企业介入互联网领域,首先必须思考清楚如何基于自身的优势、互联网技术运用和对互联网思维的理解来构筑适合企业自身的发展模式,打造核心竞争优势。

1. 平台型模式

　　平台型发展模式即通过多方共同创造价值,使平台形成整体价值体系。

平台型模式的精髓,在于打造一个完善的、成长潜能强大的生态圈。平台型模式是通过双边市场效应和平台的集群效应,形成符合定位的平台分工。例如淘宝网,它作为平台的运营商,负责聚集社会资源和合作伙伴,为客户提供好的产品。通过聚集人气,扩大用户规模,使参与各方受益,达到平台价值、客户价值和服务的最大化。

平台型企业通过为买卖双方提供服务,促成交易,使得双方都能够从中获得利益的分配。在平台上,往往出现规模收益递增现象,强者可以掌控全局,赢者通吃,而弱者只能分到残羹,甚至被踢出局。平台型模式具有开放性、聚合性、核心竞争力、利益共享、网络外部性、双边市场等特征。

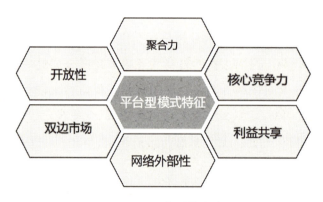

图 3-12-1 平台型模式的特征

开放性是指平台型企业对合作伙伴的开放。合作伙伴越多,平台就越有价值,如淘宝、亚马逊。聚合力则是指平台具有强聚合能力,资源的聚合,市场中(潜在)买家和卖家的聚合。核心竞争力是指作为平台型企业,至少具备一项对于整个生态圈层来讲稀缺的且具有核心能力的核心应用。由此产生强大的磁力,让社会资源能够紧紧依附。利益共享是指平台型企业通过打造开放平台、扶持合作伙伴等策略,在自身获取利益的同时,能为合作伙伴和第三方开发者带来利益,达到利益的共享。网络外部性是指"平台式"经济具有边际收益递增的特点,买家和卖家越多,平台越具有价值。而所谓双边市场是指平台型企业为买卖双方提供服务的模式,具备明显的双边市场特点。

基于平台型模式的这些特征,平台型企业纷纷构建自己的生态圈,不断颠覆现存成熟的商业模式,同时不断跨界"打劫"其他产业的市场。

2. 垂直型模式

垂直型发展模式是指提供某一细分行业或某一细分市场的专业经营交易平台,提供行业专属完整的解决方案。利用企业对于本行业全产业链的整合能力,快速准确地为广大用户提供全面专业的信息、营销及品牌的推广渠道。通过信息流、资金流、物流等系统支持为行业渠道提供扁平化服务。

相对于平台型企业,垂直型企业具备极强的专业性和差异化程度,为消费者提供产品、服务的目的性更强。在营销战略上,目标人群更加明确,消费者的忠诚度也更高。由此,垂直型模式具备了专业化、高深度、高忠诚三大特征。

图 3‑12‑2　垂直型模式的特征

第一个特征是专业化。企业集中全部力量打造专业化的平台,主要以行业为特色,对某一行业做全面的研究。第二个特征是具有高深度。深度探究某一行业的服务、盈利以及未来发展动向。垂直型企业的第三个特征是顾客的忠诚度高。垂直型发展模式的顾客往往是基于该行业的消费者,每一个顾客的购买力,比平台型发展模式的平均水平要高出许多倍。

专业化经营将会有更好的服务质量和运营效率。这类企业的典型代表有行业垂直网站,如携程旅游网、搜房网、51job、中国汽车网等;还有一类则是垂直电商,如凡客、小米、乐蜂网、聚美优品。垂直型企业在扩大用户基础的同时,对用户群进行精细化分类,从而决定自己的服务模式和盈利模式,通过专业化、细分化、精细化的平台获取发展空间。

3. 借用型模式

很多企业自身不具有足够的实力,不能独自打造一个平台或者一个生态,应当借用其他的平台或者生态发展模式。例如天猫上的旗舰店,利用天猫的平台,来实现自身的电商化,或者将自己的电商外包给专门的机构进行打理,企业自身依旧是做好本职工作。

4. 互补型模式

就是企业通过自己的产品,再加上自己的合作伙伴,或者行业内其他关系的一些产品,合作形成一个互联网化发展模式。例如企业与供应商合作完成一个互联网平台,供应商卖原料,企业自身卖产品、产品原料都在这个平台上进行销售,这是一种互补型模式。

另一种互补型模式是指企业利用自己资源的稀缺性来服务外部平台。当企业资源被外部很多的平台所需要时,那么就应打造成一个能为互联网平台提供服务的平台。例如光明利用自己的平台就可以为一号店等网站提供一个生鲜供应的供应平台。

5. 发展模式选择

企业综合外部要素和内部要素,就可以把发展模式细分为盈利模式、产品模式、用户模式、营销模式和市场模式。其中盈利模式又是其他四个模式的核心。企业无论采用什么样的发展模式、怎样的利益划分,终归是要回归到企业如何获得利润这一环节上。

比较不同的发展模式,企业未来互联网化并不仅限于一种特定模式,而是企业处于不同的阶段,只能用一种模型。例如,刚刚起步的企业在进行互联网化转型时可以采用借用型,但是借用型发展到一定程度之后,可能转型成互补型或垂直型,直到最后演变成平台型企业。另一种发展模式则是企业直接开展平台型互联网化建设,然而这个平台既不是作为销售产品的平台,也不是作为电子交易的平台,而是作为公司全面展示,与客户互动的一个平台。主要借用淘宝 B 店、C 店以及京东进行销售,最终发展为借用型的互联网化企业。

集团型企业构建互联网化发展模式,主要可以概括成以下四个步骤:第一步是外部环境分析,分析所处环境、行业、生态系统对自身带来的机遇和挑战;第二步是内部环境分析,自我剖析自身的资源和能力;第三步是构建自身的发展模式,形成初期战略;第四步是发展模式升级,构建自身发展模式的演进方向,最终向平台型模式靠拢。

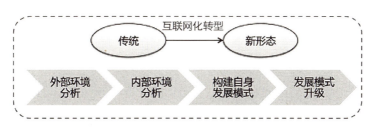

图 3‐12‐3　发展模式构建步骤

两 个 维 度

建设互联网化集团型企业需从管理互联网化和业务互联网化两个维度全面推进。一方面通过管理互联网化的变革推进精细化管理,另一方面业务互联网化,依托互联网开拓业务,两者需要同步进行,共同推动。

管理互联网化,使得企业进行互联网化基因改造时,必须首先从管理的各层面着手。

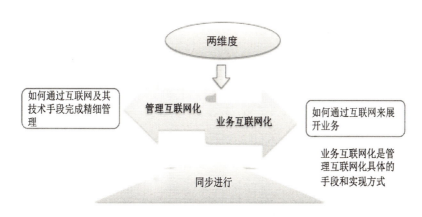

图 3‐12‐4　两维度互联网化

1. 两维度之管理互联网化

在日益更新的信息化时代,企业所面临的运营和管理的难题日益凸显,企业需要通过互联网及其技术手段助力企业实现精细化管理。管理互联网化要求前台直接面对客户,每一条操作都会直接体现在业务链条的各个节点上,推动互联网及其技术手段的应用渗透到企业的研发、生产、物流、销售的各个环节。同时,把企业所有的信息集中在一个互联网平台上,通过互联网来管理企业的供应商、客户、人力资源、招聘、财务,以及管理对外协助的供应商(咨询公司)。

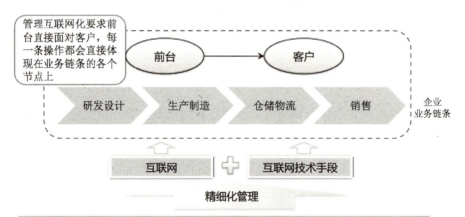

图 3 - 12 - 5   管理互联网化

管理互联网化,首先要从前台到客户,也就是 O2B(新一代外贸拓展服务)。企业的设计研发,不是基于企业自己研发部门想出来的,而是通过客户在企业的网站上进行评选选出来的。将主动营销、主动研发转变成被动研发。例如在网上挂了 10 件服装,大家点击率最高的服装,就是企业下一季要生产的服装,这就是很典型的 O2B 管理互联网化。

然后企业将所有的原材料逐一分解出来发布在网上,由供应商下载,在网上进行竞标,订单交付。通过一个网站,将传统企业变成一个中间商,再进行运作。很多国际知名企业,例如 ZARA,已经在尝试和实践管理互联网化。

也就是说,O2B 前端企业所有的设计、定款,每个店铺的销量、每个区域对自己产品的预测等全在互联网中进行。通过外部的每个人的数据输入,来形成企业一个前台的平台。之后引导企业后面的生产、设计、加工等一系列的环节,通过互联网化手段,彻底颠覆原来的管理模式。

2. 两维度之业务互联网化

业务互联网化要求企业在业务的拓展和发展中,逐步将内部的业务流程和外部的商务活动与互联网结合起来,从而有效提升企业整体的核心竞争力。把业务重心转向互联网,加快利用互联网、移动终端等接触和开拓客户,提高业务效率,强化服务意识,快速准确地响应消费者个性化、便捷化、多样化和安全性的需求。

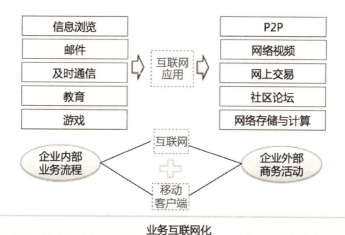

图 3-12-6 业务互联网化

企业生态圈构筑

企业在经营过程中要实现互联网化,可以从四个角度出发来考虑,一是要打造一个属于企业自身的内部互联网生态圈;二是基于客户的企业客户互联网生态圈;三是基于企业外部上下游的企业资源互联网生态圈;四是企业要打造企业与非企业生态圈之间的互动关系。

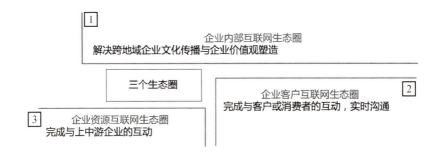

企业需要强化企业内部互联网生态圈、企业客户互联网生态圈以及企业资源互联网生态圈三大生态圈建设,从而推进互联网化企业建设

图 3 - 12 - 7   三个生态圈的构筑

1. 企业内部互联网生态圈

首先,企业内部互联网生态圈,就是企业内部,部门与部门员工之间的一种沟通平台和沟通界面,要建立知识生态、人才生态,企业内部互联网生态圈,一定是未来企业互联网化转型的一条重要道路。

2. 企业客户互联网生态圈

企业跟客户或者消费者之间,在传统范式下是没有互动的,企业把东西交给客户,但客户并不能够对企业进行评价。现在消费者可以在网上买东西,可以在大众点评上评价打分。但是很多工业品,目前没有互联网生态圈,企业服务得好,或者企业有一个很好的产品,别人不知道,企业服务得不好别人也不知道。但是在互联网化环境下,企业经营服务管理的不当之处

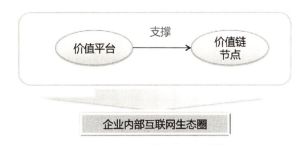

图 3‑12‑8　企业内部互联网生态圈

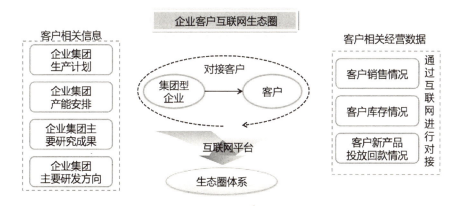

图 3‑12‑9　企业客户互联网生态圈

会成倍数地被放大,效率非常高,同时企业的好处也会成倍数地被放大。

企业客户互联网生态圈主要指通过互联网将客户的销售情况、客户的库存情况、客户新产品投放回款情况等经营数据通过互联网进行对接。而作为集团型企业,其生产计划、产能安排、主要研究成果和主要研发方向等一系列信息充分与客户对接,形成一个在互联网平台高效互通有无的生态圈体系。

3. 企业资源互联网生态圈

企业资源互联网生态圈是指集团型企业与所有可获取资源的企业,包括供应商、服务商等通过互联网构建起牢固的信息共享机制。让供应商产能、生产计划、产品创新、交易数据、产能变化,猎头的人力资源服务、人才信息等一系列的信息通过互联网进行串联。集团型企业及相关企业要借助互联网着力构建互动、和谐、共荣的互联网生态圈。

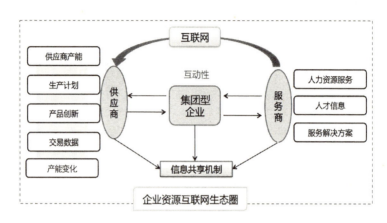

图 3-12-10　企业资源互联网生态圈

4. 三个生态圈的融合及企业与非企业生态圈的互动

构建互联网生态圈,首先要实现三圈共融。企业内部生态圈、企业客户生态圈、企业资源生态圈,三个生态圈是互相支持的。要做互联网化企业,这三个生态圈都必须建立起来,否则的话,就永远缺一条腿。

从下图我们可以看清,阿里巴巴企业内部的生态圈。阿里巴巴是以 B2B业务为切入点,通过横向一体化战略和纵向一体化战略的结合,构筑了 B2B(企业对企业)、C2C(个人对个人)、软件服务、在线支付、搜索引擎、网络广告、金融服务等业务领域的电子商务生态圈,实现了内外部生态圈的大融合。

要实现企业与非企业生态圈内消费者的互动,老子说得好,"吾生也有涯,而知也无涯"。和全人类的大生态圈相比,企业的生态圈是极其有限的。如果企业无法和非企业生态圈内消费者进行互动,保持良好关系,很有可能连现有的消费者都将失去。

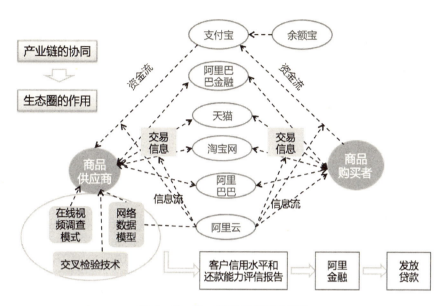

图 3-12-11 阿里巴巴三圈共融

如果企业只和消费者来往,企业的大脑是狭窄的。企业和非消费者来往,企业的认知、价值观、视野会变得更开阔。这就要求企业与非消费者之间进行对话和互动,一个是企业与非消费者进行交流,进行价值交融,最起码会培育潜在消费者。另外,企业会透过非消费者不消费自己的产品和服务,研究出使他们消费的理由和习惯,对产品和服务进行改进,扩大消费群体。

企业对非消费者的研究与交融,会扩展企业的知识边界和认知边界。企业要注重对眼球经济、粉丝经济的深挖,社会资源是共同存在的,如何对社会资源进行深层次的挖掘,建立与整个社会的大互动平台,是企业下一步所要考虑的问题。而要能够做到这一点,最重要的就是创造社会化媒体。

社会化媒体的重要特征是人基于价值观、兴趣和社会关系连接在一起。公司目前面对的消费者(及终端用户)是以网状结构的社群形式存在的,同时社会化媒体让信息传播得更快,让世界更小,这将导致企业和品牌与用户关系发生根本性的变化。企业未来的互联网化首先要明白,企业与终端消费者、与社会之间要建立一种基于平等的双向沟通,一种基于关系的链式传播、基于信任的口碑营销、基于社群的品牌建设,只有这样才能使得企业将自身营销给社会。同时让社会开始关注企业,进而让整个社会的终端消费者全体,乃至整个社会的资源参与到公司的经营与管理中来。

企业要想做到与终端客户的双向平等沟通,必须要做到主动交流,让原来冰冷的集团型企业组织社会化、拟人化,从而引导企业的终端用户。这是方针政策,是战略和指导思想。而搭建与用户之间的聊天途径,比如微信平台、微博平台与终端用户进行互动则更多地属于战术方面的操作。

要实现企业与非利益相关者的互动,企业不能只和自身的供应商、经销商、银行,以及媒体来往,还要和自身的非利益相关者进行互动。企业与非利益相关者的交流是一个扩大视野、提升远见,与世界深度互动的过程。它能够为企业提供多元化思维,揭示事物发展趋势、本质及规律。大多数企业只会与世界浅度互动,围绕商业化互动。随着企业与世界的关系越密切、越广泛,就越具备多元思维、长度思维。很多著名的企业家喜欢阅读霍金的文章,并不是因为霍金的文章可以直接解决企业所面临的现实问题,而是他对宇宙、对世界的开阔思维,会让企业家对于远见、对于明天、对于企业结构产生新的认识。对于很多企业家来说,《果壳里的世界》这本书所带来的帮助远远超过管理学原理,正是由于它能够从更深更广的角度去剖析整个世界,给企业家带来很多非经济的相关启示。

最终企业要做到与无关的技术、无关的趋势、无关的社会思潮、无关的学科、无关的国家与地区之间的生态圈完成互动,这样企业才能够真正地拓展自己的思维和经营哲学。

四大互联网化管理战略

互联网化集团型企业建设的第四个层次在于全面推行四大互联网化管理战略,包括供应链互联网化管理战略、营销互联网化管理战略、人力资源互联网化管理战略和市场互联网化管理战略。

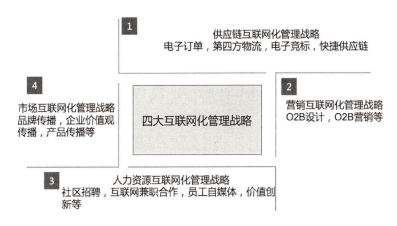

图 3 - 12 - 12　四大互联网化管理战略

1. 供应链互联网化管理战略

供应链互联网化管理战略,对传统企业的柔性生产挑战非常高。传统的中国制造业是粗放型的制造业,在互联网时代,随着消费意识的勃兴,消费者的思维诉求大不一样了,企业必定会把传统企业原来整体的大生产、粗放型生产,切成相互割裂的柔性生产,这就必然要求传统企业变成整体的供应链。在互联网化范式下,企业的销售数据和市场需求时刻在变化,一次性的企业计划很难做到。同时,企业的供应链计划,也变得非常短促、非常细碎,如果企业不完成资源生态圈的建设,很难应对互联网化的柔性生产。因此,要实现供应链的互联网化就要打造一个企业资源生态圈。

实现传统企业的供应链互联网化管理包括四个方面:电子订单、第四方物流、电子竞标、快捷供应链。

第一个方面是电子订单。积极利用互联网技术,导入电子订单系统,将传统商业下单、接单的人工操作模式改成自动化订货模式,制定并不断优化电子订单管理流程,完善系统的功能与架构。

第二个方面是第四方物流。通过对企业客户所处供应链的整个系统或行业物流的整个系统进行详细分析后,提出具有中观指导意义的解决方案。第四方物流服务供应商要通过物流公司、技术公司等多类公司的协助才能将方案付诸实施。

第三个方面是电子竞标。逐步抛弃纸质文件,借助计算机和网络完成招标投标活动。首先要设计电子竞标系统,强化招标管理、支持在线评标、专家库管理、投标管理、监督管理等功能,基于功能需要找到合适的业务流程。

第四个方面是快捷供应链。即市场的物流体系建设。通过采用先进高效的自动化物流系统,来加快订单处理速度,打造快捷高效的供应链;同时,对供应链中的物流、信息流、资金流行之有效地计划、协调和控制,促进供应链中各节点协同运作。

2. 营销互联网化管理战略

营销的互联网化管理战略,要打通企业的前台与后台,主要有O2B(新一代外贸拓展服务)设计和O2B营销两种途径。企业前台的页面跟后台,前台的需求跟中间部分的生产制造采购,以及后台的销售运输配送,形成一个全新的战略管理模式。包括通过CPS(信息物理系统)、UPC(商品统一代码)等一些互联网数据对投放广告的网站进行选择,合理对互联网流量进行引导,最终形成营销互联网化管理战略。

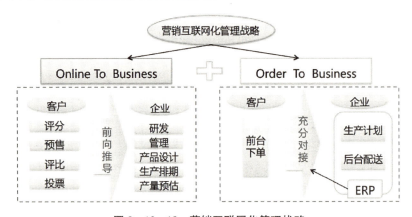

图 3-12-13 营销互联网化管理战略

O2B包括 Online To Business 和 Order To Business 两层含义,第一层含义是指在执行业务计划或商业计划前,通过客户在网上评分、预售、评比、投票等一系列手段,精确了解客户需求,有针对性地进行研发、管理、产品设计、生产排期、生产量预估等。第二层含义是指客户从前台下单到生产计划、到后台配送一体化经营模式,ERP(企业资源计划)与前台页面充分对接,执行完整的互联网化运营,即所有订单需求都在互联网完成操作及支付。集团型企业要以O2B设计与营销为抓手,推进企业营销互联网化管理战略。

3. 人力资源互联网化管理战略

人力资源互联网化管理战略就是让部分职位的员工不必在公司内办公,而是通过互联网来进行远程工作。对于未来企业而言可能就只需要一个专门的财务公司,远程帮助企业进行核算。同时,人才招聘的过程,也可以通过互联网委托个体进行招聘。在企业的人力资源结构中,将越来越多地通过互联网穿插在一起。

利用互联网招聘具有不受地域限制、招聘范围广、简便高效快捷、省时省力省钱等优点,进行社区招聘,互联网兼职合作,发挥全公司员工的自媒体效用,强化电子渠道的宣传。人力资源的互联网化管理战略具体又划分四个部分:社区招聘、互联网兼职合作、员工自媒体、价值创新。

社区招聘。社区招聘使得企业HR们更有效率地筛选目标应聘者。同时它还能通过推送的方式,把招聘信息和应聘者自动匹配,解决了企业HR与应聘者之间单向沟通以及效率不足的弊端,为供求双方深度交流架起多维度通道。例如,招文案和微博专员上豆瓣,招客服上58同城,找技术上落伍者或中国站长站,招写手上猪八戒,招淘宝店长上派代或马伯乐,找美工上蓝色理想,招电商总监上微博搜索,招专业人士到对应的专业论坛里面去深挖。

互联网兼职合作。改变传统的兼职招聘方式,根据企业的人才需求情况,适当开展互联网兼职合作,降低企业成本。对于一些传统产业和中小企业来说,多采用初级网络兼职招聘,即与人才网站合作,将部分招聘工作外包。

例如华艺百创传媒总裁杜子建就尝试在微博上招人。

【微招聘】 这次只招聘身体不便、只能在家的兼职人员,最好有残疾证的。20 人,没有别的要求,只要求会写微博,能打字即可。有意向的,可以加这个 QQ。每次只接纳 20 个。

微博发布后,三天内即有上百人报名,最终成功选拔 20 人,杜子建对这个结果表示很满意。

员工自媒体。充分发挥全公司员工的自媒体效用,赋予每一个员工价值和活力,让他们融入并成为企业向外辐射的商业社交网络的关键节点,以员工的电子邮件、名片、微博、微信、QQ、人人网等几大媒体,植入电子渠道内容,制定相关激励政策。

价值创新。互联网、移动互联网的快速发展,让人力资源管理逐步"社交化",人力资源管理要以新媒体为载体,推动人才在各种社会网络、圈子活动中构建各种协同合作、信息共享和互信关系,创造企业商业价值从而推动价值创新。

4. 市场互联网化管理战略

市场互联网化,包括品牌传播、价值观传播,这是比较传统的互联网化步骤,市场营销准备怎么做、怎么在网络传播、有哪些网络传播方式。传统企业要充分利用网络平台的传播作用,通过互联网开展品牌传播、企业价值观传播和产品传播等。

品牌传播。互联网时代用户越来越愿意进行自媒体传播,品牌传播要顺应潮流,改变传统的品牌传播思路,由推动向拉动和互动转变;同时,积极利用新兴的品牌传播工具,如微博、SNS(社交网),依托海量受众自媒体、智能传播环境踏寻一条不同以往的传播路径和传播效果。

企业价值观传播。积极利用多样化的互联网传播途径与方法促进企业价值观的传播,如开辟企业微博,与消费者积极互动,形成适应互联网时代的新型企业核心价值观,形成以新型核心价值观为核心的企业文化,激发员工创新动力、工作激情和忧患意识。

图 3－12－14　市场互联网化管理战略

产品传播。融合企业网站、博客、微博、论坛、视频、贴吧等多种网络平台传播形式形成组合拳,企业应该要在互联网领域的不同接触点与消费者进行对话,让消费者了解产品和品牌,进而主动帮助企业传播产品。

五项业务互联网化评价

集团型企业对业务互联网化评价,包括产品互联网化环境评价、互联网

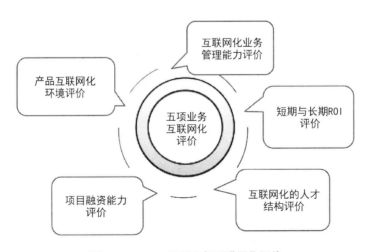

图 3－12－15　五项业务互联网化评价

化业务管理能力评价、短期与长期 ROI(投资回报率)评价、互联网化的人才结构评价、项目融资能力评价五个方面。

1. 产品互联网化环境评价

产品互联网化环境评价是指对企业、对自身产品适不适合在互联网上销售,适合通过什么方式销售,最适合的产品环境在哪里以及对哪种平台、哪种营销策略进行评价。具体的产品互联网化环境评价分成内部互联网化环境评价和外部互联网化环境评价。

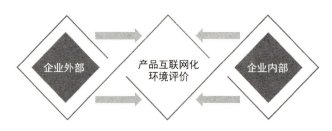

图 3‑12‑16　产品互联网化环境评价

企业外部的互联网化环境评价包括国家及地区互联网法律环境评价、国家及地区互联网相关政策评价、企业所在城市互联网发展水平评价、企业所在城市是否具有知名的互联网公司、电子支付环境评价、第三方认证环境评价、支撑互联网发展的要素评价。

企业内部互联网化环境评价包括企业互联网化战略评价、企业信息化水平评价、互联网化手段和思维、产品设计、产品宣传推广互联网化程度评价、互联网化管理团队评价、互联网化的人才队伍评价。

2. 互联网化业务管理能力评价

企业互联网化业务管理能力评价是指企业在各个阶段实施互联网化的彻底性和正确性。包括互联网化业务管理制度及流程评价、业务整合能力评价、业务开拓及维持能力评价以及业务管理工具评价。

互联网化业务管理制度及流程评价,是指企业的互联网化业务管理是否具有完善的制度支撑,流程是否规范,是否形成了一套较为完善的互联网化业务管理制度与流程文档体系。

互联网化业务整合能力评价,是指企业能否在开放的网络中,搜集有价值的信息,对互联网化业务资源与能力进行整合,同时寻求欠缺性的优势资源,为互联网化业务的进一步发展提供资源支撑。

互联网化业务开拓及维持能力评价,是指对企业互联网化业务领域方面的拓展能力、业务拓展进程、业务拓展模式及维持能力进行评价,这是企业持续发展的关键。

互联网化业务管理工具评价,是指如今业务管理已将管理工作从办公桌和纸面上挪到了电脑上,很多行业的业务管理软件陆续出炉,将对企业互联网工具应用水平进行评价。

3. 短期与长期 ROI 评价

互联网是一个烧钱的行业。集团想要往互联网化发展,首先要有一个短期的投资回报率的预算。企业的运营不能永远都是亏的,短期的投资回报率,哪怕是负的,也要明晰负到多少,必须要有非常强的预算体系。在整个互联网行业,没有预算就没有采购,没有预算也没有营销。整个互联网秉持一个最基本的公式,企业的营业额等于企业的流量乘以企业的转换率。在这种情况下,企业要砸多少钱进流量,就会有多少钱的收入,就可以算得出企业有多少盈利。在这种情况下,企业的短期、长期 ROI,必须非常严格地把控。很多传统企业、

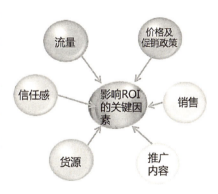

图 3 - 12 - 17　短期与长期 ROI 评价

企业家做互联网失败,就是先备货再销售这种传统思路导致的。所以说短期和长期 ROI 评价体系,在互联网化转型当中地位十分重要。

企业应该确定互联网化业务运营需要的总体投资成本,包括销售、市

场、客户服务和支持所需要的成本。同时,企业还需要明确一个基准,不断按照这个基准进行衡量,以确保业务运营能够按照预想状况进行。全部投资应该考虑到的不仅仅是技术投资(如硬件和软件),还有人员和流程本身的投资。

其次,测算企业从互联网化业务中取得了哪些收益,收益主要包括成本降低和收入增长两个方面。

最后,对互联网化业务的投资回报进行预测计算。要想预测投资回报,必须对企业互联网化的每一个主要方面单独进行预测,然后将预测结果进行综合。按照成功经验,此步骤最好在公司财务部门的协助下进行。

4. 互联网化的人才结构评价

企业的发展最重要的资源就是人才,企业要想做好人才管理就要从以下几个层面构筑自己的人才管理体系:一是管理好社会上的人才;二是管理好企业认识的人才;三是管理好企业筛选过的人才;四是管理好企业使用过的人才;五是管理好正在用的人才。

企业针对人才,又可以对组织系统中的分布与配置组合情况进行评价。互联网化的人才评价体系又可以分成以下六个层面。

第一个层面是年龄结构。人才年龄结构是否多元化,是

图 3 - 12 - 18　互联网化的人才结构评价体系

否符合本行业特点,各年龄层次比例是否合理,能否保持企业的平稳运作。

第二个层面是品格结构。企业的互联网化人才品格是否保持一致,如工作态度、责任心、自我控制能力、价值观等。

第三个层面是能力结构。人才的能力是否与职位相当,人才队伍的能力能否相互补偿及促进。

第四个层面是气质结构。企业是否注意到个体气质的差异,把不同气

质的人才科学地组织起来,相互协调,扬长避短。

第五个层面是学历结构。人才队伍中博士、硕士、本科及大专等各学历层次是否合理,是否满足互联网化业务未来的发展。

第六个层面是专业结构。人才资源中是否具有各种学科和专业知识的人才,他们之间的比例应当是合理的。

5. 项目融资能力评价

项目融资能力评价非常重要。启动互联网化项目开始,企业就一定要知道自身的生存环境非常恶劣。如果企业项目没有什么生存机会,则企业一定需要大量资金来救助,这样企业必须把项目很好地进行包装,然后要有一个融资计划,必须要对自己的项目融资进行全面评价。

比如说企业有能力通过一定费用达到一定流量,能够保证一定量的转换率,这是最基础的。项目融资能力评价要看企业有多少合作的平台,以及整个集团内生的互联网化管理,或者管理互联网化,具备哪些和别人不一样的优势。

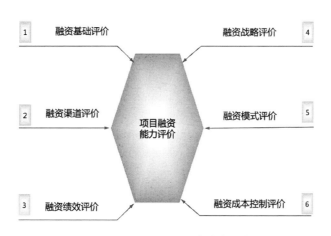

图 3-12-19　项目融资能力评价

项目融资能力评价包含融资基础评价、融资渠道评价、融资绩效评价、融资战略评价、融资模式评价以及融资成本控制评价六个方面。

融资基础评价的标准是该企业能否具有强大的融资基础,主要包括信用基础和固定资产基础;融资渠道评价着重强调项目的融资渠道是否多样化,积极拓展除商业银行以外的其他融资渠道;融资绩效评价是指项目获得的融资是否有效得到利用,是否给企业带来效益;融资战略评价则是判断企业是否具有清晰的项目融资战略以及保障战略落地实施的措施;融资模式评价表明项目融资模式的设计与选择是否遵循一定的原则,是否根据项目的具体情况和要求设计合理的融资模式;融资成本控制评价则体现的是企业对项目的融资成本是否具有很好的控制。

第十三章　构建互联网化集团
六大步骤

　　互联网时代下为什么尤其需要集团化，不是简单的授权、激励、一线自主就可以了，传统产业转型升级不能靠破旧立新，不能搞休克式疗法。大中型集团的运作核心仍然是母子公司权力冲突，不能搞简单的信任授权，不管怎么讲授权、信赖、一线决策，子公司仍然不是由圣人组成的机构，它的局部利益与个人利益，仍然会使美好的信赖初衷难以实现。

　　传统业务的增长仍然需要强大的市场压力传递，还不能靠创新撑起市场，传统企业强大的压力化、考核化、竞争化仍然是一个重大运营力量，传统业务的失控（商业民主化、授权、激励、底层革命）逻辑在集团内遭遇困境，集团需要集中化、平台化、精英化，需要多条腿走路，进行渐进式改革，既要坚持主业，又要探索互联网＋。

　　要理解不同企业采取不同路径的必然性，企业产业的互联网优化，互联网和产业的深入再造，纯互联网企业的深度互联网化布局等几种不同路径都有其必然性。

　　集团型企业的互联网化战略构建可以分成六个层次：形成互联网普世价值观；探索适用于集团未来发展的互联网模式；依据互联网模式形成四大基本管理战略；业务互联网化评价；进行互联网化业务战略规划；完成互联网化战略体系构建。

形成互联网普世价值观

1. 互联网普世价值观解读

互联网普世价值观和基于道德观念的普世价值观是两码事。普世价值观讲的是有关于自由、平等、民主、人权的概念。互联网普世价值观说的是互联网将往哪里发展、互联网与人类社会之间的关系、互联网与政府的关系、互联网与客户的关系、互联网与企业的关系,还有下一代互联网将如何发展,及其与互联网巨无霸们、互联网思想家们、互联网哲学家们之间的关系。互联网巨无霸往往不能提供真正的互联网哲学。

尽管有很多互联网哲学家未能创造一个庞大的企业,但是互联网哲学、互联网前瞻、互联网思考对世界的发展推动作用仍然是非常强大的。就如同马克思揭示了资本主义必然灭亡,尤其是分配不平等导致的资本主义矛盾的积累,将会摧毁资本主义。这个伟大的论断缔造了西方工会的诞生,促进了全世界劳工的福祉。马克思的预言对于现实社会的改造是看得见的。

2. 互联网普世价值观的特点

同样,所有的互联网哲学及其论断,对世界有一个异化作用。所有的互联网领袖,对其所在的互联网功能团以及所在的商业利益,无论如何确立和变化,都有一个巨大的代言作用。因此,互联网普世价值观具有三大特点:

一是群集性。互联网的普世价值观是一个群集概念,是一个价值观的集成,是公允的互联网哲学家、思想家对下一步互联网的发展提出的各种见解。同时也是包含了对互联网的趋势和未来的观点,是一个观点群。

二是动态性。互联网普世价值观,是一个动态与变化的价值观或价值观群。它不再是过去我们所看到的那种固化的、不变的、恒定的观念。反过来它还呈现出波动性、变化性,是一种基于变化、感知变化、预判变化、管理变化的变化,以及塑造变化的价值观。

三是普世性和复杂系统性。因为互联网本身是世界级性的,它不是被某一个国家、族群所垄断的,所以它的价值观具有极强的普世性。而且会反过来服务于族群、服务于利益群体、服务于不同的国家治理,所以又会有它的子价值观,甚至差异非常大的子价值观体系。因此,它又同时具备复杂系统性。

互联网形态及运营模式的选择

基于互联网的普世价值观,集团型企业下一步要做的是基于自身的产业,探索构建一个什么样的互联网形态,是消费型、价值型、媒介型还是功能型;其次是要基于企业自身的资源,探索构建一个平台型的互联网化运营模式,还是垂直型、互补型、借用型模式。

1. 集团型企业互联网形态

互联网的形态可以划分为消费型、价值型、媒介型和功能型。集团型企业首先要做的就是想清楚,要构建一个什么样的互联网形态。如果企业是一个娱乐消费服务类公司,或者企业产品直接面向终端消费者群体,那么就适合打造一个主导消费型的互联网生态。以生态圈主的身份引领整个圈层把蛋糕做大,同时通过顶层创新加底层设计来完善整个圈层的创新体系,服务于整个大的圈层建设。

对于传统的制造行业,如工业、科技、能源及重工等产业,以及中介、智力服务、科研等机构的互联网化,就要打造一个价值型的互联网形态。价值型互联网形态的核心所在是打造智能化生产管理和运营,主要包括三个方面:一是智能工厂,主要研究智能化生产系统和如何通过网络分布方式来布局生产设施;二是智能生产,主要研究在现代工业企业生产过程中,生产物流管理、人机互动和 3D 技术是如何应用于其中的。该计划将特别注重吸引中小企业参与,力图使中小企业成为新一代智能化生产技术的使用者和受益者,同时也成为先进工业生产技术的创造者和供应者;三是智能物流,主要通过互联网、物联网,整合物流资源,充分发挥现有物流资源供应方的效率,而需求方,则能够快速获得服务匹配,得到物流支持。

对于各种平台、社区、新媒体、资讯、生活服务等组织,应打造一种媒介型的互联网生态。这一类互联网生态要实现内容的聚合、社会化的互动、入口的争夺、新形势的塑造与引领。媒介型的重点在于内容,如何做好内容上的聚合,使得企业能够独占某个领域的内容板块,是这种形态的互联网公司所要考虑的核心问题。而对于一些物业、设施、机械、交通工具,生活及商业设施、社区、城市这类组织而言,就要创新组织成一个更好的功能团,打造一个功能型的互联网形态。

2. 打造集团型企业互联网化运营模式

企业在完成互联网形态的思考之后,就要构建一个适应于企业自身的运营模式。主要的运营模式有平台型、垂直型、借用型以及互补型。企业通过对自身的诊断,结合自身的能力和资源,来打造自身的互联网形态运营模式,呈现出互联网形态与互联网化运营模式 4 * 4 的叠加效应。

图 3 - 13 - 1 四大互联网化运营模式

作为集团的最高领导者,应当深入分析未来影响集团互联网化运营模式选择的关键因素,把握互联网的发展趋势,基于自身资源与客户特征探索适用于集团自身发展的互联网化运营模式。

因此,资源丰富、能力高的企业通过联盟或者自建的方式打造一个属于自己的平台生态系统,例如浙江物产;或者是专注于自己的领域或行业打造一个垂直型的平台,例如凡客;能力不佳的企业可以通过借用已有的平台来实现互联网的运营,比如天猫的旗舰店,或者京东上的商家;拥有特殊资源或者特殊能力的企业可以采用与现有的平台互补的方式进行发展。利用自身的资源服务不同的平台企业，与这些企业形成互补的关系。

形成基本管理战略

企业在确定好自己的互联网形态以及发展运营模式之后，首先要从内部管理入手进行互联网化的改造。基本的管理战略可以分成供应链、营销、人力资源和市场的四个方面的互联网化，也就是前文提到的四大互联网化管理战略，这里不做赘述。

从更加细分的角度出发，又可以将企业管理战略的互联网化分为企业战略制定互联网化、融资互联网化、投资互联网化、财务互联网化、人力资源互联网化、研发互联网化、供应链互联网化、营销互联网化、服务互联网化以及风险管理互联网化。这些细分的管理互联网化将在后面章节具体展开。

业务互联网化评价

管理的互联网化与业务的互联网化要双轨并行。根据上一章节的阐述，业务的互联网化评价，可以分成产品互联网化环境评价、互联网化业务管理能力评价、短期与长期 ROI(投资回报率)评价、互联网化的人才结构评价、项目融资能力评价。

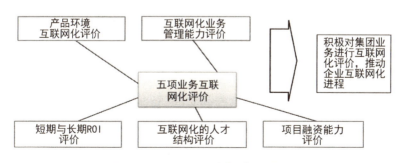

图 3-13-2　五项业务互联网化评价

从更加细分的角度去考虑,要实现企业业务的互联网化评价,要从规模、速度、效率、效益、风险、所需的资产、所需的能力、核心竞争力、可持续性、现金流贡献等各个方面进行综合考虑。

深度互联网化

通过形成互联网普世价值观,进行互联网形态及运营模式的选择,形成基本管理战略,进行业务互联网化评价,完成构建互联网化集团的四个步骤,接下来就需要进行互联网化业务战略规划,完成互联网化战略体系的构建。

1. 互联网化业务战略规划

可以通过四个步骤来实现互联网化业务短、中、长期战略规划。

第一步是战略思考。推进集团进行战略思考重建,深入研究内外部环境,明确集团未来发展方向。

第二步是确定分阶段战略目标。基于集团互联网业务整体战略,进行战略目标设计,设定分阶段战略目标。

第三步是战略目标分解。结合资源环境分析与互联网行业发展趋势,对战略目标进行分解。

第四步是战略规划设计。对集团互联网化业务发展模式、发展路径进行规划,明确发展主要路径、发展关键节点、对业务非常机遇与挑战形成应对方案,形成集团互联网化业务短、中、长期战略规划方案。

2. 互联网化战略体系构建

互联网化业务战略规划完成后,一个更关键的问题,也是挑战更大的问题就是战略如何落地。也就是战略规划、战略保障和战略管理三个体系的实施,这三个体系是紧密关联,缺一不可的。

（1）战略规划体系

战略规划体系其实是解决集团这个大舰队的航向问题,朝哪个方向走,不同季节风向变了要进行调整等。比如,现在大的季节风向就是全面深化改革,京津冀一体化等,规划体系应把握住战略方向。

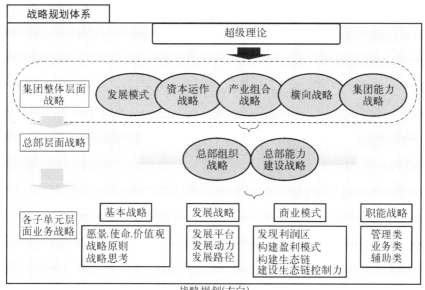

图 3-13-3　战略规划体系

（2）战略保障体系

战略保障体系包括集团管控体系、组织责任体系和绩效激励体系。如何指挥、如何分工协作、如何论功行赏,这些都要明确。此板块的本质是基本的结构,为战略落地提供基础功能保障、管控和组织,主要工作是进行战略落地与指挥评价。

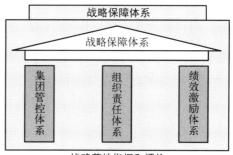

图 3-13-4　战略保障体系

（3）战略管理体系

互联网日新月异,集团需根据互联网趋势与环境的变化随时做出战略调整,这对战略体系的管理提出更高要求。站在推进互联网化集团型企业建设的维度上,需要建立基于三个体系四个报告的战略管理体系,以及长期实施要求的滚动管理优化机制。

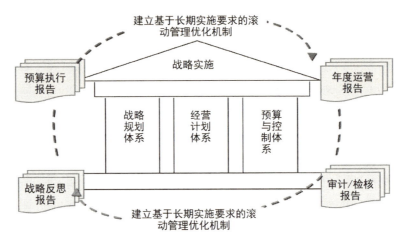

图 3‑13‑5　战略管理体系

企业要通过对互联网思维的贯彻，以及对大数据、云计算、移动互联网技术的应用，构筑一个从战略预算执行报告、年度运营报告、审计/检核报告到战略反思报告的闭环，使企业能够建立基于长期实施要求的滚动管理优化机制，来应对外界环境的不断变化，以达到感知变化、预测变化、管理变化、基于变化管理变化乃至塑造变化的效果。

3. 互联网化战略转型

互联网化转型在战略转型过程中，根据转型的程度不同可将互联网化战略分为浅度互联网化战略、中度互联网化战略以及深度互联网化战略。

第一，浅度互联网化战略即职能＋互联网化，基于集团互联网思维建立的战略管理体系，进行互联网化战略的管理，实现平台互联网化、营销互联网化、人力资源互联网化及市场互联网化战略的管理，通过互联网实现五项业务的互联网化评价，体现互联网下的职能和作用。

浅度互联网化战略即职能＋互联网化。换句话说，基于云计算和移动互联网，企业正逐步将内部业务流程和外部商务活动与互联网结合，谋求提升核心竞争力。在业务及管理流程简化、优化或重构的过程中，探索适合集

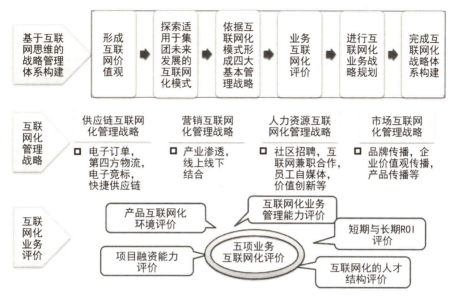

图 3-13-6　浅度互联网化战略——职能＋互联网化

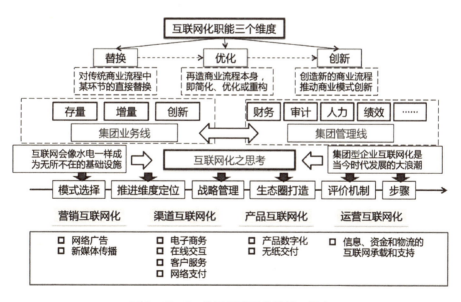

图 3-13-7　集团互联网化职能三维度

团的创新商业模式,通过替换、优化、创新实现职能互联网化。

　　第二,中度互联网化战略即产业＋互联网化。产业重构及生态圈打造、产业互联网化要根据旧经济的缺陷、客户权利及个性化、碎片化及基层化、

185

社会化及生态圈化进行产业互联网化发展模式的选择,通过互联网化升级,完成产业升级与转型,通过互联网化重构,创造新产业并打造新的产业链。

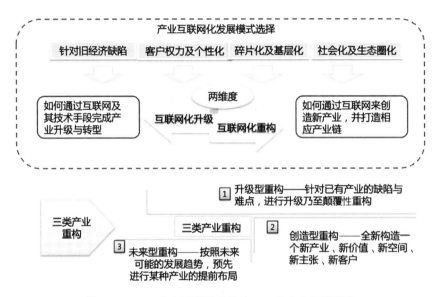

图3-13-8 中度互联网化战略——产业＋互联网化

第三,深度互联网化战略即互联网＋。异化和创造产业,在互联网化的背景下,不断加深互联网化转型,深化企业在互动时代的作用,不断采用犀

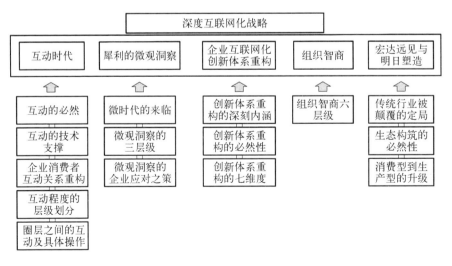

图3-13-9 深度互联网化战略——互联网＋

利的微观洞察方式来捕捉互联网时代机遇,不断创新体系,更新创新能力,注重组织智商的建立,不断根据时代的发展来调整发展战略,及时构建生态圈,最终实现从消费型向生产型的转变升级。

第十四章　传统产业互联网化转型

整合企业资源

传统企业要进行互联网化转型,首先是要对企业现有的产业资源进行整合,即企业现有的产业资源哪些可以互联网化应用,哪些需要剥离出去。

1. 供应链资源整合

完整的供应链资源应该包括三个方面,即供应链的前、中、后三个阶段的整合、管理。前期的整合主要是指供应商的选择,包括资质的评估、供给能力、企业价值观等方面的考核。中期的整合是整个供应链的核心,因为切实关系到产品。相关的流程是:需求方向供应商下订单,同时要求相关产品必须按照之前约定的标准执行;产品到了需求方后,需求方将会按照公司的产品标准进行抽样复检,以确保即将进入市场的产品具备较高的合格率。后期的整合则更多的是总部配送中心与门店(分店)之间的联系,其完整的供应链包括供应商及总部。

2. 渠道资源整合

渠道资源整合并不是基于企业整体市场进行的,它的分析基础是企业的各细分市场。在某一选定的细分市场上,首先要分析目标顾客的购买准则,并与企业不同营销渠道的绩效相比较,选出所有与目标顾客购买准则相适应的渠道。然后,再在这些渠道中进行从产品到渠道的适应性分析,找出能够满足要求的渠道。最后,对保留下来的渠道进行经济性评估,只有满足企业经济标准的渠道才能最终保留下来。

3. 品牌资源整合

在品牌资源整合中,企业经营者应该从战略高度对品牌进行管理,建立企业"旗帜品牌"与"产品品牌"之间的合理资源分配关系。将现有的成功品牌扩展到新的产品或新的市场,力争拓展品牌的作用范围。将更多的资源投向"旗帜品牌"的建设。建立"旗帜品牌"的关键是使企业品牌形象能够代表品牌的实质,并且这种品牌实质能够在产品品牌中得到体现并传达给企业的利益相关者。

4. 数据资源整合

数据资源整合是企业共享或者合并来自两个或者更多应用的数据。它包括三个方面:其一为物理整合,即将多部设备整合为一部或较少几部更大型的设备,实现统一管理和快速反应;其二为逻辑整合,即通过系统管理软件等手段对物理上分散的设备资源和数据资源进行虚拟化的集中管理;其三是应用整合,主要有服务器整合、存储整合、数据库整合和数据整合等。

5. 产品整合

传统企业互联网化转型时需要进行产品整合,应该结合自身的具体情况,根据企业自身的发展优势、所擅长的经营领域,整合原有的产品并选择新的业务产品。例如携程是一家综合性旅行服务公司,通过携程网成功整合了高科技产业与传统旅游行业,向超过1.41亿名会员提供集无线应用、酒店预订、机票预订、旅游度假、商旅管理及旅游资讯在内的全方位旅行业务产品服务。

6. 企业资源整合案例

国美电器作为一家大型的家电零售连锁企业,对它的电商平台"国美在线"进行改版。为了整合"国美在线"的 PC 端、移动端、WAP 端,使其协同发展,国美对供应链、物流、组织资源进行了大整合。

在物流方面,国美为了打造快速物流服务战略,大力加强区域物流升级行动,首选北京为试点地区。根据国美在线规划,升级后将推出大家电"一日三达"服务,即在部分一线城市能够做到一日三达,其他很多城市也可以做到一日两送。

在供应链方面,国美为了打造 O2O 的 2.0 版本(O2O 即 Online To Offline,是指将线下的商务机会与互联网结合,让互联网成为线下交易的前台),在移动互联网端采用全新的 O2M 全渠道零售战略(O2M 即电商新模式,通过线上线下互动营销,目前以 Offline to Mobile 的渠道营销为主,线下实体店负责顾客体验,移动手机端做好顾客服务),该模式区别于传统零售商提出的 O2O 模式,在线上和线下融合的基础之上,通过线上和线下渠道的延伸,让国美的零售渠道突破国美自有渠道的限制,进一步渗透进商超和其他电商平台。

在组织方面,为了加速互联网化,专门成立由 10 人组成的国美在线战略选品部,国美在线 30% 的销售将来自这个团队的推荐。牟贵先团队的打法就是,把国美在线 PC 和移动端的首页开放给全公司,调动各个业务部门的力量,一起去优化产品首页和用户体验,从而形成新的运营模式以及业务部门之间的协作方式。

制定业务互联网化战略

业务产品战略强调了各企业在各自业务领域中的生存、竞争与发展之道。而业务互联网化战略是指企业利用互联网化平台,最大化该企业的发展优势,高效整合资源、创造价值,以满足用户。它涉及企业的整个经营管理体系,从企业管理和市场的角度对企业业务互联网化战略进行评估协助实施。

1. 业务战略四个思考

第一个是采取简单战略还是复杂战略。企业应结合自身情况发展,对业务战略的复杂程度进行选择。对于专业性、单一业务的传统企业适宜选择较为简单的业务战略，使得企业能够集中有限的资源及人力为客户提供高质量、专业性业务服务。而对于多元化经营的传统企业，由于涉及的产业众多，同时具有强大的资源优势和高效的企业管理能力优势，因此在互联网化转型中，对业务战略的制定应偏向于复杂化。通过大量的资源投入与整合，促使各个业务在互联网化中形成强大的协同效应，充分发挥多业务的互补效应及业务风险对冲效应，以此更快、更好地实现企业整体价值最大化的目标。

第二个是业务战略实行差异化。传统企业在互联网化转型中，形成与对手之间的差异性，是企业互联网化转型的关键。与众不同的业务战略能够帮助企业为消费者提供差异化产品或服务，形成一些在全产业范围中具有独特性的东西，从而获得核心竞争优势。一旦企业差异化业务战略成功实施，它就成为在一个产业中赢得高水平收益的积极战略。因为差异化战略具备很强的排他性，一旦实施成功，将建立起强大的防御阵地，能够有效地应对外部竞争力量，帮助企业做到独大的地位，且难于被竞争对手颠覆。

第三个是采取何种战略思维。自下而上的思维是指企业在业务战略中思考的逻辑是先从产品再到品牌。企业在互联网化转型中，首先从产品互联网化开始，并逐渐形成品牌的互联网化。而自上而下的业务战略思维则与之相反，先从品牌互联网化开始，通过强大的品牌效应，最后形成产品互联网化。

第四个是互联网与实体业务模式的关系。企业在互联网化转型中，把业务互联网化战略与企业实体业务进行无缝对接，是形成企业盈利模式的关键。如果无法形成有效的对接，那么企业的业务互联网化战略则无法给企业带来实际价值，也无法突破企业实体业务模式的瓶颈，获得更大的发展空间与市场地位。

2. 业务战略四个维度

在制定企业的业务战略时，目标、资源、市场和潜在客户这四个维度是影响战略最终实施结果的重要保证。

维度一是目标,指的是企业在特定领域进行经营活动的过程中要达到的水平。业务战略目标具有宏观性、长期性、相对稳定性、全面性及可分性的特点。宏观性主要是指企业业务着眼于整体而非局部;长期性是指企业战略目标是立足未来的设想,要经过企业相当长的努力才可以实现;相对稳定性是指企业目标在特定时间段内具有稳定性,但可以根据客观实际及发展需要进行必要的修正;全面性是指业务战略目标是将现实与长远利益、局部与整体利益进行综合考量的结果;可分性是指企业在时间和空间上对整个目标进行分解,以实现最终目标。

维度二是资源,是指企业为实现其业务战略目标的落地所应具备的资源。有些资源是企业本身拥有的,有些资源则是根据互联网业务战略的要求去整合甚至去构建的。例如,国美为了打造强大的国美在线平台,除了集中自身的资源优势,还大量地引进外部资源,来整合国美的物流体系、供应链体系,从而打造出国美在线电商平台 O2O 的 2.0 版本的全新渠道销售模式。

维度三是市场,是指企业所需要服务与满足的对象,是描述业务战略的重要维度。但在实际过程中,许多企业领导人或业务负责人对市场的概念并不清楚,常造成实践中缺乏重点;或因为想以同样的方式服务不同的市场,结果降低了顾客对企业产品和服务的满意程度。

无论消费品或工业品,顾客皆可以依据各种标准划分为许多细分类型。同一产业中的各个业者对市场的细分方式未必相同,而其细分方式也代表其战略思考的方式与战略选择。例如有的企业依客户的规模划分市场;有些是依地区;有些则依消费者的所得、年龄或生活形态。不同的划分方法在战略上甚至组织上,都代表着不同的意义。

维度四是潜在客户。互联网强大的信息流,迅速又广泛的传播能力,使得其具有强大的挖掘潜在客户的能力,具有典型的正向蝴蝶效应优势。

3. 业务战略五个定位

第一是品牌定位，是指企业在市场定位和产品定位的基础上，对特定的品牌在文化取向及个性差异上的商业性决策。它是建立一个与目标市场有关的品牌形象的过程和结果。换言之，即为某个特定品牌确定一个适当的市场位置，使产品在用户的心中占领一个特殊的位置。例如在炎热的夏天突然口渴时，人们会立刻想到"可口可乐"红白相间的清凉爽口。为让炎热的房间清凉，人们会立刻想到"格力"、"美的"等空调品牌。

第二是客户定位，是指企业业务战略所服务的目标群体。客户的定位分为内外属性。内在属性指客户的内在因素所决定的属性，如性别、年龄、信仰、爱好、收入、家庭成员、信用度、性格、价值取向等。通过客户的内在属性可将客户定位，如 VIP 客户等。外在属性指客户的地域分布，客户的组织归属（如企业用户、个人用户、政府用户）等，根据企业的业务属性来决定是为企业用户还是个人或政府用户服务，也可以兼而有之。

第三是发展目标定位，是指企业未来的发展方向，包括企业应当如何发展以及发展的程度。如何发展意味着企业如何高效率配置企业的资源，在所在行业谋求一定的市场地位。发展的程度则是通过内部企业管理、业务战略的执行使得企业在区域、行业具有多大的话语权和控制力。

第四是发展模式定位，是指企业在市场挤压中谋求发展。企业要充分发挥自身优势，在模式的选择上，企业要结合自身的实际情况加以分析考量。

以商帮构建与轻资产公司为例，商帮构建是指企业依靠自己单体的力量很难在残酷的市场中求得生存，应基于组织智商进行组团式发展，商帮式冲浪，达到集团化运作。轻资产公司指的是企业凭借敏锐的商业嗅觉，及时调整战略，进行轻资产公司的发展。创造新的商业模式，避免因生产成本堆积形成的资本沉没，将资金效应发挥到最大。例如百度的虚拟化经营、腾讯的 QQ、携程模式、美特斯·邦威的虚拟运营模式均将企业自身的商业才智发挥到极致。

第五是在集团中的定位。在集团中可能会有多个业务战略,判断各个业务战略在集团中定位,应基于该业务战略在集团总战略中扮演的角色权重而确立。

4. 业务战略的模型

在常用的业务战略模型中,通常会采用以攻代守,避强攻弱,推陈出新以及稳中求胜四种模式。

第一,以攻代守。以攻代守的业务战略,是进取型战略。不是坐以待毙,而是充分分析竞争对手的战略意图,抓准切入点强势进攻,以迅速获得市场优势地位。

第二,避强攻弱。避强攻弱的业务战略要求企业避开与竞争对手硬碰硬,采取曲线攻击策略。首先抓住竞争对手的薄弱点,其次用自己优势攻击对手的劣势,以赢得企业竞争优势。

第三,推陈出新。推陈出新的业务战略要求企业去掉旧业务战略的糟粕,取其精华,并使它向新的方向发展。业务互联网化战略颠覆传统业务战略,把一成不变的固化传统业务战略动态化,形成战略管理变化中的变化能力,锻造出新的业务商业模式。

第四,稳中求胜。把握稳态,稳中求胜的业务战略并不就是企业遵循与过去相同的战略目标,保持一贯的成长速度,不改变基本的产品或经营范围。业务互联网化战略中的稳中求胜是指企业保持业务战略变化中不变的核心,让变化规律化、可控化,由此获得业务互联网化战略的成功落地。

5. 业务互联网化团队建设

业务互联网化团队建设是一个系统工程,在其指引下,能够制定企业未来发展的远景与使命,为组织制定清晰而可行性的奋斗目标,选聘具有互补类型的团队成员。通过合理的激励考核,系统的学习提升,全面提升企业组织的核心战斗力,由此企业的互联网化战略才能战无不胜,才能产生核聚效应,才能获得更大的市场份额。

全网整合营销方案

全网整合营销指将产品规划、产品开发、网站建设、网店运营、品牌推广、产品分销等一系列电子商务内容集成于一体的新型营销模式,是集合传统网络、移动互联网、PC互联网为一体进行营销。因此,全网整合营销方案的设计包含两个方面:品牌整体解决方案、电商平台建设和营销服务。

1. 品牌整体解决方案

第一步,品牌战略规划。品牌战略规划是把一个组织、一个机构、一个产品、一个服务在概念形成之后进行整合化、协同化、市场化,形成有效的竞争壁垒和强有力的竞争手段。第二步,市场调研。结合企业自身的实际情况,充分发挥自身优势,进行颠覆式的发展。第三步,预测和分析。一是对未来的预测;二是对环境、购买行为、竞争战略分析。第四步,品牌定位。一是对目标市场定位,包括市场细分、市场选择与市场定位;二是对产品定位,包括产品组合、品牌、商标、包装、生命周期、新品;三是定价策略,包括成本导向定价、需求导向定价、竞争导向定价。第五步,销售策略。一是分销策略,即线上与线下;二是促销策略,即促销组合、广告策略(含线上全网覆盖式营销和线下传统广告)、人员推广策略。第六步,执行与监督。一是组织执行和过程控制;二是监督,即过程监督;三是电商平台建设和营销服务。

2. 电商平台建设和营销服务

企业可以通过三种途径来完成电商平台建设以及营销服务平台建设。第一种是搭建 B2C 自有平台、微商城建设与营销推广,第二种方式是 B2C 第三方平台代推广与运营,第三种方式是 O2O 平台建设与渠道推广。

由此建立起来的全网整合营销,其优势在于极大地提高了品牌知名度、认可度、美誉度,也有效地提升了品牌形象。同时也是规范销售市场、促进线上线下整体销量、解决线下销售瓶颈、完善客服体系、梳理 O2O 双向分销渠道等方面的重要方式。

3. 预算与 ROI 体系建设

传统企业进行互联网化转型需要考虑以下两点：互联网化转型投入预算与 ROI(Return On Investment，即投资回报率，是指通过投资而应返回的价值，它涵盖了企业的获利目标，故而可称为会计收益率、投资利润率)。预算管理与 ROI 的体系建设是相辅相成的，企业要在建立全面预算管理体系的基础之上，ROI 才有可能被贯彻到互联网化投入项目的评价(如研发互联网化预算)，才有可能按照会计项目的内在逻辑顺序贯彻到公司的各个方面。

通过全面预算管理体系和 ROI 体系的建立，可以对传统企业互联网化转型过程和结果进行跟踪与反馈，从而达到对传统企业互联网化转型过程的监督作用。必要时可以对其采取干预与矫正措施，以最大程度保证传统企业互联网化转型的方向与企业互联网化战略相一致。网络营销为企业提供了巨大的市场潜力和全新的销售方式，企业的理念、产品、文化、服务、品牌宣传、生产组织、交易支付，都可以网络完成商品和顾客的互动。

因此，传统产业互联网化转型要充分把握互联网化带来的机遇，整合企业资源，设计选择合适的业务产品，制定符合企业发展的互联网化战略和营销方案，完善预算与 ROI 体系建设，以保障传统企业顺利转型。如《中国冶金报》中《"互联网＋钢铁"的机遇》一文中明确了钢铁行业的互联网化转型，中国工程院院士、中国金属学会理事长干勇表示：我国钢铁行业遇到一个很好的机遇。"互联网＋钢铁"的模式将改变整个钢铁的经济业态，甚至可能包括整个流程制造业。

第十五章　如何进行互联网化业务运营

互联网化产品运营的核心工作

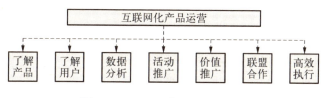

图 3-15-1　互联网化产品运营

1. 了解产品

互联网化产品即为：向市场提供的，引起线上线下用户注意、获取、使用或者消费，以满足欲望或需要的产品。互联网化产品可分为核心互联网化产品、形式互联网化产品、期望互联网化产品、延伸互联网化产品。

其中核心互联网化产品是指向用户提供产品的基本效用或利益。从根本上说，每一种产品实质上都是为解决问题而提供的服务。因此，通过互联网平台向用户销售任何产品，都必须具有反应用户核心需求的基本效用。

形式互联网化产品是指核心互联网化产品借以实现的形式。有五个特征构成，即品质、式样、特征、商标及包装。即使是纯粹的服务，也具有相类似的形式上的特点。

期望互联网化产品是指用户在购买产品时期望得到的与产品密切相关的一整套属性和条件。

延伸互联网化产品是指顾客购买形式互联网化产品和期望互联网化产品时附带获得的各种利益的总和,包括产品说明书、保证书、安装、维修、送货、技术培训等。国内外很多企业的成功,在一定程度上应归功于他们更好地认识到服务在互联网化产品中所占的重要地位。

2. 了解用户

用户一般是指接受社会某种有偿服务的用户,比如:供电、供水、宽带、视听、通信、供暖、燃气等用户。

传统用户的概念是指使用产品或服务的客户。在商业里面通常指产品或者服务的购买者;在科技创新里面,通常是指科技创新成果的使用者;在IT业里面,通常指网络服务的使用者。

而互联网用户除了包含传统用户的角色,还含有参与创新的角色。创新不再是科学家和技术研发人员的专利,用户参与的创新2.0模式正在逐步显现。用户需求、用户参与、以用户为中心被认为是新条件下创新的重要特征。用户成为创新2.0的关键词,用户体验也被认为是知识社会环境下创新2.0模式的核心。这趋势在IT领域的应用创新方面尤其明显,如网站、软件的设计、开发等。

3. 数据分析

数据即是数值,也就是我们通过观察、实验或计算得出的结果。数据有很多种,最简单的就是数字。数据也可以是文字、图像、声音等。数据具有数值属性、物理属性。在数据处理上数据又具有集合性、隶属性、稳定性、方便性、重复性、共同性、指向性以及运算及运算约束。

数据来源各个方面、各个层次以及各个行为,数据流有很多,比如搜索引擎蜘蛛抓取数据,网站IP、PV等基本数据,网站的HTTP响应时间数据,网站流量来源数据等。

数据分析划分为描述性统计分析、探索性数据分析以及验证性数据分析;其中,探索性数据分析侧重于在数据之中发现新的特征,而验证性数据分析则侧重于已有假设的证实或证伪。

4. 活动推广

活动推广是指企业整合本身的资源,通过具有创意性的活动或事件,使之成为大众关心的话题。吸引媒体报道与消费者参与,进而达到提升企业形象,以及促进销售的目的。通常可以通过四个步骤完成产品的推广,首先是要明确活动的意义及要达到的目的,其次是制定活动原则及策划依据,再者是明确活动方案、安排活动时间表、活动地点及流程、组织(部门)分工安排、媒介宣传方案、活动的现场执行和监控(客户调查问卷的回收),最后是活动总结与效果评估。

在活动推广过程中,与新闻媒介的合作尤其重要。最好的广告有时不需要支付任何费用。精明的推广策划人员常将项目的有关信息及时通报有关新闻单位,并及时邀请报刊记者到现场了解项目开发的进展情况,以新闻报道的方式介绍自己的项目并对项目状况作出评价。这比单纯的商业广告宣传更具吸引力和可信度,特别是有政府官员和社会知名人士参加的项目庆典仪式的新闻报道,效果更好。

5. 价值推广

价值泛指客体对于主体表现出来的积极意义和有用性,可视为能够公正且适当反映商品、服务或金钱等值的总额。在企业经营中,价值是商品的一个重要性质,它代表该商品在交换中能够交换得到其他商品的多少,价值通常通过货币来衡量,成为价格。这里所指的价值,其实是交换价值的表现。

价值分析的核心是分析产品功能与成本之间的关系,力求以最低的总成本(费用)实现产品或作业的必要功能。功能成本分析,其目标是在保证产品或作业必要功能的条件下,降低产品成本。成本是指产品寿命期间的成本,即不仅包括产品的制造成本,也包括产品储存、流通、销售、使用、维修等方面的成本。

价值推广。价值推广是从"推广"的定义发展和延伸出来的。它并不是对推广定义的颠覆和重构,而是从价值管理的视角出发而形成的。通过价值沟通输送给用户,以及维系企业与用户间关系,从而使得企业及其相关者受益的一系列过程。

6. 联盟合作

企业联盟是一种新型的合作伙伴关系。在目前高度竞争市场环境下,企业单枪匹马难成气候,企业间只有建立合作伙伴关系,互相利用资源网络优势,才能不断开发新的市场。企业联盟也已成为广泛使用的战略之一,它可以使来自不同国家的企业共同分担风险,共享资源,获取更多的知识,实现规模经济,从而进入新市场。

联盟合作的形式有三种,一种是产品或服务联盟,一种是分销渠道联盟,还有一种是促销联盟。第一种联盟合作形式是产品或服务联盟,即一家企业允许另一家企业生产产品或者这两家企业共同营销它们的补充产品;另一种形式是两家企业合作设计、制造和营销同一个新产品。例如,飞利浦公司与松下合作开发数字卡带。第二种联盟合作的形式是分销渠道联盟,通过合作方的市场网络推广体系、销售体系,使产品遍及更广的区域范围。通过合作方双方的渠道平台减少销售费用,提高各自竞争能力。第三种联盟合作的形式是促销联盟,即一个企业为另一个企业的产品或服务促销,包括广告、推销、销售折扣等促销手段的合作。例如,旅馆可以和航空公司联盟,凡是在旅馆消费达到一定限额的顾客可以获得一张航空公司的免费机票。同时,在航空公司消费达一定金额的顾客也可以免费入住该旅馆。

海尔模式的企业联盟以构建国际化大航母为目标。由产品运作起步,发展到资本运作,是独立自主发展起来的国际化大并购、大联盟。它直接做OBM(原始品牌制造商),而非 OEM(原始设备制造商),在国际上打造出了一条价值链。TCL 的企业联盟也以构建国际化大航母为目标,直接以品牌带动(买卖品牌)企业发展。

7. 高效执行

企业若没有很强的执行力,那么企业战略计划的实施就会受到很大影响。一个企业或者一个机构要完成一个战略任务,必然会细化到每个部门每个岗位的每一个人。这个被细化的任务就必须要去完成,否则战略计划就成为空中楼阁,再好的战略和决策都实现不了。

要实现企业执行的高效化,一是要建立正常的管理秩序。包括管理界面划分,工作职责确定,理顺生产管理的流程,建立有利于安全生产的规章制度和长效机制,规范日常的管理行为和作业行为。二是要加强有效的沟通。沟通就是生产力,沟通是管理的灵魂,有效的沟通决定管理的效率。在实际工作当中,加强沟通显得至关重要,如果沟通不好,则往往容易产生各种各样的不良后果。三是建立有效的监督和考核机制。一个企业执行力的强弱,需要有人去监督、评价和考核。通过评价考核来促进执行力的提高,形成一个良性循环。如果一个企业没有建立一套有效的监督和考核机制,没有形成闭环管理,脱节的管理就无法使执行力得到提高,光靠员工的自觉行为来提高执行力则难达其效。

例如,新浪公司是一家服务于中国及全球华人社群的网络媒体公司。新浪通过门户网站新浪网、移动门户手机新浪网和社交网络服务及微型博客服务新浪微博组成的数字媒体网络,帮助广大用户通过互联网和移动设备获得专业媒体和用户自生成的多媒体内容(UGC)并与友人进行兴趣分享。

新浪网站的商业模式主要是信息模式,通过各类免费资讯、热点新闻、服务吸引大量的浏览者,形成固定的客户群,一直保持着很高的点击率和知名度,然后吸引各企业纷纷在新浪网站投放广告,推广自己的产品。新浪从中获得的巨大收益,远远超过它自身提供免费资讯、新闻、服务的成本。形成了新浪可以盈利、可以提高知名度、浏览者可以获得免费服务的三赢局面。

新浪的广告覆盖网站上所有页面、所有模块,而且广告的内容与每个页面的专题息息相关,针对目标客户把客户感兴趣的产品广告投放在目标客户经常浏览的专题页面上。例如:在娱乐专题页面的广告主要针对年轻人和女性安放了手机、MP3 和化妆品广告。在体育专题页面安放适合运动爱好者的体育用品广告。在旅游专题页面有中国国旅的广告,汽车专题页面不单有汽车广告还有赛车网络游戏的广告等,可以说新浪网站的广告无所不在。

另外,新浪还提供大大小小的增值服务,向浏览者收取适当的费用。例如手机铃声、VIP 邮箱、企业邮箱等网络空间服务,从中也获得不少的收益。新浪还有网上商城,与多个商家合作,从中取得收入。显然,增值服务、商家合作也是新浪的商业模式。

内部管理、经营高效化清晰化

要实现业务内部管理、经营的高效化与清晰化,就要做到事先管理的三个快速、经营的三个快速以及经营管理的三个清晰。

1. 事先管理三快

事先管理三快之快速决策。完成决策的过程首先是掌握决策依据。企业应当掌握大量的相关信息、数据、原始资料。包括企业外部环境的研究资料、信息以及企业内部条件的分析资料,统计数据等都将是企业经营决策的主要依据。二是决策形成。在一定的相关信息、数据整理分析的基础上,结合企业所在行业、区域背景,企业经营层做出有效而准确的决策。三是决策的执行。首先,依据决策本身,使得执行的过程中不偏离目标,也不会迷失方向。其次,依据企业制度和流程,使得执行高效化。

事先管理三快之快速反馈。决策是一个循环过程,贯穿整个管理活动的始终。在这个过程中需要对决策的效果或执行情况进行反馈,以此不断地修正其决策。业务内部管理互联网化可以对决策过程快速化、透明化、可控化。由此打破传统决策流程,通过时时监控决策行为与执行过程,企业管理层能够对决策制定充分授权。

事先管理三快之快速执行。在互联网化下,企业内部各大系统能够进行互联,使得企业内部管理执行力得到快速提升,譬如我们可以用微信来管理门店,随时与客户进行交流,第一时间获取客户反馈,为客户提供服务。客户也可以在微信中通过 GPS 定位查找我们的门店,到门店中购买门店商品。同时,我们还可以开通微网站或者微商城,用户可以在微信上直接下单,同时在实体店体验实际产品,店内没有的商品又可以在微网站上展示,用户下单后,厂家就可以发货,代理商家实现按需订购,不会积压库存。

2. 经营三快

经营三快之快速供应链。传统企业供应链系统中,由于生产环节、销售环节、采购环节存在信息不对称,使得环节之间连接不协调,造成企业资源配置效率的缺失,而在互联网系统平台下构建新型企业供应链,使得各个环节的信息得到共享,从而使得企业生产环节、销售环节、采购环节无缝对接。在互联网化条件下,可以让企业快速做到信息收集、制订计划和保证执行,

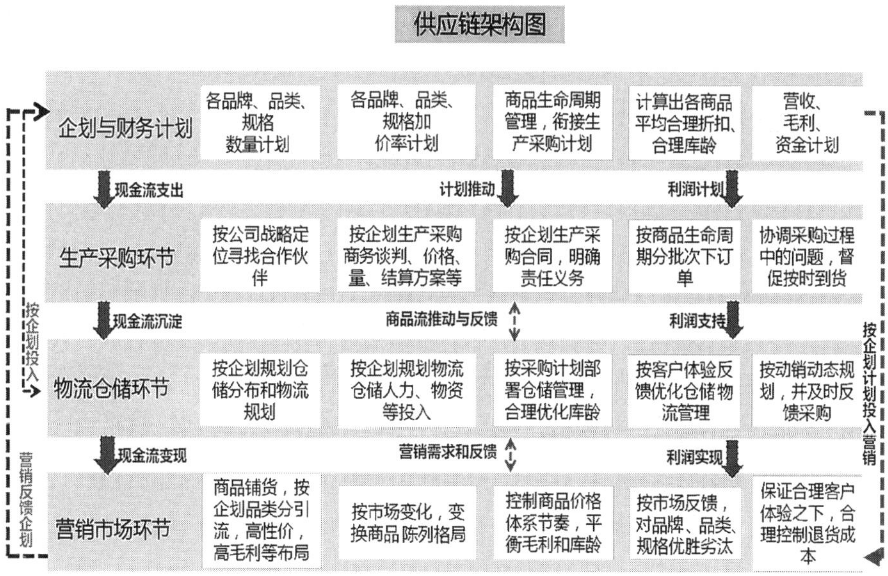

供应链架构图

图 3-15-2 供应链架构图

从而形成供应链快速化。

经营三快之快速研发。在互联网化条件下,企业研发可在快速迭代中前进。在小米、乐视这样的公司诞生前,传统企业无法做到万千人参与的研发,消费设备行业里做用户体验研究最牛的企业要数诺基亚了。然而在诺基亚,也仅仅有七八百人专门做用户体验研究。在 B2B 业务领域,像戴尔这样的大企业,也会定期与客户展开面对面的访谈。但互联网化正在颠覆这样的研发模式。在互联网化条件下,企业会先做一个简单的产品让用户下载使用,但在每个页面里都会埋一些代码,用户一打开页面,信息就到后台了。用户在这个网页停留了多长时间,页面往下滚动了多少,随着用户鼠标的滚动,数据源源不断地被传递到后台。

经营三快之快速营销转化。在网络营销不断更新发展中,企业颠覆了传统的营销模式。通过在线服务的推广,能够解决与海量客户快速且有效的沟通难题,从而极快地促使交易的达成,大大提升营销转化率。但并不是说企业只要运用网络营销平台,就能直接获得快速提升营销转化的能力。互联网只是为企业提供了颠覆营销模式、快速营销转化的可能。而为了最大程度地实现这种可能,企业还必须运用互联网化管理思维,即企业需要站在用户的角度,用心去改进自己的网络营销思路,优化网络平台和流程,重视用户体验,善于引导用户参与互动,并积极维系与潜在客户之间的关系,唯有如此才能有效地提升企业的营销转化率。

3. 三个清晰化

三个清晰化之过程清晰化。包括营销过程和研发过程的清晰化。

一是营销过程清晰化,利用互联网系统构筑企业的营销架构,能够有效地使整个营销过程清晰化、透明化。基于 PC 互联网、移动互联网平台,利用信息技术与软件工程使企业与客户之间交换概念、交易产品、提供服务的过程高度清晰。通过在线活动创造、宣传和传递客户价值,充分实现对客户关系的一对一管理。

二是研发过程清晰化,利用互联网平台,可以对企业的研发流程进行无

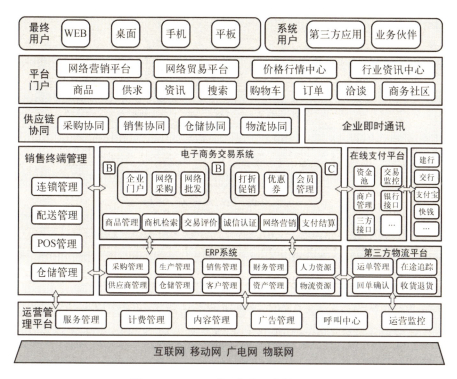

图 3-15-3 互联网化企业营销流程图

死角的监控,使得研发设计能力阶段、研发设计流程阶段、信息系统后台支持都呈现透明化。

三个清晰化之结果清晰化。企业内部管理互联网化,有效解决传统研发环节、生产环节、销售环节、供应环节结果不透明的问题。例如,小米研发团队利用小米论坛与小米粉们进行手机研发互动。小米手机每一项研发结果或进程都会在小米内部管理系统以及小米论坛中进行发布,时时互动使小米研发团队可以获得大量的研发建议反馈。从而有效地修正研发结果的缺陷与不足,使得小米公司能在短短的时间里研发出性能高、外观独特的手机。

三个清晰化之激励奖惩清晰化。

一是快速激励。激励能够有效地实现组织及其成员个人目标的系统性活动,被认为是"最伟大的管理原理"。在互联网化条件下,能够有效做到企

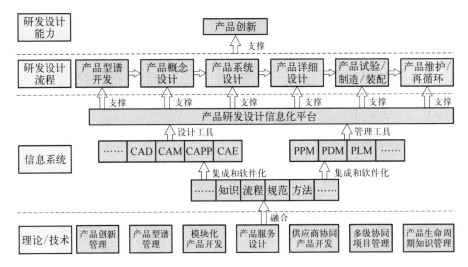

图 3‐15‐4 互联网化企业研发流程图

业员工工作行为数据化,从而有效快速地评估员工的工作成果。一旦做出评估结果那么其相应的激励项目会自动系统实施,大大缩减人工操作的滞后性。

二是清晰激励。清晰化能够有效地防止激励项目人为操纵、有失公允问题的发生。在传统管理模式下,清晰激励是企业内部管理的一大难题。而在互联网化条件下,由于对员工工作行为、结果进行数据化,由此获得评价员工工作成果的科学量化指标,基于指标的评估对激励进行自动实施,从而做到清晰激励。

三是快速奖惩。在互联网化条件下,由于对结果评估数据化,可以快速获得具体量化指标。基于量化指标企业内部管理系统自动实现奖惩,快速有效地激励员工。

四是清晰奖惩。企业内部管理互联网化条件下,企业实施奖惩的流程及结果都是系统自动化,杜绝了人为操纵的可能,有效地实现企业清晰奖惩的目标。

第十六章　业务互联网化企业的
管控结构与制度流程

业务互联网化的组织架构

传统的组织架构大多数为金字塔型,是一种集权式或专权式的刚性结构。然而在业务互联网化之后,往往呈现出试错或快速试错、快速纠偏的柔性组织架构。而互联网企业,更多的是矩阵式架构。矩阵的两头都会变化,横向一般是行政管理,比如说财务、法务、分析、人力资源、信息、投资;而纵向如研发、仓储、制造、营销、品牌、客户服务等。

目前很多企业利用传统组织与现代组织之间的一个过渡型矩阵式组织架构来适应互联网化转型。而在未来,企业会彻底形成一个网络型业务组织架构,也称之为海星状组织,即由一个一个松散的事业部、松散的跨部门联合小组或者一个独立的产业中心或服务中心构成,然后企业与这些若干个组织之间,形成一个超扁平化的架构模式,从而使得各个板块之间形成一个强大的协同效应。

1. 网络型业务组织架构

网络型业务组织架构是一种以契约关系的建立和维持为基础,依靠外部机构进行制造、销售或其他重要业务经营活动的组织架构形式。被联结在这一架构中的各经营单位之间并没有正式的资本所有关系和行政隶属关系,只是通过相对松散的契约纽带,通过一种互惠互利、相互协作、相互信任和支持的机制来进行密切的合作。

207

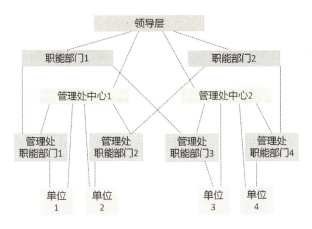

图 3 - 16 - 1　网络型业务组织架构

采用网络型业务架构的组织,企业所做的就是通过企业内互联网和企业外互联网,创设一个物理和契约"关系"网络。与独立的制造商、销售代理商及其他机构达成长期协作协议,使他们按照契约要求发挥相应的生产经营功能。这样一个组织架构适用于企业从事很多外包、外协的业务。而企业的管理机构就只是一个精干的经理班子,负责监管企业内部开展的活动,同时协调和控制与外部协作机构之间的关系。

2. 华为业务组织架构

华为采用的是灵活变化的企业矩阵式组织架构。这种矩阵式组织架构是为迎合华为追求快速的产品研发创新理念而做的组织架构设计。直接效果就是,华为每三个月就会产生一次大的技术创新。

华为矩阵式组织类似于某种进退自如的创业管理机制。一旦出现机遇,相应的部门便迅速出击、抓住机遇。在这样一个牵动力量下,公司的组织结构发生一定的变形。其中的流程并没有变化,只是部门与部门之间联系的次数和内容发生了变化。而且这种组织结构变形是暂时的,当阶段性的任务完成后,整个组织结构又会恢复到常态。

3. 凡客业务组织架构

凡客为了适应瞬息万变的互联网时代,也对业务组织架构进行大调整,

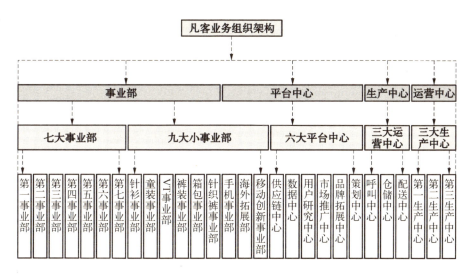

图 3 - 16 - 2　凡客业务组织架构

组建事业部、平台中心、生产中心、运营中心,并在各自框架下下设多个事业部或平台中心。为了突出移动互联网作为企业业务的重点,凡客还成立了移动创新事业部。

4. 奇虎 360 业务组织架构

奇虎 360 业务组织架构调整的核心,是将以前较为混乱的无线产品和安全产品整合为无线安全业务线和 PC 安全业务线两大业务线。无线安全业务线下设手机卫士事业部、手机助手事业部、手机核心安全事业部、无线安全研究院、通讯安全产品部、手机桌面产品部。PC 安全业务线旗下拥有安全卫士事业部、杀毒事业部、一对一服务事业部三大事业部。奇虎 360 董事长周鸿祎亲自管理无线安全业务线,奇虎 360 总裁齐向东负责 PC 安全业务线。

5. 腾讯业务组织架构

腾讯公司业务划分为八大系统,所有的一线业务系统被整合为四大 BU(业务单元),分别为无线增值业务、互联网业务、互动娱乐业务和网络媒体

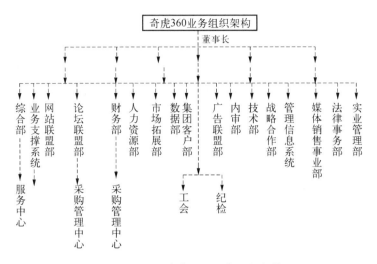

图 3 - 16 - 3　奇虎 360 业务组织架构

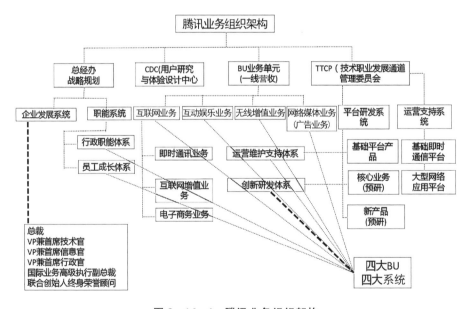

图 3 - 16 - 4　腾讯业务组织架构

业务(广告业务)。另外两个系统分别是运营支持系统和平台研发系统。拥有电子商务等长期项目的企业发展系统和职能系统则直属于公司最高层管理机构——总经理办公室。腾讯还首次设立了执行副总裁(EVP)的职位,由七人担任,每个人都负责一个具体的业务部门。现在,在每个业务领域都有一个专门的体系,在公司平台支撑下认真分析这类用户的特点和需求、市场竞争对手、行业发展的一些趋势。

6. 新浪业务组织架构

新浪公司将目前主要的业务划分为门户和微博两大板块。两大板块将同时包括移动和 PC 端业务,并拥有各自的产品、技术和运营,同时与商业化紧密结合,并在两大业务板块之间产生更强的协同效应。

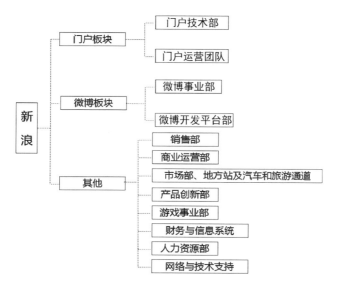

图 3 – 16 – 5　新浪业务组织架构

第一板块是门户板块。成立门户技术部,负责门户产品的开发和技术支持。原无线事业部手机新浪网以及与资讯新闻相关的移动客户端产品、技术团队并入门户技术部。原产品事业部视频和博客产品、技术团队划归门户板块,并与相关的门户运营团队合并。

第二板块是微博板块。原无线事业部移动微博产品和技术团队,原微博商业化产品和技术团队并入微博事业部。新浪娱乐事业部、产品事业部与微博相关的项目组也一并归入微博事业部。独立的微博开放平台部由原微博开放平台和微博商业拓展团队组成。微博开放平台部将负责微博开放平台的策略和规则,建立垂直领域的合作,搭建微博生态体系。

企业互联网化流通设计

企业在进行业务的互联网化流通设计的时候，主要完成工作流、物流、信息流的设计，来完成企业互联网化业务转型。

1. 工作流设计

它是对工作流程及其各操作步骤之间业务规则的抽象、概括描述。在互联网中，工作流属于互联网支持的协同工作（CSCW）的一部分。后者是普遍地研究一个群体如何在互联网的帮助下实现协同工作的。工作流要解决的问题是如何利用互联网在多个参与者之间按某种预定规则自动传递文档、信息或者任务来实现某个业务目标。

梳理工作流的类型可以发现主要分成计算模型和工作流 2.0。其中计算模型就是传统工作流程 1.0，前后组织在一起的逻辑和规则在互联网中以恰当的模型进行表示并对其实施计算。工作流 2.0 是指实现工作过程管理的自动化、智能化和整合化。其最主要的特征就是可以灵活快捷地实现数据整合和数据统计，消除信息孤岛。既能实现 OA（办公自动化）办公系统内部工作流之间的数据整合，例如借款与报销、预算与决算等，又能实现 OA 办公系统工作流与其他业务系统之间的数据整合，如 HR（人力资源管理）、ERP（企业资源计划）、CRM（客户关系管理）等。工作流 2.0 能彻底地弥补工作流 1.0 的不足，它不但能实现 OA 办公系统内部的数据整合，也能实现 OA 办公系统和第三方应用系统之间的数据整合。

企业具体业务架构不同则相应工作流管理系统有所差别，但工作流的总体设计都应遵守以下主要步骤：目标设定（要做什么，即整个工作流模型）、步骤（如何完成，经过哪些任务和步骤包括执行活动和活动间连接）、参与者（有哪些部门、哪些人参与）以及手段（采用了哪些方式和手段来完成程序）。

凯德置地是新加坡嘉德置地集团在中国的全资子公司。工作流解决方案从业务分析开始,一共有十几个工作流程,涉及出差、休假、加班实际发生、销假、请款、日用品申购、礼品申请、招聘申请等工作,涵盖企业日常管理方方面面。根据凯德置地申请流程中的共性部分,配合企业组织结构设置了逐级审批功能。凯德置地的组织体系由集团总部、区域总部、分公司、部门和子部门等多层架构,每一层不同的审批人另有权限限制和审批额度限制,而应用的工作流平台完全能够适应组织结构的复杂性,使流程中的每一个角色都能各司其职。

2. 物流设计

企业根据物质资料实体流动的情况,应用管理的基本原理和科学方法,对物流活动进行计划、组织、指挥、协调、控制和监督。使各项物流活动实现最佳的协调与配合,以降低物流成本,提高物流效率和经济效益。

企业要在尽可能低的总成本条件下实现既定的客户服务水平,即寻求服务优势和成本优势的一种动态平衡,并由此创造企业在竞争中的战略优势。根据这个目标,物流管理要解决的基本问题就是把合适的产品以合适的数量和合适的价格在合适的时间和合适的地点提供给客户。

分析美国物流中央化设计可以发现,物流中央化的美国物流模式强调"整体化的物流管理系统"。它是一种以整体利益为重,冲破按部门分管的体制,从整体进行统一规划管理的管理方式。在市场营销方面,物流管理包括分配计划、运输、仓储、市场研究、为用户服务五个过程。在流通和服务方面,物流管理过程包括需求预测、订货过程、原材料购买、加工过程,即从原材料购买直至送达顾客的全部物资流通过程。

3. 信息流

信息流的概念有广义和狭义之分。广义信息流是指企业采用各种方式来实现企业内外部信息交流。狭义的信息流是从现代信息技术研究、发展、应用的角度出发,仅指信息处理过程中信息在互联网系统和通信网络中的流动。企业信息流的流通过程包括信息收集和信息处理两个过程。

首先,信息收集是企业信息流运行的起点。它是分散的信息向企业互联网管理系统集中的过程。企业必须存在对收集信息质量的评估工作,即对信息的真实性、可靠性、准确性、及时性进行评估。因为这决定着能否达到企业预定的目的和能否满足企业自身的需要。

其次,第二个过程是信息处理。企业收集来的信息虽然具有真实性、可靠性、准确性、及时性,但往往是零乱的,有时甚至是片面的。必须经过处理才能归纳出结果,提高信息的使用价值。企业在信息处理上应包括以下内容:

第一是分类及汇总。对零乱的信息按照一定的标准进行分类整理,经过信息的重新组合后,才能显示出信息之间的相互联系,为分析、比较、判断创造条件。

第二是分析、判断、形成结果。大量的信息罗列在一起,有主有次、相互孤立、形式各异,既不容易存储和检索,也难以观察到信息所反映的事物本质内容。特别是关系决策和市场营销的信息,如果只是大量的数据,应用起来将非常困难。因此,要对信息进行比较、分析、计算,使之有条理、有规范、有序列,进而作出判断、形成结果,信息才有较高的使用价值。因此,信息处理是对信息进行再创造的过程,是信息流运行非常重要的环节。

第三是存储和更新。经过处理的信息,有时不是立刻投入使用,有的虽然已经使用过,但仍然有再利用的价值,这就需要进行信息存储。

第四是信息传递。信息传递是企业通过信息搜集和信息处理形成信息结果,并使之在企业互联网管理系统中流动,也可以通过其他的媒介和信息渠道传输给接收者的过程。如果说信息收集相当于生产所需原材料的供应过程,信息处理相当于生产过程,那么,信息传递就相当于产品的流通过程。与物流当中后勤的观点相同,信息收集也是信息传递的内容。与商品流通不同的是,商品流通主要是正向或单向流动,回流只是退货和返品。而信息传递既有单向传递,也有双向和多向传递。

第五是信息传递到接收者之后,接收者就成为信息的使用者,对信息加以利用,使之实现信息的使用价值。信息的使用价值是信息的知识性、效用性对相关企业特定需要的满足。企业对信息的应用过程就是经营管理过程。应用信息可以帮助企业作出合理决策,调节流通活动,从而为企业带来巨大的经济效益。

互联网化业务的整体运作流程

1. 传统业务运作流程

传统业务运作流程是一个多结点、多矩阵式运算流程。例如 ABB 或 GE 的业务运作流程就是个矩阵式运作,IBM 也即是如此。这些传统大型企业的业务流程运作,其结点的业务操作相对是固定的。同时,结点与结点的关系也是相对固定的。因此传统企业的业务流程过于复杂,且整体运作缺乏灵动性和动态性。

2. 互联网化业务运作流程

互联网化业务运作流程特点就是不确定性,即测不准原理。要么位置测不准,要么大小测不准,总是有一个测不准。

目前对企业而言,整个商业模式都在变化。创造价值的方式在变化,客户的喜好在变化,企业完成一次工作的整个工作流也在变化,即各个结点都在变化。在这样一个全变化环境下,必须得有一个点是固定的。否则的话,就如同老的电视,又要调台、又要调颜色,如果几个旋钮同时调,则永远调不出合适组合。因此必须先调一个旋钮,再调另一个旋钮。

互联网化企业业务运作亦是如此,既然很多都是动的,那么企业必须从动态中保持一定的固定。例如,客户价值、客户体验是互联网化企业中不变的核心。同时,为用户提供更方便、更便宜、更高性价比的产品这一价值哲学也是固定的。

由于企业业务运作的所有结点在变,那么企业就不应该再去关注变的过程,而是瞄准最终解决方案,提供一个较稳定的服务。另外企业不再是拘泥于过去,也不再是基于确定来创造价值,而是基于不确定进行创造。例如一个企业的生态圈,不论生态圈当中的角色怎么变化,企业提供的价值越来越好,标准越来越高的追求是不变的。

整个组织队伍可以通过对数据挖掘和预测形成对变的管理,例如亚马逊根据消费者浏览网站、寻找商品、下订单的这个消费行为分析,收集该消费者在亚马逊网站消费数据分析,预测该消费者有多大可能会购买此产品,从而提前把该物品发出来,结果消费者刚下订单,这个产品就送到了,由此让消费者获得超体验。这个行为背后说明即使很多结点都在变,但亚马逊通过把握住几个不变的,即客户想要获得好服务的愿望是不变的,以此获得自身对动态的掌控。如果企业把难于掌控的变,变成可预测、可被管理的不变,那么企业就必然拥有其他企业追不上的优势。

目标管理及互联网化企业绩效考核方案

1. 目标管理

企业目标管理是以目标为导向,以人为中心,以成果为标准,而使组织和个人取得最佳业绩的管理方法。目标管理亦称"成果管理",俗称责任制。它是指在企业个体职工的积极参与下,自上而下地确定工作目标,并在工作

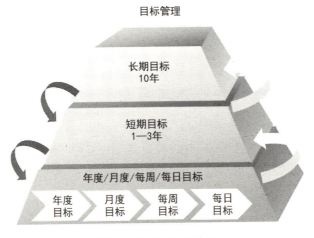

图 3 - 16 - 6　目标管理

216

中实行"自我控制",自下而上地保证目标实现的一种管理办法。

目标管理有以下几大特点:重视人的因素、建立目标体系、成果为上。

第一是重视人的因素。目标管理是一种集体参与的、民主的、自我控制的管理制度,也是一种把企业全体人员的自身需求与企业组织目标结合起来的管理制度。在这一制度下,上级与下级的关系是平等、尊重、依赖、支持,下级在承诺目标和被授权之后是自觉、自主和自治的。在这样的管理制度下,人是它的核心,也是企业目标达成的核心。

第二是建立目标体系。企业通过专门设计,将组织的整体目标逐级分解,转换为各单位、各员工的分目标。从组织目标到经营单位目标、再到部门目标、最后到个人目标。在目标分解过程中,权、责、利三者已经明确,而且相互对称。这些目标方向一致,环环相扣,相互配合,形成协调统一的目标体系。只有每个人员完成了自己的分目标,整个企业的总目标才有完成的希望。

第三是成果为上。企业以制定目标为起点,以目标完成情况的考核为终结。工作成果是评定目标完成程度的标准,也是人事考核和奖评的依据,是评价管理工作绩效的唯一标准。因此企业管理层对完成目标的具体过程、途径和方法,并不过多干预。在这种目标管理制度下,监督的成分很少,而控制目标实现的能力却很强。

2. 互联网化企业绩效考核方案

针对企业目标体系,互联网化企业必须设计对应的绩效考核方案来对其进行考核和激励。在互联网化条件下,企业的目标体系是一个动态化、可调整化的体系。为了更好地评价和考核目标体系,互联网化企业的绩效考核方案则须与之同步调整,而这是传统企业绩效考核做不到的。

互联网化企业绩效考核方案的设计基于互联网化企业的信息化平台,由此对目标体系进行快速数据搜集、快速整合及快速分析评估,不管企业目标体系如何变化,企业的绩效考核体系都能够迅速调整。例如到喜啦婚庆网站为了对摄影师服务客户质量进行考核,设计全程客户线上对摄影师打

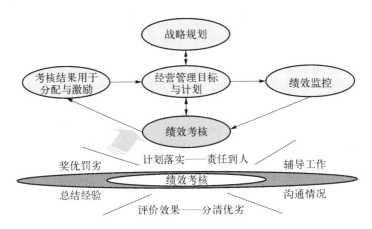

图 3‑16‑7 互联网化企业绩效考核方案

分体系,客户对摄影师的网上打分评价,都会被企业的考核体系自动搜集及整合,由此来对摄影师工作进行考核。

第四编

互联网化战略下的企业适应与变革

4

本编通过企业职能的互联网化、运营效率和价值的互联网化等内容,分析和阐述了互联网化战略下的企业适应与变革策略。

第十七章　企业职能的互联网化

战略互联网化

　　企业基于互联网管制、互联网基础、公共产品的互联网化、智慧城市、企业互联网化、互联网社区、消费互联网化的大环境,基于人造经济、市场经济以及生态链经济的特性,通过趋势发现、试错、微调、资源配置精准化,从而形成战略的互联网化。

　　互联网化战略是一个不断修正的过程。战略的修正是一家企业经常研究的课题,企业因市场环境变化修正现有的经营模式,不仅传统企业,很多互联网企业也会因为没有及时常态化地制定互联网化战略而错过了新的发展机遇,丧失了市场的领先地位。

　　互联网让企业对用户、产品、营销和创新,甚至对价值链和生态系统进行了一番重新思考。它是要打破原有的定式,构建新的消费模式,形成一个人造经济的过程。例如,以前人们会抽出固定的时间去购买自己所需,而现在电商巨头通过着重培养用户移动端使用习惯,在我国的网络覆盖系统日趋完善的大背景下,刺激更多的手机、平板电脑用户利用碎片时间进行购物,打破人们特意安排时间专门去购物的习惯。目前市场上由于 PC 端网购增速逐渐放缓,移动市场逐渐成为线上购物的主流,也成为电商企业的新增长点,这也促使移动网购市场成为各电商企业追逐争夺的目标。

　　在互联网时代,原有的组织制度已无法让互联网化战略有效落实,也无法承接这样一个非常态战略。因此,构筑全新的组织架构与互联网化战略进行无缝对接,就成为互联网化战略执行十分重要的一环。例如阿里巴巴集团特殊的组织架构。从股权上看最大的股东是孙正义控股的银联和雅虎,但是阿里巴巴利用双重股权制及湖畔合伙人制却可以牢牢地控制住阿里巴巴的决策权和营运权,从而让阿里巴巴能够按照这些合伙人构筑的战略向前推进。

融资互联网化

众筹、网上路演(证券发行人和网民通过互联网进行互动交流的活动)、小额多次接力棒式融资使得风险骤然降低,基于数据实时监控的连续融资等新型的融资方式打破了过去传统的形式。那么融资互联网化的内涵是什么? 融资互联网化与传统的融资方式有哪些不同? 其优势在哪里? 传统的融资渠道为什么会被颠覆?

利用互联网技术平台对融资方式、渠道进行创新,进行多方式、多渠道的融资。同时利用互联网对融资数据进行实时跟踪,以便对融资方式进行及时快速的调整和补充,使得企业融资多样化、即时化、高效化。

传统的融资方式存在耗时长、融资渠道过时、人工成本过大、融资方式落后等缺陷,这些在互联网化大背景下与企业对融资方式和渠道的新诉求已经发生了很大的偏离。融资互联网化彻底颠覆了传统的时间和空间的限制,能够构建有效的中小企业信用信息传导机制,缓解信贷双方的信息不对称,大大拓宽中小企业的融资渠道,降低中小企业融资成本。

互联网生态圈只有一个,有极强的排他性。各企业跟原来的产业链的关系也变得更加特殊。要么把原来的产业链吃掉,要么和该企业混合持股形成一个合力,要么就是社会化融资。

互联网化的融资生态,也就是众筹的概念,当一个普通人有一个好的想法,就告诉整个网络这样的好想法是能挣钱的,那么整个网络的资金就会极高速地向他流动,甚至这件事情只是满足了网民的一个情感需求。在互联网时代下,依靠新颖的商业模式、价值定位、社会责任,都会成为社会化融资的一种方式。

资本运作的透明化即一个企业融来的钱怎么用,未来资本运作都会在互联网上公示。例如,当投资人给创业者 100 万投资,一旦创业失败,很多创业者会继续要求投资人再投 30％,把投资人原来的 100 万救出来。这就存在资本运作的不透明问题,投资人投的钱到底用在哪里,为什么再投 30％就能赚回来,这是问题的关键。而一旦融资方式社会化后,就会顺应产生运作模式的透明化、专项资金的透明化和资本运作的透明化,而这些都是社会化融资的基础。

例如,蚂蚁金服是阿里巴巴以电子商务交易平台为核心,围绕电子商务生态圈的战略目标积极布局和构建资源的业务板块。2014 年 10 月 16 日,阿里巴巴整合旗下金融资源,成立蚂蚁金融服务集团,以打造阿里的金融帝国。自 2014 年集团正式成立以来,蚂蚁金服始终以一种进击的姿态,不断"敲打"市场,蚂蚁金服首轮融资额就达到 130 亿元人民币,成为国内单笔融资规模最大的案例,其中战略投资者多为"国字头"背景的基金,蚂蚁金服发展被"国家队"看好。

蚂蚁金服由支付业务(支付宝)、理财业务(余额宝、招财宝)、融资业务(蚂蚁小资)和国际业务组成。在融资方面,2015 年 2 月阿里与蚂蚁金服完成小贷业务交割,原来由阿里小贷负责的业务交由蚂蚁小贷接管,拟运营的网商银行也将承担相关业务。发展至今,蚂蚁小贷已相继开发出阿里信用贷款、网商贷、淘宝(天猫)信用贷款、淘宝(天猫)订单贷款等小贷产品。农村布局加速,2015 年 7 月,蚂蚁小贷发放第一笔纯信用贷款,金融下乡达村已经成为蚂蚁小贷重要的战略方向。

投资互联网化

投资互联网化是指在一个平台下进行多层次、多渠道、多类型的投资,并对各类投资指标数据进行实时的跟踪和评估。投资互联网化有三个层面:一是互联网与传统投资业务进行融合,是对原有投资业务的信息化升级;二是传统投资业务借助互联网实现投资业务的创新化发展,例如互联网货币基金(余额宝)等;三是为传统投资和新兴互联网金融业务提供服务的机构或平台,例如基金网、供应链金融等。

在没有进行融合之前,企业的传统投资业务在信息数据方面会出现滞后。企业无法跟踪投资信息的变化,特别是集团型企业进行的多层次、多类型、多维度、多阶段的投资。这其中产生的大量动态信息无法得到有效、及时的收集和分析,也无法对企业已有的投资项目进行及时、精确的评估,从而加大了企业的投资风险。企业对投资业务进行互联网化,可以充分利用互联网强大的数据获取能力与高效的信息处理能力,并借助在线投资分析工具,对本企业的投资业务进行评估,准确把控企业投资动态,极大地降低企业投资风险。

互联网平台构建创新型的投资业务,打破了传统上投资业务的广度和深度。例如余额宝,充分利用互联网化第三方支付平台支付宝为个人用户打造的一项日收益的投资服务。用户不仅能够得到投资收益,还能随时消费支付和转出。正是这种创新的投资方式让合作伙伴天弘基金短时间能吸引到巨额存款,一举成为国内最大的基金管理公司。

以往的投资服务是采取面对面、人对人、纸质化的方式,这带来很大的人力成本。人为的可操作性带来寻租腐败,使得企业在投资业务上遭受由于客观监控盲区带来的极大损失。而这种互联网化的投资业务服务平台,让企业与投资项目在网络信任机制的前提下在互联网上就可以完成投资流程,具有快速便捷性和可实时监控的优势。

财务互联网化

财务互联网化能给企业带来什么? 第一,企业对资源、资本、资金、资产进行高效管理,并使之高效流动;第二,财务运作模式充分互联网化、信息广泛化、社交化、平台化、扩散化;第三,企业融资、投资、财务资源配置的模式高效数据化,企业的会计核算高效化、高频度化;第四,企业财务分析的短周期化,企业资源配置尤其是预算调整及时化;第五,企业目标与资源配置之

223

间能够精准调整,企业最大化地挖掘资金流,甚至创造现金流;第六,用互联网的时间特性再造财务滚动渐变特性,财务在互联网化条件下发生巨大的变革超出了传统意义上的财务本身。

1. 财务的两个时代

前云平台时代。前云平台时代由于缺乏互联网的应用,企业无法对资金的投资思路、渠道、投资方式等进行拓展,从而造成对企业流动资金投资的收益损失。起初四大商业银行对余额宝的敌视就是因为余额宝对闲置资金短平快的处理,打破了四大商业银行前云平台时代的格局,这也是余额宝令很多传统金融企业害怕的地方。

后云平台时代。到后云平台时代,财务部门就消失了。整个财务部门全部被云端整合,进行整体云操作,体内体外两套班子,这是在互联网化背景下未来企业无法避免的。企业的税务系统就在税务局的云平台上运行,形成财务系统的终极代理。美国已经全面实现云平台,收入和利润全部在一个平台上进行数据交互。相比较而言,中国的云平台可谓任重而道远。现在中国最基本的银行信用体系都没有联网,要全面实现后云平台时代,中国至少还有 5 年甚至 10 年的路要走。

2. 财务互联网化打破传统财务本身

企业的每一项经济活动都与财务密切相关,只有通过财务的实时精准分析,企业才能够更好地实现赢利。比如某传统家电企业在向互联网化转型的过程中,为了管理其在全国几十家营销机构的营销费用,该公司专门构建了覆盖各地营销机构的营销费用财务共享系统。借助这一系统,不管是业务员还是销售经理,都可以通过这一财务共享平台报账,同时还可以实现移动的审批等,不管是企业的效率还是效益都有了很大的提升。因此,企业在互联网的平台下强化管理资源、资本、资金、资产的运作功能,使财务与业务的融合更加紧密,也打破了传统财务的边界。

3. 财务互联网化及时调整资源配置

财务互联网化让企业目标与资源配置得到精准调节。首先企业在互联网化环境下，与产业链伙伴进行一个互联网互联。这里所说的产业链伙伴不仅包含供应商、经销商、物流商，还包括银行、税务以及第三方支付机构等，这是围绕企业运转的整个生态系统。而在企业与生态系统中的伙伴进行协同的过程中，会面临很多潜在风险。为此，企业的财务管理必须参与其运营决策，对整个企业资源进行优化配置。

4. 互联网的时间特性

财务互联网化对之前的现金流可以产生一个绝对的颠覆过程，是一个时间迭代效应。所谓时间迭代，就是改变时间的线性关系。也就是说传统上资金从 A 到 B 以正常流程走，但加入互联网这个迭点后，会发生流程上的改变。这个流程在互联网这个迭点汇集再从这个点散发，通过这样一个汇集再散发的过程，就会产生翻天覆地的效果和改变。淘宝网的交易平台就是充分利用了互联网这个平台，从而改变了传统的交易流程。

人力资源互联网化

1. 人力资源招聘新生态

互联网化招聘，即在互联网平台下，求职者在网上的行为都是被真实记录下来的，这个会成为人力资源专员的信息工具。人力资源专员要真正了解到求职者，不再看这些求职者谈的什么，而是看求职者在互联网上有什么样的信息和行为，这是在互联网时代招聘呈现的新生态。

2. 基础职能的互联网化

企业可以建立健全的信息网络系统，利用互联网能够保证有关信息收集的实时性、有效性和系统性。当然，这样也就能够保证管理的科学性，从而可以对人力资源基础职能产生突出效果。

其一,能够快速奖励业绩突出的员工,使员工得到及时升迁。培训员工时要了解其需要学习的内容,快速全面地对人才进行考察,定期或者实时考核每个人的业绩。

其二,在互联网的作用下可以打破空间和时间的边界。使得企业内部员工和部门进行随时随地地沟通,同时极大地改变工作方式,例如可以实现家庭办公、远程工作。

其三,在人才成长、培养方面,由于互联网的发展,网上教育、培训不断发展和普及。员工培训的经常化、学习内容和方法的现代化可以得到充分的保证,每个员工既可以在企业组织下进行学习,也可以在其他时间、任何场合自由地学习。这样,将大大提高学习效率,使人才成长更快,也使得他们更安心在企业工作。

3. 人才松散化

人才松散化是指未来的人才可能跟企业的团队和组织不再以劳动雇用合同关系形成的一种组织服务。例如咨询行业的合伙人制,就是人才松散化的。企业跟员工签的并非劳动协议,而是商务协议。同样的,很多存量知识并不是只为一个企业服务,而是要打破组织边界。个体崛起的关键因素使得每一个个体可以整合营销,不一定只为一个公司服务,可以同时为多个公司服务。

4. 泛大数据化应用

大数据之本是拥有大量的数据作分析基础,由此人力资源管理系统将具有广泛的数据接口。人力资源部门研究对象就是组织及职工,从研究对象数量来讲,这远远构不成"大"的要求。只有通过不断拓宽人力资源管理系统的数据来源,加强数据库建设,提升人力资源信息采集能力,才能有效地增加数据"厚"度,进而提升研究成果的客观性、准确性和针对性。

在量化分析层面,首先包括人力资源管理系统中基本的组织人事信息统计。通过对现有人力资源数据库中信息内容的统计工作,提供各类统计报表、花名册,以满足我们日常工作需要。其次,利用人力资源管理系统的各个模块,包括招聘、配置、培训、考核、绩效等,分析模块间的业务关系,预测今后可能产生的人力资源状态。再次,利用"大数据"的分析方法,可能会得出包括人员流动分析预测、绩效考核结果分析、培训需求及效果分析等各项内容。最后,综合全面的人力资源信息,甚至包括以往统计数据,通过持续反复地深度挖掘,建立人力资源核算或人才测评分析等方法,真正体现人力资本概念,为人力资源管理提供具有战略预判能力的分析成果。

5. 用数据挖掘员工潜力

"大数据"时代的来临,让大家更加明晰信息已成为一种重要资产,将为我们带来不可限量的价值。作为人力资源部门,不难发现,我们每天需要面对各种各样的报表、大量的人员简历及统计数据,这些信息正在帮助我们做出更加理性的决策。

以目前的信息管理系统,想要预测单位未来的人力资源走势,预判员工的成长曲线、离职倾向等,是一件十分困难的事。业内有专家提出,借鉴"大数据"理念,不断探索人力资源管理系统的大数据管理,将能够有效挖掘和利用信息资源,加强各类职能业务关系,用数据提升我们的管理智慧。

6. 招聘社交化

随着互联网的发展,人才与企业之间的信息沟通越来越方便、迅速,个人收集信息的能力以及个人的选择权利都能最大限度地提高。基于互联网,人才在任何地方,都可以同时为许多企业工作、服务。这样,必然大大提高稀缺人才共享的可能性,同时获得更良好的人才共享效果。更长远地看,企业不仅可以共享高层次的稀缺人才资源,也可以共享各种层次的人力资源,除兼职外,还可以发展更多的人才共享方式。

从封闭走向开放,是互联网促使企业的人力资源管理必然发生的一个重大变化,其实质就是充分地利用内、外两种人力资源。对于企业来说,可利用的人力资源要比封闭管理时丰富得多,不仅有内部人力资源,还有"可共享"的外部人力资源,还可能有提供经济、科技、道义、文化等各种支持的社会人力资源。如果没有互联网的支持,企业要利用外部社会的人力资源,结果可能是效率很低,或者代价太高,或者根本不可能。开放的企业人力资源管理与互联网的关系是相互的,它和互联网中日益普遍的人才流动和人才共享现象互为因果,互相促进。

研发互联网化

1. 研发互联网化对创新点的挖掘

研发有高端技术密集、开发难度大、协作面广、多批次、周期长等特点,是一项高度复杂的系统工程。复杂的系统如果基于一个封闭系统进行研发,那么在研发的过程中很容易与社会的需求和客户变化的功能要求脱节,使得研发出来的产品落后于市场需求。因此,企业的研发需要互联网化。例如小米的手机研发过程,就充分利用互联网这个平台,及时且大量地吸取粉丝们对手机的创新思想,集众人之微创新而造就了小米手机的诞生。

2. 研发互联网化对缺陷点的发现

研发过程是一个极其复杂的系统工程,很容易使当局者迷,难于发现研发过程中的缺陷。但通过互联网化研发共享平台,可以使这些缺陷暴露在平台之上,研发人员能够及时发现并消除这些缺陷,使产品更加符合用户的需求。

3. 研发互联网化对价值损耗点的发现

如今互联网信息技术飞速发展,使人类步入数字化知识经济时代。研发互联网化可以对高度复杂的研发系统工程中每一个研发节点进行更加清晰的数字化分析。产品研发过程可以实现对企业组织、业务流程、计划、协调、监控、服务、设计、仿真、试验、检验、保障等各类研发活动和管理方法的数字化,以及各类信息资源的数字化。应用计算机、通讯、网络、多媒体等数字化支撑工具和数字化管理技术来实现企业的研发变革,高效挖掘研发过程中的价值损耗点。

4. 研发过程的内外部资源整合

在互联网化超时间和空间的架构下,研发过程打破了线性或平面的传统研发过程。就如同阿里巴巴利用互联网化平台对菜鸟网络、阿里云物流两种生态圈进行同时构建,通过多项目并行式的研发过程对整体研发进行有效的压缩,从而大大降低企业产品研发成本和研发效率。

5. 研发互联网化对未来趋势的发现

企业通过建立智能化产品研发信息化软件平台,包括数据仓库及数据挖掘等技术,完成对相关数据的提取、分析和知识发掘,并采用人工智能技术进行市场预测、研发决策等。企业在研发过程中与外部的环境进行互联网化共享,并且通过快速、准确地对获得的各类信息作出未来预测,并将其加入到研发产品中去,使产品研发信息化在深度上呈现更加智能化的趋势。

供应链互联网化

1. 生产的柔性化内涵

消费者的需求在不断变动,因此企业要始终以满足消费者需求这一核心价值观来经营。这就使得原来企业传统粗放型的大生产,无法满足互联网化下用户偏好时时变化的需求,企业必须采取柔性生产。例如凡客的生产模式,即典型的柔性生产。凡客把原来属于一道工序、一个工厂完成的产业,切成两段或者多段来完成。然后把标准化的环节与个性化的环节进行分拆,对个性化的环节,凡客按照客户的柔性要求进行灵活变动;而标准化的一段,则应对客户的标准需求进行生产,最后实施计划营销。

2. 非线性的供应链

(1) 产业供应链互联网化转型

供应链是一个包含供应商、制造商、运输商、零售商以及客户等多个主体的系统。供应链管理就是指对整个供应链系统进行计划、协调、操作、控制和优化的各种活动和过程。其目标是将顾客所需的产品，在正确的时间，按照正确的数量、质量和状态送到正确的地点，并使这一过程所耗费的总成本最小。显然，供应链管理是一种体现整合与协调思想的管理模式，它要求组成供应链系统的成员企业协同运作，共同应对外部市场复杂多变的形势。

目前产业互联网化转型的一个重要方面在于"供产销"链条的扁平化，直供与直销成为主流交易方式。但由此带来的问题是，那些规模体量大并能从当地银行获得融资支持的原材料贸易商、一二级批发商被挤出渠道，导致供应链条因转型而"缺血"。为解决这种垂直、扁平化的 B2B 或 B2C 销售体系之下远端规模小而分散的经销商的银行融资困难，保障销售的达成，领先企业开始寻求全链条解决方案的供应链融资支持。以海尔集团为例，该集团近年来通过上线海尔日日顺 B2B 电商平台直接面对全国上万家经销商，缩短供应链条，为了一揽子解决远端弱小经销商的融资困难，平安银行橙 e 网与海尔日日顺平台合作、无缝对接，银行根据经销商与海尔的合作记录和订单"信息+信用"融资，有力推动了海尔产业整合与转型升级战略的顺利落地。

(2) 供应链由单链趋向网链

随着信息技术的发展和产业不确定性的增加，当今企业间的关系正在呈现日益明显的网络化趋势。与此同时，人们对供应链的认识也正在从线性的单链转向非线性的网链。供应链的概念更加注重围绕核心企业的网链关系，即核心企业与供应商、供应商的供应商等全部上游关系，与用户、用户的用户等全部下游关系。供应链的概念已经不同于传统的销售链，它跨越了企业界限，从扩展企业的新思维出发，并从全局和整体的角度考虑产品经营的竞争力。使供应链从一种运作工具上升为一种管理方法体系，一种运营管理思维和模式。

在互联网化的过程中,产业与各生产性服务业多方协作形成了"产业生态圈"。2014年7月,国务院发出《关于加快发展生产性服务业促进产业结构调整升级的指导意见》,倡导企业遵从专业分工、集约运营的社会化大生产发展规律,以网络技术和非核心流程外包等管理手段,提升经济运行各主体、各要素的效率和效益。体现在产业链整合的具体层面,是商品流、物流、资金流和信息化的专业分工、专营发展和加速融合。比如,商超行业普遍与提供发票校验的税控平台合作,提供发票真伪的验证服务以及代理"订单—入库单—销售清单—发票—付款"的对账核销工作;再如一些企业与第三方支付公司合作,将向上游批量付款、对账核销等环节外包给后者。越来越多此类专司某种供应链服务功能的公司逐渐发育为专营平台,集结了数以万计的供应链客户,催生出"商流、物流、资金流、信息流"的综合化服务需求。

(3)供应链管理信息化

在经济全球化复杂多变的市场环境下,要实现高效率的供应链管理很不容易。而供应链信息化能够化解这一难题。市场上每时每刻都出现大量的信息,其中蕴涵着丰富的机遇,也预示着不小的风险。但是企业往往不能及时、准确地掌握相关信息,因而难以作出正确抉择。换言之,供应链中各参与企业应该进行充分的信息化共享,消除供应链系统内部的不确定性。

企业应该尽可能地选择供应链伙伴作为信息化合作对象,实施供应链信息化。这是因为企业的根本目标在于追求自身利润的最大化。这一目标的实现,是通过很好地满足上、下游企业的共同需求来实现的。首先,供应链中参与的企业都应该从供需匹配的视角来思考问题,其次,参与企业要充分共享来自上游的供应信息和下游的需求信息。在充分了解这些信息后,对它进行高度整合,以使得企业能有的放矢地进行生产、运输和销售等方面的安排。

供需关系是联结企业与企业的最紧密的关系,为了维持与巩固紧密的供需关系,必须要求在供应链管理中充分共享信息,整合信息,最大化地消除参与企业之间信息不对称,不匹配的问题。互联网与工业的深度融合,以及供应链与生产性服务业的分工协作给供应链融资带来的显著好处是,在商品交易链条之外引入第三方信息平台,让供应链商流信息与第三方信息相互勾稽印证,大大缓解了信息不对称问题。这使得企业"四流"合一、信息可视化、商务协同及O2O服务成为可能,使得供应链融资这一资金"血脉"融入贯通全链条得以实现。

营销互联网化

1. 社交化营销

在社交化营销下,产品投放市场的效果是实时性获知的。传统模式下,一个产品投放市场后,企业通过经销商订货的时候才能了解货好不好。其次是通过销售终端,即统计终端有多少销售商拿货。最后统计消费者买了多少,企业到这时候才知道产品的方向对还是不对。而在社交化营销中,能够在极短时间内得到快速验证,这就是社会化营销带来的时间压缩。

2. 爆款营销

企业做出符合老百姓需求的产品是企业爆款营销的关键之一,另一个关键就是如何让大众知道这是老百姓喜欢的,这就必须依靠互联网化的营销手段。企业需要采用正确的营销方式、投放方式来打造互联网爆款。其存在一个公式,即流量×转化率＝爆款流量,转化率是营销方式。其中,最低成本的流量是事件营销,同样的广告成本会带来完全不同的流量。粉丝经济时代下可以与任何事件联系在一起,例如汪峰求婚事件带来无人直升机的火爆。

3. 整合营销

整合营销就是指将营销工具和手段的系统化结合,根据环境进行即时性的动态修正,以使交换双方在交互中实现价值增值的营销方式。整合就是把各个独立的营销综合成一个整体,以产生协同效应。这些独立的营销工作包括广告、直接营销、销售促进、人员推销、包装、事件、赞助和客户服务等。战略性地审视整合营销体系、行业、产品及客户，从而制定出符合企业实际情况的整合营销策略。

大部分的传统企业都是碎片化营销，在微信上宣传，利用新浪微博，企业要求员工进行大量的转发等。企业将营销资源碎片化投入到各个不同的终端里面是没有太多效果的，也违背了互联网思维。重要的是整合营销，是以事件营销为基础，做到全网覆盖。

未来单一的前台时代将会被互联网化终结，用户对一个企业的产品或服务进行咨询、表达意见，不再是通过拨打前台电话来实现，即使对一个商品或服务的评价也不再基于该产品或服务的本身。在服务互联网化下，企业对用户的服务不再是对产品或服务体验后开始的，而是从用户刚开始接触产品时，甚至用户还没有消费该产品的意向时，企业对该用户的服务就已经开始了。

所以在这种基于互联网化下的服务体系下，企业应试图主动建立一种服务的全流程化，而不再需要专门成立一个部门来宣传口碑。因为企业的每一个员工会积极帮公司做好口碑。可以想象，所有服务业，包括咨询业，未来都会进行全流程化的服务体系变革。

风险管理互联网化

风险管理互联网化将推动风险管理体系实现模型化、动态化、智慧化。企业将供应链、产业链、生态链全都纳入风险管理互联网化视野中，对风险预警进行大数据化、动态化、流程化管理，并进行小概率事件的关联数据化监控、挖掘模型化监控。

企业风险管控互联网化，指的是让风险管控过程信息化、全面化、系统化。基于互联网平台的风险管理覆盖整个企业经营全过程。在整个体系中，对数据的充分挖掘和利用成为支撑整个风险管理的关键。互联网化企业通过数据挖掘与数据分析来获得个人或者小微企业的信息，并利用其强大的互联网系统甄别风险,更加高效地完善企业本身的风控管理体系、技术安全体系。加强密钥管理与加密技术,防止网站系统遭到各种攻击造成的用户信息泄露,甚至给用户造成损失。互联网的世界是虚拟的,因此也面临着黑客时时刻刻侵入的风险,为此企业应当利用互联网系统提高自己的评估系统、核审系统、运作系统,以提高自己辨识真假的能力,保障企业高效化运营。

第十八章　运营效率和价值的
互联网化

随着第三次信息革命的深化,互联网技术经历了大型电脑时代、小型电脑时代、台式电脑时代、互联网个人电脑时代、移动互联时代,发展至今已经深刻改变了世界形态、国家形态、社会形态、企业形态、个人形态。已逐渐被人们开发使用深化的大数据、云计算、移动互联等技术,俨然将整个社会带入了大互联时代。企业内部的互联网化,不但有实现职能互联网化的诉求,更有着对企业运营和价值互联网化的深层次渴望。企业在运营过程中,如何运用当今技术,秉承大互联思想,理解互联网对当今时代带来的深层次变革,通过对运营的高效化、价值的最大化,来润滑企业的运营过程,保证企业的运营实现决策质量的提升、资源的精准配置、效率的最大化、创新的革命性、绩效的生态化、知识的依托性等,已经成为企业不可回避、必须研究的课题。

在新兴互联网行业颠覆传统互联网行业,以及互联网行业颠覆传统行业的大背景下,对于深扎传统行业多年的多元化集团来说,既是危机,更是挑战与机遇。但不同于以往的是,这次技术革命带给外界的变化更深层次、更剧烈,这就要求传统企业的互联网化变革速度要快、力度要狠、精度要准,只有在这次的变革中做到快、狠、准,才能够重获新生。

互联网化决策体系构建

互联网化经营管理决策,是基于互联网对企业所处的传统行业的重新审视,是基于互联网化战略构筑下所面临种种问题的重新思考。贯穿其中的是顶层的互联网化生态圈层决策构筑、中间圈层的内部交易机制决策构筑、基础层企业运营层级所面临的决策构筑即企业内部圈层决策构筑(见图4-18-1)。信息革命的第五次浪潮为传统行业的互联网化转型提供了大数据技术、移动互联技术的支持。互联网思维的深入和组织智商等理论的指导,高屋建瓴式地成为整个决策的支撑。

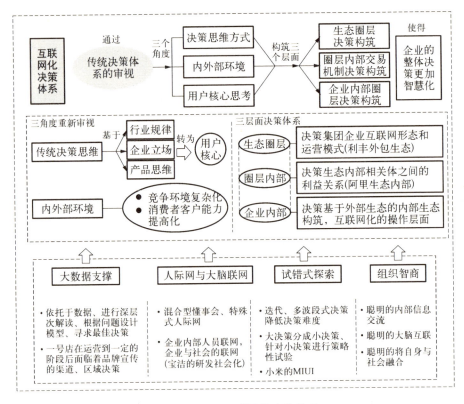

图 4-18-1 互联网化决策体系

传统企业的决策思维和方式是基于行业规律、产品思维和企业立场,去分析生产什么从而决策产品设计,如何生产从而决策研发,如何销售从而决策渠道等。其决策的宗旨就是如何依托于现有的有限资源来进行最优化生产,为客户提供最好的产品和服务。传统意义上的企业决策往往存在以下几个弊病:决策集中化、决策延时性、决策片面性。集团企业决策权往往只集中在集团领导等少数人的手中,未能最大化地激发集团整体的决策潜质,同时也大大降低了企业员工的积极性,形成了大脑管理大脑的集团迟钝型运作。

然而互联网化条件下的决策环境和外部商业环境变得更为复杂,正如前文所提到的,目前企业所面临的竞争者关系的变化使得竞争环境更加复杂化,企业的客户群和终端消费者的能力改变使得企业对于客户需求的把握能力更加弱化。

这些都弱化了传统行业的决策体系,使得企业整体上思维比较呆板、决策速度慢、不完善,已经不能适应互联网化的大环境。为了解决企业的决策弱化,主要有以下几种途径,一是重新构筑决策体系的三个层面,二是利用大数据进行决策体系的完善,三是构筑人际网与大脑联网,四是试错式探索,五是建立组织智商。

1. 决策体系的三层面构筑

企业要重新构筑自身的决策体系就要做好三层面的生态圈层的构筑,以及重新搭建三个圈层之间的互动机制。

互联网时代的集团战略是生态圈层战略,互联网时代的竞争是圈层与圈层之间的竞争。生态圈层的决策构筑,需要从以下几个层面入手:

第一层面,分析客户和终端消费者真正需要什么,分析要为客户和终端消费者解决什么问题,企业自身还差什么。第二层面,决策如何利用企业现有的资源、产业组合,来帮助客户解决问题,以及决策要进行哪些资源的嫁接。第三层面,决策怎么以最高效,最快速,最低成本的流通提供帮助终端消费者和客户解决问题的产品(或服务)。第一、二层面主要决定了要建立一个什么样的生态圈层,第三个层面决定如何实现生态圈内的高效运转。

然而,在企业一个圈层内部有不同的终端。包括生态圈层里面的信息流、人员流、物流、现金流等流动端口,而且这些端口与端口之间还存在着千丝万缕的联系。企业如何决策这些端口的设置和端口之间的交互关系,需要从以下几个维度进行把握。

分析集团企业自身有哪些生态圈层的端口,决策要抓好哪几个关键端口,以及企业缺少的端口如何构筑。充分挖掘可能形成组合的终端,并决策好如何把这种终端,嵌入到整体互联网化战略中去。例如阿里巴巴就掌握了关键的支付端,设计好了供应端和需求端的交互。

2. 大数据对互联网化的决策支持

大数据的应用要求企业在运营过程中首先要做到对数据的采集和存储,以及依托于海量的数据,进行数据的深层次解读。根据不同问题的疑问来设计模型,寻求企业的最佳决策。

现代企业已经逐渐实现信息化管理。并且随着技术的更新迭代,使得数据的存储成本越来越低。海量的大数据为企业做决策提供了很好的基础,企业可以根据数据的连续性变化,发现其规律。通过对大数据的深层次解读,去寻找企业发展中的漏洞,做好预警性决策,避免危机的发生。这种在决策层面的时间异化,大大提升了决策的精准性以及决策的高效性。同时,企业在进行重大决策时,还可以对已有的经营数据进行建模,通过不同的数据分析软件,来分析企业的现行运行状况,为企业的决策做好数据上的参考性支撑。

3. 人际网与大脑联网

能够通过内部知识的高效精准且有目的性的互动分享,对外界环境变化的深层次感知来进行决策,以达到企业决策机制的生态化,使得企业的决策机制具有生命,能够自我更新、自我演进、自我成长。

集团型企业在现代化管理中要面临更为复杂多变的外部环境,使得企业不得不去思考如何才能够激发出集团整体员工所有人的智慧。由金字塔形的领导式管理,变为以终端用户为核心,以企业高层为引导的扁平式管理,将企业员工的大脑整体地连在一起,结合外部人际网的互联、综合整体资讯进行企业决策的制定。

集团内部大脑管大脑的运行模式,极大地降低了企业决策的效率和全面性、实时性,不能使集团快速准确应对外界环境的变化,来精准决策。而大脑联网则使企业决策的层级提升,更是最大化集团整体的智慧力量。人际网则更是有效地结合社会资源,将社会资源为集团所使用,进一步充足了企业的决策维度。搜集更多资讯,为企业决策的制定提供最新的外界资讯。

构筑人际网,一般可以通过以下几个途径:一是混合型董事会的构建、二是特殊式人际网的构筑。

混合型董事会的构建是指在进行董事会构建,或者总部改造的时候,有意识地建设混合型董事会,将董事会由原来的创始人组成模式,变为由专家、学者、创始人等混合型的董事会,为人际网的外界构筑打造有效的触点。而特殊式人际网的构筑则是指通过特殊的人际网构筑,比如通过网上的社区模式,以及采用企业运营承包的形式,构筑外部人际网,使得企业与终端用户、客户的维系更加深入。

通过人际网,能够对企业运营进行深刻的剖析,分析出目前企业的运营状况,以及给出专业的决策方案,可以使得集团的决策更加精准。多维度的外界人际网,可以使得企业决策问题更多维度,从而更加全面。可以使集团与外界的维系更加紧密,使集团更加贴近终端消费市场,从而更加深入地决策问题。

构筑大脑联网以及多资讯的判断。通过企业进行平台的构架,将企业内部人员联网,企业内部人员与用户联网,进而引导进行超个体思考。

例如,宝洁公司曾经把多年困扰它的 30 几个难题放到互联网上,之后,便有很多专家、天才协助它进行解决。保洁公司巧妙地通过互联网的虚拟性和不可见性,避免了各种意见之间的摩擦力。到目前已经解决掉其中的 20 几个,而且拥有相当好的实践效果,带来了巨大的进步。显而易见,企业必须减少各方决策的冲突,而不是靠各方之间的妥协性决策来行事。在高效的共同决策中,才能实现真正的大脑联网。

4. 试错式探索

互联网把迭代思维深化到了商业运营中,使得企业可以实现在短期内低成本地不断试错,来优化自身的决策。把大决策问题化成多波段式的小决策,通过迭代,一步步地实现大决策的制定。

小步快跑的多波段式决策降低决策难度。在互联网时代,迭代思维被越来越广泛地应用到企业决策的运营中。无论是 360 在推出免费杀毒软件时候的软件升级,还是小米在推出 MIUI 系统后的系统优化,在决策中都采用了小步快跑的方式。为现代化企业管理运营中的决策问题,提供有效的借鉴。

迭代,本质上就是一种对企业以何种试错的方式,踉踉跄跄,挣扎着,不断走出自我舒适趋势发展的一种总的模式性行为。表面上是不断地通过产品的短代际创新实现快代际创新,究其本质是企业对不确定性、对时间、对速度、对客户喜好的培养,对高价值山头的占领、对道义高度、先发高度、企业心智高度、稀缺性的一种思考。所以不断用短代际,快速小步快跑式地改进产品、改进服务,来满足消费者的好奇、尝鲜,越来越缺乏耐心等特性。但本质上,迭代是一种既适应于本行业的迭代,又适应于跨行业、跨界的迭代,更适用于企业边界延伸、创新发展及各种试错行为的迭代。

企业在进行大决策的时候,往往不能一步到位,而通过对大决策的肢解,分成一个个小决策。然后针对每个小决策再进行策略性试验,先在一个方向动起来,快速更新优化自己的决策方案,通过一步又一步的"决策"系统更新,从 1.0 版本跨越到最终决策。

5. 组织智商对决策的影响

组织智商是一种有意识的设计,使企业能够聪明地学习与认知,感受外界变化而进行信息的加工与交流。同时组织智商可以使得企业能够从不确定和失败当中学习,进行多核预算,从而在同一个企业里,培养多种文化、多种智能。

互联网化经营方式的构建

传统的经营方式采用的是垂直结构。由战略引领产业,由产业决定采购、研发、生产、销售、服务的现行环节,并以此决定企业铁三角形式的职能部门。然而,新形势下的经营方式要以企业的客户和终端消费者为核心,进行全方位围绕核心而运动的环状经营模式。

互联网化的经营方式、经营创新是基于集团企业的生态圈层战略的重新构筑,是对整个生态圈层的整体经营,包括对圈层上游的经营、圈层中游的经营和圈层下游的经营。

互联网化经营创新,第一个创新是去掉原来的组织架构,重新构筑新型组织。进行松散化的经营(组织扁平化),打破束缚,实现引领由上而下、由下而上的经营。第二个创新是打通前台后台,构筑三个平台。实现网络化经营,实现内外交互、虚实交互,供应链、产业链、生态链多个环节交互的创新。第三个创新则是进行黏性经营,将整个网络牢牢地黏在一起。

1. 组织扁平化

组织扁平化有利于提高企业的灵活性和适应性,并使企业的全体员工,尤其是基层员工加入到企业决策中来,从而提高员工的参与度,增加创意的来源,集体的智慧使创新效率更高。组织扁平化有利于形成上下连贯的聚焦系统,减少层级关系,增加各成员的沟通与交流,促进资源共享,从而促进创新项目的顺利实施以及企业的整体创新成长水平。

2. 组织网络化

在企业的经营中还有一个更为核心的问题是,如何将这些扁平化的组织黏结在一张网上。同时将生态圈层里的利益相关者相互连接,实现前台和后台之间的打通,建立起三个生态圈平台。

集团企业互联网化的网络式经营创新是将生态圈层利益相关者编织到一张网上。利益集团间的关系构成一个网络系统,每个利益集团是一个节点。生态圈层的网络化经营增强了企业内部各要素的有机性,使得各集团间联系更加密切,沟通更加顺畅。创新型企业的创新发展更需要集聚各利益集团的优势特点专长,最大限度地发挥员工的潜能并加以有效利用。同时,各类型创新活动的协调发展也需要利用网络化组织结构的关联性和统筹性特征,以促进专业人员潜力的发挥,培育各类人才,反过来推动创新的开展,形成良性循环机制。

首先,企业面临的生态圈层上游的交互平台的构筑。生态圈层的上游包括了供应商端、资本端。一个集团控制着一个生态圈,集团企业与所有可获取资源的企业,包括供应商、服务商、资本等通过互联网构建起牢固的信息共享机制。让供应商的产能、生产计划、产品创新、交易数据、产能变化、诚信经营、猎头的人力资源服务、人才信息等一系列的信息通过互联网进行串联。集团企业及相关企业要借助互联网着力构建互动、和谐、共荣的互联网生态圈。

其次,企业面临的生态圈层中游交互平台的构筑。生态圈层的中游包括产业端、组织端、运营端、平台端。在生态的中游要构造好共享平台,企业内部要大力推进信息化建设,建立企业内部信息管理系统,对企业内部的信息进行组织管理,实现信息挖掘、信息输入、信息转移和信息共享等。充分开发和有效利用信息资源,把握机会,做出正确决策,增强企业运行效率,最终提高企业的竞争力水平。

再次,企业面临的生态圈层下游的交互平台的构筑。整个生态圈层的下游是指整个生态圈的最终服务、产品输出对象。如何构建一个平台将下游的终端消费者、终端客户群体和企业进行高效交互,是这个层级所要重点解决的问题。

3. 黏性经营

在更高维度,建造一个更大的平台云,以及对人流、物流、数据流、信息流的控制。将经营的生态圈层的三级平台用云包裹起来,使得平台脱离了云的存在就会从悬浮在空中的高速运转中脱离出来,从而不能正常运营下去。

以苏宁云商为例,企业采用线上线下同步以及O2O平台的打造来进行黏性经营。线上线下同步。以云技术为基础,整合苏宁前台后台、打通了内部的供应链关系,融合线上线下,服务全产业、服务全客群。通过"线上＋线下的前台产品销售"来掌握消费者,将线上的便利性与线下的体验功能进行融合。同时,将互联网的技术应用与零售核心能力进行对接,进而更好地满足消费者需求和供应链优化,形成可持续发展的商业模式。

打造O2O平台。苏宁打造一个全方位、立体式的,与商户共创、共享、共赢的平台,其开放平台具有四个差异化的核心特征:双线开放、统一承诺、优选精选和免费政策。通过"平台销售和平台服务能力"来黏住制造商,线上线下的会员数据、支付、售后、物流等全部打通,最大限度创造价值,让商户得到发展、用户更加满意。

例如,银江股份的智慧城市,充分运用物联网、云计算等先进的信息技术手段,全面感测、分析、整合城市运行中的各项关键信息,通过提供智能化的服务,使城市的管理和服务更有效,为城市工商业活动和市民提供人与社会、人与人、人与物和谐共处的环境。

智慧城市的建设是为了打造环境生态宜居、产业健康发展、政府行政高效、市民生活幸福的城市。在城市信息化基础上,新一代信息技术进一步在城市运行的各个领域全面渗入,形成一个全面感知、广泛互联、相互协同的有机网络。

互联网化绩效

信息革命的第五次浪潮——移动互联网浪潮,主要带来了两个层面的技术创新。一个是大数据,一个是移动互联网。为实现集团经营管理的实时数据化监控,以及实现绩效考核的社会化提供了机遇。互联网化绩效评价可以分成三个层级:第一是基础层级,在不改变原有组织架构生产环节的情况下运用大数据来进行绩效考核;第二是将难考核的环节互联网化;第三个是绩效考核的社会化。

1. 大数据支撑下的绩效考核

大数据时代的步伐越来越快,迫使企业进入战略绩效管理信息化时代的脚步加快。企业在面对繁杂、庞大的数据信息时,要做到价值最大化需要建立一套完善的绩效管理系统服务。利用一套庞大、严谨的依托于数据分析的绩效管理体系来支撑,在企业战略管理体系的框架下,配合绩效管理体系,数据才能真正做到引领企业飞速发展。

在企业战略管理信息化的今天,企业希望在管理中通过数据来查看、评估员工的工作动态及绩效考核。企业可以通过以下六个步骤来建设一套以企业战略管理为根据的系统构架,实现数据信息的整合和价值最大化。

第一步,在实现企业信息化管理的基础上,要依托于集团战略制定企业的绩效考核管理体系框架。依托于集团战略设立基于战略规划、战略执行、战略落地的绩效考核框架。第二步,确定好绩效考核的核心指标。在战略产生过程中的指标,在执行过程中的财务指标、风险指标、销售指标、采购指标、研发指标、生产指标等。第三步,依托于这些指标以及整体的绩效考核的框架进行数据的采集、归类、识别,以及复查。第四步,对数据进行模型分析,计算出核心考核指标。第五步,通过辅助保障系统将分析后的数据信息按流程、组织,系统地输送给终端。第六步,实现终端依据考核数据进行反馈,来制定新的战略以及重新分配企业资源。

2. 部分低效考核环节的互联网化

在企业的经营中有很多环节很难实现绩效考核,可以通过部分环节的互联网化来弥补这种缺失。在企业的实际运营中可以通过销售的电商化运营,来代替传统的运营,这样销售环节整体不再在线下存在,也就无须再去考核。例如鲁西化工的销售环节曾经存在很多的腐败现象,在绩效考核中由于信息的严重不对称,很难对其进行有效评价。企业通过整体的网络电商平台的构筑,实现了对销售部门的取代,从而将一个很难绩效考核的部门取消掉。

3. 社会化考核

对于一些服务属性高的企业,可以通过社会化考核体系的构建,来提升自己的考核效率。互联网发展的逐步深化以及移动互联网的发展，使得企业的消费终端和企业之间可以实现实时的互动，这就为服务性的企业提供了很好的契机去实现社会化绩效考核。

互联网化资源配置

传统形式的企业资源，大致分为有形资源和无形资源。无形资源包括：时空资源、信息资源、技术资源、品牌资源、文化资源和管理资源等。有形资源包括：财务资源、生产用的固定资产。互联网化的企业资源一般在原来的基础上更加突出了时间资源、数据资源和人力资源。

互联网化形态下的外部环境变化迅速并且极为复杂，这就要求企业能够快速发展来适应多变的外部环境。时间资源对于企业就越来越重要，如何规划好企业的时间，如何利用好企业拥有的时间资源，增加时间密度的管理，加强对碎片时间的管理，就显得格外重要。

互联网时代是信息化的时代，是大数据的时代，数据资源越来越成为一个企业所要争夺的战略核心资源。对数据资源的有效利用可以提升其他资源的使用效率，降低资源的浪费率。

互联网化形态下，人力资源的整合能力极强，往往一个新生态圈层的出现会快速吸引大量的人才。对于企业来说，人力资源就显得愈加重要，就要求企业能够善于黏住自己的人才，不被其他企业快速夺走。

1. 传统企业在进行资源配置过程中的困境

传统企业在进行资源的配置过程中，往往遇到信息不对称、利益不对称、业务不对称、能力不对称，使得资源配置的整个过程中周转效率低、浪费率高、错配率高。

传统行业的资源配置由于信息的极度不对称，消费端口、供应端口、生产端口之间的信息不流通，造成资源的周转率很低。在消费端口，企业不能准确地获取消费数据，那么在生产环节就不能够确定生产缺口，进而不能够确定采购的缺口,环环相扣,使得资源的整个周转效率很低。

同时,传统行业的资源浪费率也很高。传统行业在经营过程中的跑冒滴漏现象很严重,往往存在企业资源被大量浪费,主要表现在采购环节的腐败、销售环节的财务舞弊、生产环节的资源浪费。

最后,在进行人员的安排时,往往不能够实现以人定岗,不能够进行人员和岗位的有效匹配,从而导致企业资源的错配率很高。

2. 互联网化的资源配置途径

信息技术的革命性发展,使得企业的经营过程可以数据化,可以被储存、被记录。这就使企业在反思经营的时候能够更具有针对性,更具有实时性。同时,能够更加精准地找到发展的漏洞、错位。通过数据化的分析、集团整体的互联网化思想的渗透和组织智商的构筑,能够迅速全面地找到解决集团运作低效的原因,合理优化资源配置。有效配置须具备五个导向:一是周转率的提高;二是资源的精准、实时、智能配置;三是跑冒滴漏被准确内控;四是人员培训效果精确;五是人岗协调统一。

物流、信息流、人流、现金流的周转,以及产品更新的周转,在传统时代的运营过程中,都未能实现革命性的突破。但随着信息化的深入、第五次移动浪潮的大变革,大数据的深化应用,使得企业在现金流的周转、物流的周转、原材料的周转、产品更新的周转上,有了革命性的突破。

例如现金流的周转突破。集团型企业经营多个层面、多家子公司、多个行业,体量巨大。在运营过程中,有的公司会产生大量的现金流,而有的公司会需要大量的现金流,但是企业在实际运营过程中,存在着信息不对称等先天的缺陷。但是在集团内部组织智商、大数据、移动互联平台搭建好的情况下,就能够通过对数据的监控,解决信息不对称的问题,以及通过组织智商的整体构筑后,有效规避集团内部的利益不对称和能力不对称,从而让企业的现金流从资金充足方流向资金短缺方。

企业现金流的外部导入。苏宁易购网上商城并不赚钱,但是苏宁通过网上销售的货物,进行现金流的管理,推迟三个月结款给上游家电企业,从而使得自己获得大量的现金流。

又如物流的周转突破。每天数以百万票的快递、14万个员工,在庞大的信息系统中高效运转,顺丰建立了强大的呼叫中心和信息系统,当拨通顺丰客服电话时,客户的订单数据信息已开始进入顺丰庞大的数据库,并将经过至少10道程序到达收件人手中,用时只需12小时。支持快速的秘密武器便是其自主研发的数据中心系统,这个数据中心的开发和运营,有着多达2 000多人的精英团队。顺丰遍布全国的5 000多个网店的工作人员,每天都会对快递包裹信息进行实时监控及管理,这个数据服务中心是整个顺丰的大脑中枢所在。

依托于扁平化组织形式的资源精准配置。互联网化范式下的组织实现了扁平化管理,这对于资源的精准配置具有更大的优势。扁平化管理让各个组织更加明确了一个道理,员工是在为自己而奋斗,为自己在赚钱。这种自我意愿的崛起,使得每个人更加追求利润的最大化,从而带动了整个组织最大化地节约资源以降低费用,以高效的资源利用来实现高产出。

依托于大数据分析的资源精准配置。大数据实现了对整个经营环节的实时数据监控,通过对数据的阶段分析,来进行消费者需求评估、采购评估和生产评估,能够做到实时、精准和智能。

亚马逊网站能够在顾客点击某一类型产品的随机性中收集顾客对产品的满意度、需求度,顾客对产品的喜好程度,对颜色款式面料以及产品上的花纹文字的喜好等各类信息,得到大量的数据,根据这些数据生产出各种各样的个性产品来满足社会需求。

对于传统的跑冒滴漏现象,依托于组织智商,打造一个无摩擦的内部交易链能够实现对跑冒滴漏的有效内控。把企业捏合到一起,就是要让内部发生交易,这类交易的成本要比外部交易低,价值要比外部交易高,所以企业才能赚到钱。但是这个想法的前提是,当企业里有无数次内部交易的时候,如何使内部交易的质量保持在高于外部交易的状态;否则的话,还不如从外面采购。而组织智商的打造本身就满足了内部质量的持续保证。

任何一个企业基于大脑联网的追求,来构建一个大脑与大脑之间的通讯协议,包括两个层面:一个是管理实践;另一个是建立一种机制。把这些管理实践识别出来,上升到整个企业思想库的高度,从而使整个企业的学习和思考工具格外高效化。依托于大数据的内控,对企业信息化内部流程进行大数据的分析,来实时监控企业的经营管理资源分配,从而杜绝企业的跑冒滴漏现象。

在有关企业人员的培训中,基于社会化的考核能够更加有效地让员工明白自身的不足所在,能够实现自我反思的实时性。依托于组织智商的人员培训,在发现人员的不足之后,通过内部的经验分享、企业内部知识库的知识学习等方式进行人员的培训。

互联网化条件下是以人定岗,而不是以岗定人,人员与组织能力靶向提升。新形势下要实现人员与组织能力的有效匹配,就要一改原来以岗定人的错误逻辑,要采用以人定岗的方式,能者多劳,能者专劳。

例如,滴滴专车是滴滴打车2014年8月19日宣布推出的定位于中高端的新业务品牌,为高端商务出行人群提供优质服务的产品,也是针对传统出租车行业推出滴滴打车软件之后上线的第二款产品。滴滴专车目前在北京、广州、深圳、上海、杭州、厦门等一线城市已经开通。但2014年12月末,上海市交通委表示滴滴专车是黑车,营运不合法。2015年1月,北京官方认定"专车"属非法运营,执法部门将严查。

滴滴专车的市场优势在于,滴滴打车软件面向出租打车用户群体,而滴滴专车则面向中高端商务约租车群体,这意味着对用车行业的覆盖将更加全面,也能够为用户提供更加多元化的出行。滴滴专车定位于中高端群体,主打中高端商务用车服务市场,与传统的出租车有本质区别,两者相互补充并为用户提供更加多元化的出行方式。在滴滴专车信息平台上,车辆和司机均来自合法有资质的汽车租赁公司和司机劳务公司,经过层层严格筛选,审核培训。每辆专车都是价位在20万元以上的中高档汽车,司机师傅统一着装、全程标准化商务礼仪服务,上下车主动开关车门、提行李,车内还备有免费充电器、饮品、干湿纸巾、雨伞、儿童老人专属靠垫等出行必备用品。

但是,滴滴专车面临各地纷纷称其为"黑车"的困境,滴滴专车表示正在与监管部门交涉,希望能为监管部门提供帮助,如与交通执法投诉处理部门建立联动机制,及时协助他们处理问题。这也在一定程度上显示了专车服务在利用社会资源的过程中将存在不少挑战。

而对于专业服务,交通部的观点是,专车服务对满足运输市场高品质、多样化、差异性需求具有积极作用。各类专车软件公司应当遵循运输市场规则,承担应尽责任,但禁止私家车接入平台参与经营。一位业内人士指出,出租车服务与专车服务本是可共生关系,专车提供更好服务,比出租要至少贵出30%,但现在各家在资本帮助下,大搞补贴,使得专车价格跟出租车价格差不多。因此,虽然专车服务很火爆,但其发展势头将一定程度被遏制,直至彼此利益达到新的平衡点。

知识体系的互联网化构建

1. 重新认识知识

无论是何种范式下的知识都可以被看成一种经营生产过程中对外部环境的认识,对内部环境的经验总结。对于企业而言最重要的是知识的管理和应用,如何管理现有知识以及实现知识的迭代增长来满足企业发展的知识需求,以及如何应用知识来进行经营管理,是企业所要考虑的重点问题所在。

对于一家企业而言,知识从空间上分为内部知识和外部知识。从时间上看来分为现有知识和催生知识。内部知识,产生于企业日常对经营管理经验的总结。外部知识产生于对外部生态圈层的整体认识、对消费者的认识和对圈层竞争的认识。知识具有自生性,随着企业的不断经营,知识可以实现自我不断扩充和优化,信息化管理下的大数据挖掘,重新扩大了知识的领属地,使得知识的扩充无论从时间密度还是空间广度上都呈现出爆发式的增长。

传统行业由于生产经营的不透明性,使得知识的产生无论从精度还是密度上满足不了企业的发展,从而反过来影响了企业发展的进程。传统行业铁三角形式的管理方式,是人管人的方式,本身是对员工的一种极大束缚。使得企业员工知识高度统一化、标准化、结构化,员工的创造性大打折扣,导致知识体系的僵化。

传统行业的产品导向与互联网时代的消费者导向严重脱钩,使得原有知识的产生层面、运用层面都与企业知识的运用之间产生了断层乃至不可逾越的鸿沟。

2. 知识体系需要重新构建的机制

传统行业知识产生、应用过程的种种困境,要求我们对知识体系进行重新构建。运用信息革命的技术支撑、依托于变化的外部环境,和内部环境重新审视知识体系,从而构建集团企业互联网化进程中的知识。这种形式下知识体系的重新构建,需划分为四个维度:知识体系外部机制、知识体系内部机制、知识体系的分享机制、知识体系的互动机制。

比如,企业的知识体系外部机制,要求企业考虑如何建立起企业内部人员对外部环境的认识机制,如何建立起内部人员对于终端客户和消费者群体的认识机制以及如何建立外部宏观层面和微观层面的知识导入机制。企业的外部环境变化多样,相应地,企业要建立一种能够快速分析外部环境是如何变化的能力。并且将这种分析的能力进行整理,形成知识理论,使得企业内部能够不断对外界环境的多变性、复杂性进行分析。

企业对于消费者的认识机制,需要企业重新定位自己的知识,清晰分析自己所要面临的客户和消费者面临的问题,从这个角度出发构筑自己的知识架构。

外部环境自身存在很多好的知识,比如行业专家的知识,以及最新的行业相关社区、论坛的知识,要构建一个外部知识的导入机制,使得企业内部能够和这些机制产生互动。与此同时,企业为适应剧烈变化的外部环境和内部环境,需要建造一种互动机制,及时与外界进行交互,以提升自身的认识。

最后,企业应当建立完善的知识分享机制。企业员工间的知识启迪、知识传播、知识再生,最好的途径是知识的分享。

3. 知识生成、管理体系构建的步骤化

知识生成的第一步是入模。所谓入模是指一个新员工进入企业时所必须接受的基础知识培训。这里的基础知识包括了新员工在企业中进行正常工作和沟通交流所必须具备的基本知识和技巧。换个角度来说,企业需要建立一套基础知识体系,使新员工能在短时间内获得工作和交流所必需的知识。以往企业对新员工的培训往往是文本化、制度化、教条化的。这样的培训效率低下,新员工难以在短时间内对工作形成具体而形象的认识。现在企业要首先将新员工必须掌握的知识、技能、技巧模板化和流程化,以便于让新员工能够更迅速地进入良好的工作状态,并且初步具备运用方法论更新知识体系的能力。

这一基础知识体系在不同的行业中会有不同的重点,但是其基本内容应大体包括:行业发展基本情况,企业、部门的运作模式,员工职位所需的能力和素质,员工职位所需的基本知识和技术,以及结合工作实际的方法论。

第二步是进行知识系统梳理。在新员工完成入模工作后,企业还必须促使员工自行对其知识系统进行深层梳理,使员工内在的隐性知识在系统梳理的方法下逐渐外化。

系统梳理工作包括三个层面:学术背景、技术背景和心智模式。学术背景是指员工个人的学历和理论知识背景;技术背景是指员工的工作经验和经历;心智模式则主要是指一个人对世界的看法以及由此产生的行为模式,以及他对事物的认识深度和逻辑思考过程。

对于特定的个人而言,由于其学术和技术背景在一段时间内处于相对稳定的状态,也非短期内可以有效地改善,故梳理工作的主要重心是对心智模式的梳理,其目的在于通过梳理过程使员工了解和发现存在于自身心智模式深处的障碍,即我们俗称的知见障,这些障碍员工平时未能发觉,但实际上心智障碍却早已对员工的思想和行为都产生了不利的影响,有些甚至成为员工个人发展的瓶颈。

第三步是建立企业思想库。思想库是指企业在发展过程中积累起来的一套有效的方法论,对公司的管理实践有着极强的指导意义。不同的企业由于所处行业特性的不同,可以建设出不同类型的思想库。

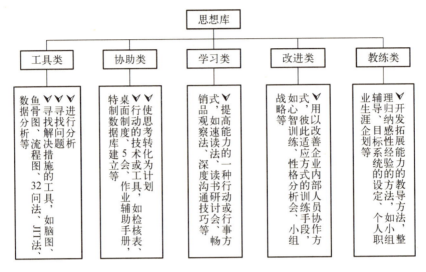

图 4 - 18 - 2　思想库类型

员工完成入模和系统梳理之后,必须加强对思想库的学习,掌握企业思想库的基本内容,并在工作实践中不断丰富自己对思想库的认识和理解,甚至反过来充实思想库的内容。对思想库的学习重在员工在工作实践中充分运用,并实现思想库的不断创新和升级,使员工能在管理实践中实现自我更新和进化。对今天的企业来讲,如何创新与变革,如何养成一种追求变革、反应敏锐迅捷的企业文化,如何令每个员工都能主动参与、推动变革,是一项挑战性的工作,而企业思想库的建设有助于这一目标的实现。

最后一步是建立企业特有的知识库。通过新员工入模、系统梳理、思想库建设、系统化的知识剥离,企业能够逐步建立起自己的知识库。尤其是对每个岗位、每个部门、每个业务板块、每个子公司进行结构化的知识剥离,更是知识库建设的核心环节。企业通过知识库的技术层面的搭建,来让员工参与到企业知识库的建设过程中,从而达成将员工知识库建设和企业知识库建设相融合的目的,最终实现企业的大脑联网。

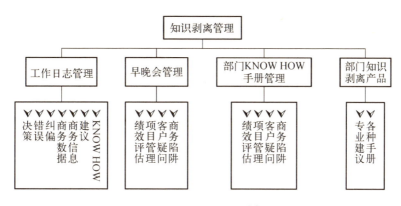

图 4‒18‒3　知识剥离

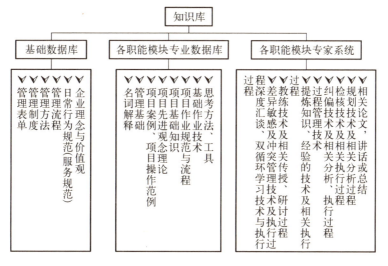

图 4‒18‒4　知识库建设

客户需求应对的互联网化构建

　　分析客户的需求在互联网化环境下尤为重要。寻找企业的终端客户，分析终端客户所面临的外部环境变化，并依托于这种变化，精确地分析客户的需求，从而提供客户满意的产品及服务。

　　互联网化形态下客户的需求改变了，由原来的产品导向，转变为个性化的问题解决导向。与此同时，企业越来越多的客户能力变了，一方面因为互

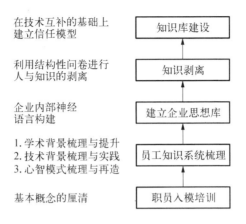

图 4 - 18 - 5 知识库建设路径

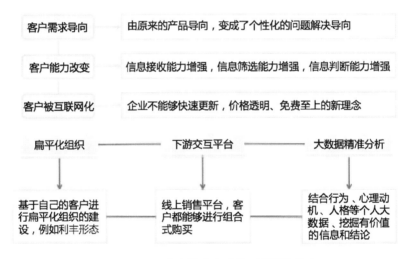

图 4 - 18 - 6 客户需求应对的互联网化构建

联网信息化,今天的顾客拥有无限的信息,甚至比企业还多;另一方面,顾客有能力判断这些信息并作出选择。

然而很多企业对客户的被互联网化毫不自知。身处于信息爆炸的互联网时代,客户面临着大量的信息,从信息的接受层面来看,并不一定比企业更差。互联网时代解决的最大问题就是信息不对称的问题。企业要推崇快速更新、价格透明、免费至上的新理念,针对性地应对客户需求的变化,对客户的需求做到精准定位。

客户需求的精准定位和需求的引导式开发,主要有以下几个途径:扁平化组织的建设基于客户进行个性化设计、基于下游的交互平台的构筑、基于大数据的精准分析,还有基于眼球经济和体验消费新型品牌构筑的需求开发。

1. 扁平化组织的建设基于客户进行个性化设计

基于自己的客户进行扁平化组织的建设。尤其是服务于高归核化的客户,企业可以完全模拟客户归核化以外的组织形式,来进行自身组织的构筑。例如,利丰集团实现组织扁平化之后,为了能够为客户提供更好的个性化外包解决方案,在进行子单元组织架构时与自己的客户保持一致性和补充性,与客户的特殊部门保持一致性,与归核化部门相互补充。

2. 基于下游的交互平台的构筑

企业在经营中往往遇到的问题是公司的销售品种种类繁多,客户又对本公司的产品有多样化组合式的需求,传统的销售形式已不再能够满足客户的这种需求。一个很好的办法就是销售环节的在线化,打造一个线上销售平台,每个客户都能够在企业平台上进行组合式购买,从而解决公司在实际销售过程中不能满足客户个性化需求的难题。

3. 基于大数据的精准分析

在企业实现信息化管理以及线上运作之后,就可以进行大数据的分析。通过大数据多分析模型,结合行为、心理、动机、人格等个人大数据,挖掘更深、更隐秘、更有价值的信息和结论,以及持续不断改进模型,使之智能化、聪慧化地发现更多需求。

竞争对手监测体系的互联网化构建

互联网对传统行业的入侵,使得一切都迷雾化了,企业分不清楚谁才是

255

自己的竞争对手。跨界整合、互联网冲击，速度快、整合力度猛、跨界范围广，让传统意义上的竞争对手分析变得分文不值。每一个行业都会有新进入者重新定义这个行业，乃至整合整个行业，这就需要对竞争对手重新进行定位。

要分析清楚企业的竞争对手是谁，首先要明确一点，互联网的跨界整合、对传统行业快速侵占的目的是什么。分析众多的互联网属性的企业案例后不难发现，这些企业都在进行依托于为终端客户提供个性化解决方案、服务和产品的圈层构筑。因此未来的大竞争环境不再是企业之间的竞争，而是圈层与圈层之间的竞争。

对于传统企业，其竞争对手来自三个方面：自己行业内部的竞争对手、所在圈层与另一个圈层内的竞争对手、来自互联网行业对本行业的价值链重构。对于逐渐互联网化拥有圈层的企业来说，其竞争对手就是与其争夺社会资源的其他的生态圈层。这就需要建立一个相应的竞争对手监测体系，意在竞争对手的发现与预见，以及竞争对手的应对。

图 4-18-7 竞争对手监测

1. 竞争对手的发现和预见

竞争对手的发现和预见可以从两个层面来探讨，一个是传统企业互联网化进程中竞争对手的发现，一个是大的圈层拥有者与竞争对手的平台发现与预见。

对于传统行业要重新认识自己所处的产业属性，评估自己产业被互联网颠覆的难易程度，预警式地发现自己将会面临互联网入侵者的突袭。对于传统的行业内部的竞争者，要去发现其是否在积极地拥抱互联网，是否其互联网化的进程比自己要快。

对于现有的互联网属性公司，要去发现自己所处圈层里的资源正在被谁侵蚀。要分析自己的圈层与其他生态圈层在资源占有、消费者终端竞争等方面是否有竞争优势，自己的圈层与别的圈层之间的交互关系，是否存在包含、凌驾、被凌驾的可能性。

2. 竞争对手的应对

互联网化企业都在力图打造属于自己的生态圈战略，比如滴滴打车的生态圈、办公室消费生态圈、大宗物资交易生态圈等。主动完成互联网化改造是一种途径，通过五个层级的构筑，来全面布局自己的互联网化战略。积极被互联网化改造也是一条途径，将自己融入到某一个生态圈层，占据圈层里面的一个终端，来避免其他传统行业竞争对手对这个终端的争夺。

对于已经构筑了自己生态圈层的传统企业集团，比如苏宁云商，在理顺自己竞争对手的时候，要实现布局的稳准狠快，快速攻城掠地，快速构筑自己的生态圈，在确定好自己生态圈层的定位后，投资力度要狠，方向要准。

消费趋势发现

正如前文所提到的，互联网带来了消费者观念的改变。主要表现为互联网使得消费主权时代到来，消费者也成了媒体人，消费者了解品牌的渠道大大拓宽，消费者的消费呈现出全消费时段的特性。

1. 消费者观念的改变

改变一：互联网使得消费主权时代到来。没有互联网的时代，如果一个用户对产品和服务不满意，常态的反应是自认倒霉，下次不再去买，最多提醒周围的朋友不要去买。这种用户的意见只能在小范围内传播，对厂家的影响不大。厂家往往利用信息的不对称来应对这种状态，但在互联网时代就变得行不通了。

图 4 - 18 - 8　消费者观念的改变

互联网的特点是开放、透明、共享,消除了信息不对称,使得消费者掌握了更多的产品、价格、品牌方面的信息。到了移动互联网时代,直接、实时链接使得信息反馈与用户参与的成本持续降低,碎片化时间造成了参与时长的增加,两者的累加效应,使得消费主权开始真正发挥威力。

改变二:消费者也是媒体人。人人都是媒体人的时代已经到来,因之产生的全民社交化力量十分巨大,这种力量是每个品牌都不容忽视的。这种全社交媒介的品牌与消费者交互模式,颠覆了传统的顾客关系与个性化营销的方式,也倒逼品牌商必须在各种媒介都要"以用户为中心"进行品牌沟通,而不仅仅是品牌的单向传播。

改变三:消费者了解品牌的渠道大大拓宽。零售企业在物理的实体商圈不再足以影响消费者,消费者对购物、娱乐、社交的追逐充斥在网络商城、移动终端等每一个可以了解的渠道。

改变四:消费者的消费呈现全消费时段的特性。当今,消费者往往利用每天的碎片时间购物,定期每个月到百货店、每周到超市的人群大大减少。在移动互联时代,消费者实现了随时随地购物,呈现出全消费时段的特性。

改变五:个性化消费时代来临。在互联网化条件下,企业和品牌面对的是相对更少,更加细分的圈子和人群。传统的以大众化为目标人群的消费方式正在向公众化、小众化和个性化转变。

2. 分析消费者消费趋势的途径

消费趋势发现要有前瞻性,要从过去发现未来。企业不仅应当从人性、热门话题、社会潮流、生活方式等方面来挖掘和分析,更应从家庭、教育、文化、区域偏好、族群行为与特质等更深层面去发现颠覆性机遇、非常态趋势、波动性趋势以及各种临界点、拐点。分析消费者消费趋势的途径主要有三种，一是大数据的应用，一是实时互动，还有组织智商的应用。

图 4 - 18 - 9　分析消费者消费趋势的途径

　　大数据对于消费者消费趋势的判断，以及对消费者所想要接受服务的判断，可以实现实时、全面的分析，从而进行预测。如亚马逊提出的"预期递送"那样，会根据早前的订单和其他因素，预测某一特定区域的客户可能购买但还未预定的商品，并对这些产品进行包装和寄送。根据该专利，这些预递送的商品在客户下单之前，存放在快递公司的寄送中心或卡车上。在预测"预期递送"的商品时，亚马逊可能会考虑顾客的订单、产品搜索、愿望清单、购物车的内容、退货甚至顾客的鼠标游标停留在某件商品的时长。

　　而企业通过实时互动，可以建立起与消费者的强联系，提升消费者在公司运营管理中的参与感，也是一种很好地预测消费者消费趋势的方法。

　　海立方是海尔公司的创新产品孵化平台。在海立方，用户可以与创新产品团队进行互动，一起设计改变生活的创新产品。如何预测消费者的消费趋势，让消费者说话，让消费者参与到产品、服务的设计中来，是一种最好的方法，最精确的方式。在海立方，不但提供孵化基金，还有制造资源和销售渠道，海尔公司会整合项目发起者、供应商、分销商、用户的资源，为产业中各个环节上的群体提供交流、资源互通的平台。

第五编

互联网化的未来与集团战略应对

5

本编通过互联网化对集团战略的冲击、互联网化背景下的集团战略应对、"互联网+"行动计划、互联网化的未来等内容，描绘了互联网化的未来图景，提出了集团互联网化战略的应对之道。

第十九章　互联网化对集团战略的冲击

推动互联网化转型的五种根本力量

中国经济在经历了 30 多年的高速增长后,开始进入一个新的发展时期,当前国际国内环境处在复杂的变化中。笔者认为,推动未来世界范式转型的,是五种根本性的力量——五化,即政治多极化、科技更迭化、区域重构化、市场金融化和社会互联网化。

五化之政治多极化。政治多极化发展孕育于两极格局的演变之中,两极格局终结后,世界政治正在走向多极化,这是当今国际形势的一个突出特点。在此背景下,未来世界将呈现多个政治联盟与阵营,分野出不同的贸易、金融、货币、技术、知识产权、比较优势、产业组织、风险、营商环境、资本市场等。政治多极化主要体现在国际势力多极化,不同极之间贸易壁垒、科技与防务壁垒严重,不同极之间的竞争差异对金融货币构成巨大影响。甚至影响到各国家和地区的大宗商品价格,影响到城市产业升级和发展模式改进。

五化之科技更迭化。科技更迭化主要得益于科技的迅猛发展。随着信息技术成为当今社会科技领域的重要支柱技术,技术更新换代的步伐也逐步加快。科技更迭化将主要带来科技体系规划、基干产业战略、前沿探索、课题与专项、科技服务与环境、重大创造、科技转化等若干重大领域的变革。

五化之区域重构化。全球化与国家城市区域空间重构正逐步加快,进而推动区域重构化。区域重构化主要包括国际生存与发展空间塑造、国家发展空间塑造、国土资源规划、交通与物流脉络、城市化、生活空间等。区域重构化主要包含三大国际形势(大国之间的太空较量、多元力量对峙的国际格局、亚洲地缘政治)与六大国内形势(中国周边关系、三大国际城市群、两横三纵、区域一体化、城市再塑造、经济园区物流格局再造)。

五化之市场金融化。随着经济货币化、利率市场化、汇率市场化、资本自由流动等进程的逐步加快,未来市场金融化的进程也将进一步加快。未来世界市场金融化主要涉及市场导向的金融管制,多层次金融市场,金融服务与环境,金融产品与信息、人才的交融,金融对运营要素的改造等诸多领域。市场金融化主要体现在市场导向的金融管制、金融多媒介化、运营金融化、信用资本化、资产证券化、融资多元化和投资多层次化。

五化之社会互联网化。物联网等技术的发展和进步,将使社会生活生产的各个方面都具备融入互联网的基础。物联网最终将实现人类自然环境和社会的互联网化,并与智能控制技术融合变成智慧地球。社会互联网化主要带来国家与社会运作互联网化、公共产品便利化、城市智慧化、交易与商业去媒介化、生活大数据化等。社会互联网化主要体现在搜索和心智再组织取代定位或广告、个性社会经营取代推广、极化信息(多维度多方式的信息传递)取代传统沟通方式、超链 ERP 取代供应链管理、互联网空间特性再造渠道、互联网时间特性再造特性、知识自生取代知识管理。

对企业来讲,有必要深刻理解五化对于未来企业的影响和推动。企业必须摒弃无意义的互联网恐慌,因地制宜建立自身的五化应对之道,走出自己的独特之路。不能在恐慌和迷乱中被异化,被客场作战,被去优势化,而应选择在五化冲击中找到自己的主场,在主场中进行变革和战略优势构建。因此,在五化影响下集团战略的外部战略——供应链、产业链、生态链及超边界战略变得更加重要,战略的柔性化变得更加重要,战略中的滚动、调整、试错、多个不可调和战略平行执行等手法也将变得更加重要。

互联网化冲击与集团战略的八大变化

在"五化"的冲击下,总体来说,集团战略出现了八大变化。

第一是顶层设计化。顶层设计在今天显得格外重要。当我们越是考虑到世界高度不确定化,企业与社会之间的关系高度交融化,我们越发现需要顶层设计。我们要从企业的哲学高度,从企业存在的终极意义高度,从世界变化背后的本质高度,从市场规律的中长期恒定特性高度来把握在变化中仍然相对稳定的,在纷繁复杂的背后仍然相对简化的一些因素。所以顶层设计不是居高临下地发布命令,确立目标或者价值观,而是把握这些变化当中不变的、恒定的因素的一种做法。

从系统发展角度来看,系统先由决定论进化到非决定论,莱布尼茨时代认为系统是能被决定的,量子力学出现以后人们普遍认为系统是不能被决定的。之后西方理论普遍认为系统虽然不能被决定,但是可以被影响。

第二是系统认知跃迁化。对企业的认识也就是对系统的认知,在"五化"的冲击下,企业从一个机械系统发展到有机系统,再发展到今天的复杂系统,而且这个系统是可以被影响,甚至被塑造的。

从动态系统论的角度来看,当今世界许多商业和社会组织早已突破机械系统的范畴向有机系统演变,甚至有些复杂的组织形态(如组织智商系统,组织智商是一种人工智能,是组织自觉与有意识地进行经营的状态,是对内部可塑性进行探索和优化,对外部环境进行认识、改造、协同的各种思想和方法的指导原则)已经向更复杂的系统演进。对系统认识的高度决定了人们以怎样的视角去看待其所处的组织、社会等系统,得出什么样的解决方案。

以往研究问题,一般是把事物分解成若干部分,抽象出最简单的因素,然后再以部分的性质去说明复杂事物。这种方法的着眼点在局部或要素,遵循的是单项因果决定论,它不能如实地说明事物的整体性,不能反映事物之间的联系和相互作用,只适用于认识较为简单的事物,而不胜任对复杂问题的研究。传统意义上对系统的解决方案,主要来自西方非常流行的系统工程和战略设计。

人们对系统认知的变迁其背后原因复杂,这与人类文明历史的进程息息相关。机械系统主要进行简单的输入与输出管理,系统的各个机能之间因果反应，可预测、可管理、可拆可合。有机系统主要进行元素的关联性管理，系统由多个要素集成。只要抓住系统的一些关键因素，然后输入成长因素，就可促成系统成长。生物系统主要是指对系统基因的管理，系统是有基因的，不是简单的制度安排，是设计它的基因从而影响其发展。可管理的复杂系统是组织和多层次嵌套的，企业所能做的就是抑制负面的蝴蝶效应，管理、加工和驾驭正向的蝴蝶效应。组织智商系统主要是指组织聪明的学习、思考，形成巨大的系统智能（人、环境、要素融合在一起）。组织智商是对组织智能的一个测度，而组织智能是指一个组织进行自觉地认知、学习，并提升自己能力的一种人工智能。放到企业中具体是指企业收集和处理内外部信息，通过群体思考和学习，进行有效决策并正确实施的能力。

第三是超边界化。无论之前集团战略内涵多丰富，小宇宙有多繁密，内在结构有多少层次，内在逻辑有多少层循环，都是在内部的范畴，都是以企业的产权为边界。而互联网化的冲击下使集团战略超出原有的边界，从供应链战略到产业链战略，从生态链战略到生态圈战略等，都发生了巨大的社会化。一个企业的战略不再由神圣的高管层来决定，而是进化为企业与社会之间互动的结果。这是企业与时代博弈的结果，是企业思维与社会思维冲击的结果，也是企业竞争力与社会竞争力撞击的结果。

第四是集团战略智慧化。过去我们认为集团战略是人类智慧的一个投射物，是人类聪明地为某一个系统该如何运行而设计的一揽子程序和一揽子命令发出系统。如今通过战略系统的自我运转，通过上有顶层设计，下有基层首创，中有总部的预调微调定调，反复多层次地在总部与子公司之间出现多种层次的循环，多种层次的学习和试错。导致战略系统从无意识试错到有意识学习，到最终形成组织智商，达到了集团战略的智慧化。换句话说集团战略的反复运作可以产生组织智商。因为这里面有多层次的学习循环、试错循环、意识循环、规律循环、能力循环和集成循环，这种运作使得一家企业就像乐于学习的婴儿，乃至于能学习的成人一样，逐步地智慧化。而且这种智慧未必是以自然时间为尺度进行积累的，而是以内在时间为尺度进行内在积累的。像互联网公司，它的组织智商积累速度会远远高过传统产业公司。一个开放的贸易型公司的组织智商积累速度,会远远高过封闭的制造型企业。一个复杂生态链组织型企业的组织智商积累速度,会远远高过简单供应链运行型企业,这是由它们的智慧化特征决定的。

第五是集成化。在"五化"冲击下,对于一个企业来讲,它的经营要素不再是企业内部的人、财、物、产、供、销,而是要考虑到对环境要素的管理。环境的文化要素、流行要素、创新要素、价值观要素、时尚要素、情绪要素、政治要素等无不成为企业进行经营的必要条件。比如谷歌公司现在已经不单单是通过鼓励员工创新来使企业发展,而是同时驾驭若干的社会要素,乃至于国际要素,使得企业获得持续发展。又比如对于一个时尚公司来讲,对多元民族服饰特征、色彩特征、民族风格特征等要素的驾驭会使其国际品牌更具生命力、包容性和开放性。再比如对一家全球化企业来讲,驾驭企业资源,配置全球财税,形成全球化经营的战略大纵深,本来就应是它的一种经营风格。基于此,它的战略才能获得正常企业无法获得的竞争优势。

第六是时间碎片化。在"五化"的冲击下,集团战略的时间碎片化有几个特征。首先,集团战略由静态的竞争战略走向动态的柔性战略。战略在今天越来越具有权变、切换、有机加随机、固定加变化、计划加应变等柔性特征。而且过去战略的闭环性在今天也遭到了质疑,出现了开环战略。在做战略的时候,往往有很多战略只是有第一步,第二步怎么走要视当时具体的市场反应来定。结合预测,结合一些领先型、引导型、潮流型消费者的反应综合制定出下一步战略的行动。

具体的柔性的战略应当是开放的,是完全与消费者、社会互动的动态管理型战略。社会互动型战略的这种做法,也可以一开始就制定好若干的情景化剧本,为每一种场景设定不同的前提和情景性指标。一旦某种情景被触发,战略就立即切换到相应情景的一种相对固化的做法。它是一种具有剧本的分情景化的一种柔性战略,并不是完全开环,但他更适应超大型企业。完全的柔性战略就不适用于超大型集团。情景化战略就相对更适合大型集团。另外学习型战略也应受到重视,如何在试错中进行学习,持续试错、持续学习,高频度试错既产生组织智商,又通过组织智商制定较精准的战略。这是因时间的碎片化导致的企业的一种新型战略的变化。

同时,企业在时间碎片中,持续地,甚至在短时间内以高准确度快速出击抢占微蓝海。把一连串微小胜利、微小蓝海,集结成一个较大的商业上的成功,已变成今天动态竞争的一种重要手法。它不是图谋一个巨大的市场,而是图谋争占一个又一个的小高地,动态地捕捉若干高地,集结成一种动态长尾战略。另外商业模式的随机变化,一方面由上而下地制定商业模式,另一方面接受商业模式由下而上地被冲击,也是时间碎片化的一种重要的反应或结果,这时候就出现了动态商业模式。

最后,若干企业也引入了大数据战略。根据社会的数据,根据战略实施过程中的所有的战略周边数据来对战略进行互动和学习、互动和调整,构成了碎片化战略的一些基本特征。

第七是空间的层次化。同一个企业的内在空间出现一个非常庞大的层次性特征。层次性特征就是在小范围里的确定性,例如企业某一时段要发售一个新产品,它是确定的。而中等范围里则存在较大的不确定性,例如企业要打下一个中等国家的市场,或大国的一个区域市场,以及进入一个新的业务领域等。这在中等范围里就存在较大的不确定性,也就更需要考虑到本企业的优势。在一段时间里,一个可控范围里,这种不确定性仍然有其规律性、有一定的可预测性和部分可管理特征,所以中等范围里的不确定性还是可以把握的。

但是大范围内出现的高不确定性,不仅包含时间空间,还包含业态、文化、法律、人性等不同的范围,这种范围的跨度导致在一个大范围内存在高不确定性。高不确定性带来波动性和周期的叠加性,进一步导致战略的被迫碎片化。

第八是阶层化。小企业的投机性、中型企业的聚焦性、大企业的创新性、超大企业的垄断性以及各种追赶者、野心者的搅局性特征在同一个战略生态竞争格局里同时并存,而且往往会出现很多脱轨者。比如小企业往往以投机者为多,但是有时候会出现更多的聚焦者,乃至创新者。同样,超大企业理应享受垄断利润,但是超大企业中也会出现投机者、创新者等。这种阶层化特征越来越明显,虽然阶层会随时崩溃随时再组织,但是阶层化这个动态是存在的。

第二十章　互联网化背景下的
集团战略应对

影响集团战略的跃迁主要有以下七种因素：

(1) 对哲学的思考及终极疑问的探寻；

(2) 对时间、空间、动力、系统、基因的再认识；

(3) 对社会、人性的重新认识；

(4) 对国家、城市、社区、组织、人的价值的再认识；

(5) 对组织文化、组织学习与组织智商的敏感与洞察；

(6) 远见和对未来的探索；

(7) 不确定性和对未来的塑造。

集团在制定战略的时候需要结合互联网化，对这些因素进行全面分析了解，制定具有变革性的战略，使得战略站在另一个新的高度，促进集团发展。

集团战略体系构建

传统上战略管理体系的全貌是封闭的。它的核心理念是进行思考和分析，制定出一个战略，并且为这个战略配置所需的资源，然后持续地推进运行，并且不断地进行运行反馈、修正、调整、推进这样的循环。使得战略由此及彼、由近到远，最终达到它的战略目标。这是在封闭时代、静态时代、高确定性时代、低行业整合时代和低国家转轨时代所具有的一种必然特征。而在互联网化冲击下，这种静态的管理体系已然是不可被延续的，于是就有了全开放、全动态、全学习的特征。

　　首先是企业的战略思考。战略认识既来源于自身的实践,又接受同时期社会思维、社会价值观对企业的冲击。同时,企业还应接受员工由底层向上以及社会供应链由外到内的冲击。所以战略思考首先是开放的、学习的、动态调整的和高度试错的。那么战略分析作为战略思考的一个结果,必然是开放的、互动的、学习的。它既是碎片化的,又具有顶层设计的特征。

　　其次是战略规划。在战略规划的过程中,既有由上而下的顶层设计,又有由下而上的基层首创,还有由外而内的跨界思考;既有对历史的继承,也有对新事物的反应;既有企业高管对好经验好思维好历史传统的创新,又有另类思考者对本企业奉为神圣的若干观念的挑战。在制定过程中既有构建型开放型战略的特征,又会不断地吸纳战略构建过程中的种种疑惑、悖论,从而对已经形成的观念构成冲击。所以战略规划的过程本身具备了碎片的、庞大的、学习的、试错的、探索的、开放的特征。

　　但是跨越碎片背后,人人都在思考碎片背后的规律是什么。虽然未必都能得到答案,但是这种目的、这种底层欲望是必然的。由此战略规划也变成了高度开放的、由员工参与、供应商参与、产业链参与、政府参与、利益相关者参与,甚至金融机构参与、意见领袖参与、大客户参与、非客户参与、竞争对手参与、股评人参与、社会参与的共同体。这样一些浮光掠影的意见参与,都只是战略规划的一个素材和第一步。

　　再次是战略支撑和执行。战略的支撑和执行体系也是一个开放的系统。在这样一个开放战略中,需要对如何固化资源配置、如何进行动态的资源配置、情景化资源的配置展开思考。哪些资源来自内部、哪些资源来自外部、哪些资源的获取是可确定的、哪些资源的获取是不可确定的,这些都是一个未知数。

　　如此开放的战略执行过程,其反馈评价就不再是一个月一反馈,整个集团一反馈,而是多层次的、零碎地反馈。整个集团的大组织的反馈调整可能也不是按月,而是遵循着供应链、产业链或生态链进行周期性的调整。

　　总之,内部周期是零碎的。由上而下并没有一以贯之的周期,由下而上也没有一以贯之的程序的逻辑。有些战略是闭环的,有些战略是开环的,有些是对已有战略的一个微调性执行,有些是颠覆性执行,它的反馈调整体系是零碎的。唯有如此,这个战略才足够有生命力和组织智商。

三层面集团战略构建

华彩咨询认为,集团战略是一个活的、不断进化的、逐步聪明的体系。上有顶层设计,下有基层首创,中有预调、定调、微调。这个结构本身导致战略由上到下、反复循环、反复发生多层次的调节。

在集团战略实施过程中,即提倡整个集团对社会战略的三向营销以及子公司、孙公司对上级的三向营销。换言之,子公司也可以向它的母公司进行三向营销乃至孙公司也可以对集团进行战略的三向营销。只不过孙公司的第三向,向下营销可能就仅仅是对它的内部的独立核算单元。由此形成一个生机勃勃的内部市场、内部交易。这个内部交易是一个价值交易、价值观交易、思维交易、创新交易,是一种高智商交易,是一种交汇的学习型交易。其中三向营销主要指向上营销、向下营销及横向营销。

1. 向上营销

第一个层次,在上级战略里面卡位,而不是被定位。

第二个层次,给上级提供本级乃至整体更新的发展思路,引导上级发现本级之美,发现本级新的运作空间,新的在集团里面可组合的方式。

第三个层次,引导上级对大战略进行反思,发现大战略里面的漏失和缺陷,提高大战略运作的格局和层次,从而拓宽本级发展空间。

第四个层次,是将本级所构筑的商业资源、政治资源介绍给上级,使得上级战略转型、超越、升级,从而使得本级在上级战略里面居于引领地位。

第五个层次,将本级所发现的战略创新模式,兜售给上级,使得上级以本级为前瞻,为马前卒,使得本级成为上级的战略运营核心,将上级整体资源吸引于本级处,使得本级得到聚焦式发展。

第六个层次,就是以本级为主,整合上级,使上级所有资源成为本级的营养成分,成为本级的战略发展要素,使得本级反向来整合上级,驾驭上级,极大地催化、促进,引起聚变效应。

2. 向下营销

第一个层次,形成强大的高格局的集团战略,使子公司认识到自己的发展空间被放大,心甘情愿地认同集团战略。

第二个层次,通过对子公司战略格局、战略发展空间的约束和激励,而产生一个导向作用,使各个子公司追求发展的矢量和。

第三个层次,通过指标,资源配置等手法,使得子公司运作层面、效率层面,不由自主地产生一个运作的定向,从而产生效率上的聚合,运作上的聚合。

第四个层次,反复在应用和模式上建立一种战略认同,把一种经过认可和验证的模式,反复推广复制,降低创新成本,摊薄探索费用。

3. 横向营销

第一个层次,用各种利益让度等手法,影响和连接产业链合作者与兄弟企业,形成同盟军。

第二个层次,围绕一个新理念输送价值,使得更多人认同本公司的经营理念或模式,从而形成强大的运作底盘,逐步达到盈亏平衡点,最终形成一个强大的运作基础。

第三个层次,用商业模式去团结产业链。

第四个层次,用虚拟价值去组织生态链。

第五个层次,用虚拟价值、人造价值给同业一个想象力空间,让联盟者围绕我,以本公司为产业为链主,展开众星捧月式的运作。

第六个层次,提出某种理论、某种模式、某种理念,使得关系企业认同这种理念,自然而然通过理念营销,形成以本公司为核心,大家来支持本公司的多维多级合作。

集团战略的若干调整中,关于子公司战略的若干角色、子公司战略与集团战略的几种互动可以看出子公司与集团战略、子公司在集团战略中的角色发生了一种前所未有的新型变化,子公司已经构成了一个器官,一个有生命力的独立体。它本身有自己的生命灵魂,独立的文化、独立的空间以及与母公司动态关系。子公司和母公司的关系不再是固化的,而是动态的、可构建可调整的、有较大的腾挪尺度的。这就构成了内在的多样性和较大的调整空间。

集团的三层面战略在运营的过程中也充分受到组织智商的支持。在三层面的互动过程中,既产生组织智商,也受到已有组织智商的支撑,而且组织智商会进一步地使三层面之间互相推动,产生更新的方式、更新的内容。所以经过第一次循环后,三层面之间的关系更加生机勃勃,每经过一个周期以后,三层面之间相互的推动、相互的作用呈现螺旋上升,从而进入一个新的境界。

集团战略的落地执行

集团战略的落地执行,不是简单地把一个已经固化、已经不可被修正的集团战略用钢筋水泥土打到地面里去,集团战略的实施过程本身就是一种新型的、一种战略的、一个规划的过程。战略需要动态规划,纸面规划只是规划的前半部分,在战略落地实施过程中也有一个动态的、深入的、持续的规划,所以新型战略的落地执行过程其实是规划的一个延续。

在执行过程中,执行与计划之间的差异产生的若干事实与数据,数据对执行的调节,本身形成一个反馈环。这个反馈环会产生若干的由下而上的微组织智商、点状组织智商,会汇集成组织智商流、组织智商段、组织智商柱、组织智商层以及组织智商体,使得战略的循环更有想法、更有价值,每一次循环的水平和质量更高。

同时,集团应当充分地嫁接、试错,加强对错误和意外的包容性管理、对不确定性的包容性管理、对失败的包容性管理、对战略执行不利的包容性管

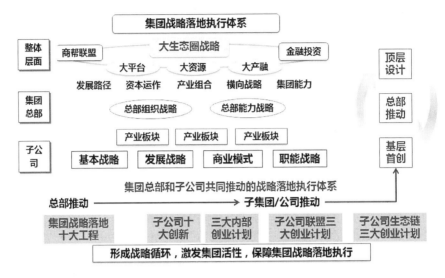

图 5 - 20 - 1　集团战略的落地执行

理以及对战略执行变异的包容性管理。这些包容性管理看似使战略变了味道、走了形状,但事实上使得战略更具备了生机。

最后,在战略执行过程中,应当持续地尊重时间的碎片化、战略的多层次化、战略的阶级性以及战略的外部化等特性。把战略的执行过程变成企业与社会之间的一个友好往来过程,变成企业与生态系统之间的能量交换过程,变成企业从社会上汲取精华营养、抛弃负能量的一个结果,从而使得企业总是能从社会上吸纳更大的正能量,形成一个很有价值的支撑体系。

集团母、子公司战略互动

集团本身需要构建整体战略,进行顶层战略设计,而所有子公司(事业部)的战略都是集团战略的支撑与组成部分。

集团战略框架形成后,下发子公司(产业板块)战略编制大纲,子公司根据该大纲编制自身的产业板块战略。但需要特别注意的是,一个好的集团战略必须允许和鼓励子公司的基层首创,必须注重在集团大战略蓝图中,子公司可以有所突破乃至于颠覆。

在集团大战略的顶层设计与子公司基层首创之间的冲突是一种值得鼓励的良性冲突。应充分鼓励子公司在大战略框架与蓝图的基础之上，充分提高自身的市场感受力，重视自身的一线信息掌握，把自身的创新、对集团战略在本产业板块的不适应点以及母、子公司战略之间缺乏的创新性进行整合，充分地表达在自身的基层首创中。

在集团顶层设计战略与子公司自身基层首创战略之间，总部起一个协调、集成、预调、微调、定调的作用。

集团战略风险控制

企业在制定战略的时候也需要进行风险控制体系制定。对于风险控制的平衡，首先要对风险的等级进行评估，它是低不确定性的、还是中不确定性的，是高不确定性的、还是完全风险的？对于不同级别的风险，进行不同策略的风险平衡。

对于低不确定性风险，企业要坚守主业，保证这部分给企业带来源源不断的稳定收益，维持企业的稳定长远发展。同时，还要延续以往的风险平衡制度，并进一步进行新要素新环境的分析，进行风险控制的构建。

对于中不确定性风险，主要体现在企业的一些业务部分。对于这些中不确定性的业务进行创新突破，进行一系列的尝试、试错，在不断创新过程中做一些改变，去对这些中不确定性风险进行把控。

对于高不确定性风险，它来源于整个环境的高不确定性、整个行业的高不确定性以及整个产业的高不确定性。这些高不确定性的风险，是属于未来的发展趋势，企业就必须对趋势进行研究。对未来进行研究，要不断坚持开放、迎合趋势、塑造未来，对高不确定性进行风险平衡。

对于完全风险的控制，企业需要通过对自身状况的全面认识，清楚完全风险对企业的影响程度，进而对完全风险进行评价，看是否值得进行赌博式试错。在进行赌博式试错的时候，应做好风险经营和动态管理，以达到风险平衡。

第二十一章 "互联网＋"行动计划

"互联网＋"的缘起

"互联网＋"的概念最早是互联网企业提出的,目的在于扩大自己的业务范围,意图以互联网技术改造传统产业。而反应缓慢的传统产业显然不喜欢被互联网企业指手画脚,"互联网＋"的概念并没有得到传统产业的热烈响应,所以这个概念在很长的时间里只是停留在互联网企业口号中,并没有得到大范围认可。

图 5‐21‐1 "互联网＋"的缘起

2015 年 3 月 5 日上午十二届全国人大三次会议上,李克强总理在政府工作报告中首次代表官方提出"互联网＋"行动计划。"互联网＋"迅速成为热门话题,互联网企业自然是冲在前线,纷纷提出自己的观点和理论,意在争夺"互联网＋"的话语权。传统产业也加入到这一话题的讨论之中,认识到互联网对传统企业的重大意义,开始积极思考并寻求自身的互联网化转型。

李克强总理所提出的"互联网＋"比相关互联网企业较早讨论聚焦的"互联网改造传统产业",有了进一步的发展。李克强总理的"互联网＋"实

276

际上是知识社会创新 2.0 下互联网发展新形态、新业态，是知识社会创新 2.0 推动下的互联网形态演进。伴随知识社会的来临，驱动当今社会变革的不仅仅是无所不在的网络，还有无所不在的计算、无所不在的数据、无所不在的知识。"互联网＋"不仅仅是互联网移动应用于某个传统行业，更加入了无所不在的计算、数据、知识，造就了无所不在的创新，推动了知识社会以用户创新、开放创新、大众创新、协同创新为特点的创新 2.0，改变了我们的生产、工作、生活方式，也引领了创新驱动发展的"新常态"。

"互联网＋"能在 2015 年引爆是多方面因素共同影响的结果，是政治基础、社会基础、经济基础和技术基础共同作用的结果，总理的"代言"成为最终的引爆点。

1. 政治基础

考虑到中国政治经济体制的特殊性，政策在很大程度上影响着经济的波动。经济"新常态"，是信息经济发展的起步，依托信息经济发展，加快从要素驱动向创新驱动的转变，实现经济的转型和增长。而以"互联网＋"为载体的知识社会创新 2.0 模式是创新驱动的最佳选择。"互联网＋"不仅意味着新一代信息技术发展演进的新形态，也意味着面向知识社会创新 2.0 逐步形成演进、经济社会转型发展的新机遇，推动开放创新、大众创业、万众创新，推动中国经济走上创新驱动发展的"新常态"。

新常态是信息经济发展的起步或信息经济全面发展的开端。今天经济的转型和增长要从要素驱动转向创新驱动，而以互联网为载体的知识社会创新 2.0 模式是创新驱动的最佳选择。"创新 2.0"是推动万众创新大众创业的强大引擎，要将当前在中国大地正在掀起的创新创业大潮引导其使用互联网或"创新 2.0"这个利器，以期完成中国当前新常态的经济转型和中高速增长，迈向中高端水平，也为"互联网＋"时代全面发展信息经济做好开局。

我国十八大后推行"工业化、信息化、城镇化、农业现代化同步发展"战略，以及习近平总书记提出的"没有信息化就没有现代化"命题，需在"创新

2.0"指导下融合新一代信息技术,实行颠覆性创新,变"全球制造大国"为"全球智造强国"。

2. 社会基础

首先是社会分工方式的多元化,传统的企业为了降低交易成本,必将追求集团化、一体化,所以一直以来这是个重大的发展方向。可是在互联网时代,在集团化、一体化大力发展的同时,大规模、社会化协作也悄然兴起,并有愈演愈烈的趋势,很有可能在效率上超过集团化、一体化运作。

大规模、社会化协作是组织发展的产物,也是社会进步的结果。这种组织运作形式经历了几十年的发展,已经发展出了比较完整的体系。从模式上来看包含了三个方面:共享经济、网络协同和众包合作。大规模、社会化协作对传统的企业边界、生产组织体系和劳动雇佣关系产生了极大的冲击,传统组织只有通过积极的互联网化,利用互联网的技术和精神改造自己,才能在新的社会形态下生存并发展。

其次是互联网在中国的快速发展和普及价格愈加亲民,电脑、智能手机在中国的普及率越来越高,有追赶发达国家之势。同时,电脑和智能手机带来内容的极大丰富,对其他的生活娱乐形式产生了挤压效应,网民的数量和上网时长也一直在增长,越来越多的线下活动改为在线上进行。

据统计,中国目前的网民数量为 6.5 亿,每天上网时长为 3.44 小时,每天中国网民的上网总时长就是 22 亿小时,远远高于美国网民的上网总时长——14 亿小时。中国双十一交易额也是美国黑色星期五在线交易额的六倍以上,中国网民的上网时长和网络使用深度都属世界前列。

组织形态的变革以及网络使用率的增加为"互联网+"行动计划的实施打下了良好的社会基础,组织需要互联网技术的应用,个体也可以接受互联网技术的更进一步应用。

3. 经济基础

过去 10 年以来,中国产业资本主要集中在以房地产为主的传统行业,

2014年房地产投资额近10万亿元。目前国内传统资产投资进入调整期,产业资本焦急地寻找新的出口。中国的互联网经济由于受到较少的行政干预,拥有极大的自由度和发展活力,互联网经济在国民经济中的地位不断提升。麦肯锡全球研究院2014年年中发布了《中国的数字化转型:互联网对生产力与增长的影响》报告,提出了iGDP的概念,即互联网经济占GDP的比重。报告认为,2010年,中国的互联网经济占GDP的比例仅为3.3%,落后于大多数发达国家。而到了2013年,中国的iGDP指数升至4.4%,已经达到全球领先国家的水平。

随着"互联网+"行动计划的提出,互联网经济与传统经济的结合将会发生重构,而重构中的互联网,前途似锦,符合产业发展趋势。因此,10年沉淀的产业资本财富正大规模向新经济/互联网转移。

4. 技术基础

IT技术及互联网技术的快速发展为"互联网+"行动计划的实施打下了良好的技术基础,特别是最近十年的发展。量变引起质变,很多理念由于技术的发展得到了实现。其中对"互联网+"行动计划起到决定性作用的技术主要有:云计算、大数据、物联网、终端应用。

云计算和大数据是计算能力和数据积累带来的突变,云计算大幅度地提高了信息的使用效率,同时信息爆炸式的发展使得数据已经成为重要的商业资源,数据的收集和分析能力也已成为企业重点建设的核心能力之一。

物联网技术的发展使信息技术突破了计算机这一传统载体,将现实世界的各种实体信息化、数据化,极大地拓展了互联网的应用范围。许多原本需要人控制的设备、流程,现在可以交给电脑来完成,为大量的智慧层级的应用提供了基础。

终端应用包括各种智能终端、手机APP等,特别是手机APP的应用,将智能手机的性能发挥到了极致。通过各种针对不同应用需求的APP,不断地将人们细分和聚集,极大地满足了每个个体的细微需求,提高了用户对互联网特别是移动互联网的使用深度,同时也开启了移动互联网、O2O(线上线下)这扇大门。

"互联网＋"行动计划的实施将中国的互联网行业与传统行业进行深度融合,对传统产业和互联网企业都是颠覆性的,对产业和资本都会产生深刻的重构效应。经过互联网化重构之后,中国将迎来继人口红利后的下一个红利即大数据红利,并引领世界互联网体验升级潮流。可以乐观地预计,如果说全球制造业的中心在德国、创新的中心在美国,那么下一代互联网数据和服务的极致中心将在中国。

"互联网＋"行动计划对产业的重构

1. 产业重构的八大模式

"互联网＋"行动计划首先是对产业带来重构,具体的重构模式有以下几种:破坏式重构、构建式重构、高维式重构、组合嫁接式重构、响应式重构、拉伸式重构、交融式重构、叠加式重构。

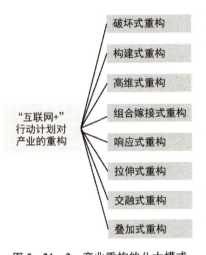

图 5‑21‑2　产业重构的八大模式

(1) 破坏式重构

破坏式重构是指对传统产业的缺陷与痛点进行颠覆、超越。企业级"互联网＋"应用将成为下一个市场争夺的金矿,一股产业互联网化的新浪潮已经汹涌而至。产业互联网化涵盖了从研发、生产、销售到协同合作等在内的各产业链环节,将为整个产业链流程带来全方位的重塑。

建立在物联网、信息通信技术以及大数据分析等相关技术基础上,通过网络与信息物理生产系统的融合来改变当前的产业生产与服务模式,对传统产业的弊端进行革命,颠覆传统产业模式和格局。

小米即是典型的对原有行业实现了破坏式创新。小米通过电商模式直销手机,破坏的是原有手机厂商的渠道优势;通过社交网络口碑传播,破坏的是传统手机厂商的品牌优势,两者节约下来的成本又使得极低的价格策略成为可行。以手机硬件为载体,未来互联网服务上的盈利创新更是传统厂商难以企及的维度。

与此同时,互联网对传统企业带来的冲击和机遇更为鲜明,如何合理的利用互联网,则对传统企业显得尤为重要,浙江物产是一个合理利用"互联网＋",将互联网的创新成果深度融合于其生产过程中,提升实体经济的创新力和生产力的典型案例。

浙江物产在电商领域积极布局,推动了实体交易与网络交易的立体式发展。现拥有互联网平台,比如保税通可服务于电商的跨境电商服务平台;物产通可依托互联网信息技术手段,提供代理进出口、代理采购等外贸基础服务以及配套供应链金融服务。中拓钢铁网为全国最大的钢铁电子商务网。车家佳为汽车云服务平台,以构建汽车全产业链集成服务商为宗旨,实现了汽车产业线上线下联动。此外,园区通推出后将实现物流园区信息化管理,同时提供云会员、云配货、云支付、云保险四类具体服务。根据行业属性的不同,大宗商品电商模式也会不同。生活资料电商主要采取撒网式,努力降低客户发现成本,而生产资料电商运作则非常深入地满足客户线下需求。

浙江物产利用"互联网＋",让互联网与传统行业进行深度融合,创造了新的发展生态。

（2）构建式重构

构建式重构是指按照未来产业该怎么运作的某种设想,藐视种种局限与束缚,直接进行根本性创新。埃隆·马斯克是这方面的典范,无论是电动车、胶囊火车、可回收式火箭搭载卫星发射等,基于物理学基本原理进行根本性创新,而不是改善性创新、比较式创新。

未来,"互联网＋"任何产业都意味着未来产业将会重新构建,这种构建不是基于目前资源及能力,而是把握未来的产业发展方向进行构建,因此在产业构建式重构中还包含能力的构建、资源整合与升级等。

比如连城白鸭行业的构建式重构。连城白鸭是以特种鸭闻名,连城白鸭顺应了人们追求食品营养、保健、卫生安全的消费趋势。连城白鸭生长在山青水秀的山区,充分利用了自然虫草、鱼虾饲养成商品,这些是现代人对食品营养、保健卫生安全的理想食品,同时还可以满足国内外市场对产品质量的要求,符合当前和今后的消费趋势,拥有广阔的未来市场空间。

基于"互联网+"对连城白鸭进行产业化构建,以连城白鸭为中心,利用互联网平台使连城白鸭与保健食品加工业、饮食业、羽绒业进行整合,共同使用连城白鸭的品牌,整体线上线下营销互动,进行一体化产业构建,极大地提高了连城白鸭的经济价值,提高了连城白鸭的产量和市场竞争力。

（3）高维式重构

高维式重构是指企业走到现有创新的更高层面去,把控入口与资源,用高维重构低维产业。如传统传媒行业,传媒做了很多的网站、APP及客户端,进行了很大的与互联网相关的投资,各种各样的资源和力量都用起来了,但是结果却并不理想。

"低维"方式无法有效地管理和运作"高维"的事务,因此应对传媒业进行高维度的重构,即对传统传媒产业再重构出一个维度,生长出一个新的社会空间、运作空间、价值空间。

传统传媒行业一直是作为少数人的传播工具而存在于社会里,而很少能够被社会大众所用并自由地进行分享。增加一个维度可以激活比机构更为基本的社会基本单位——个人,使每个个人都成为这个传播系统当中的一个元素、一个基本单位。人们可以自由地利用传媒所提供的平台来表达、交流,并进行各种各样的基于连接的创造。高维度传媒业激活了我们社会底层的元素级基础,使它焕发出完全不同于传统社会的新样貌。

（4）组合嫁接式重构

组合嫁接式重构是指企业把多个产业的优势因素和创新实践浓缩嫁接在一个产业上,使之发生重大突破。在"互联网+"新体系中,不同产业或同一产业不同行业能够充分相互渗透、相互交叉,最终融合为一体,逐步形成新产业的动态发展过程。如高新技术及其相关产业向其他产业渗透、融合,并形成新的产业。如生物芯片、纳米电子、三网融合(即计算机、通讯和媒体的融合)。信息技术产业以及农业高新技术化、生物和信息技术对传统工业的改造(比如机械仿生、光机电一体化、机械电子)、电子商务、网络型金融机构等。

"互联网+"首先要优化各大产业体系与结构,汲取产业内、产业间、产业体系与外部的关联有利因素。从产业各自分散发展向多产业联动转变,实现工业、农业和服务业协调发展,产业发展统筹基础和应用、实体与虚拟、重点与非重点、短期与长期。其次统筹产业与生态、环境、社会、贸易、宏观经济的关系,汲取传统行业的优势与新兴和未来产业进行融合构建发展。最后组合嫁接高增长、中增长和低增长产业发展,组合嫁接劳动密集、资本密集、技术密集和知识密集型产业发展,组合嫁接上下游、大中小企业发展。

(5) 响应式重构

响应式重构是指企业遵从产业发展的规律,给予足够宽松的环境和资源,促进产业重构。以关键产业的价值链为切入点、以关键产业的核心竞争力为支点进行产业重构和产业整合。

不同的经济发展时期以及同一时期的不同发展阶段,产业的价值链具有不同的特点,应该顺应产业发展规律,进行响应式产业重构。"互联网+"如石化、电子、汽车等传统产业作为关键产业的价值链,具有明显的产业拉动效应。在对这些产业遵从产业发展规律下,进行响应式重构,重新建立其关键产业的核心竞争力,保障其在国民经济发展中具有拉动效应的产业竞争力。如我国的某些机电产品的制造业、信息产业中的软件设计和高科技产品尖端核心技术的开发和关键产品的制造等(如电子计算机的CPU)。通过对上述产业及其领域进行响应式产业重构和整合,可以重新发挥这些产业的联动效应,提高此类产业的核心竞争力,更好地发挥关键产业的积聚效应和放大效应。

(6) 拉伸式重构

拉伸式重构是指产业链将会延伸到难以想象的远端,后端会一直延伸到原材料、矿产、风险探矿、矿产期货及衍生品、区域地缘政治对矿产价格的影响。前段一直延伸到消费者行为、人性、心理、精神层面、信仰及自我等。

如名不见经传的乐视 TV,相较于优酷、土豆这些传统在线视频巨头无论在广告价格、流量竞争上显然都没有优势;乐视 TV 凭借深谙国内广电系大视频产业链规律,了解本土大众视频消费习惯,进行拉伸式产业重构,上游布局版权,下游延伸硬件,先后发起"正版版权"、"自制内容""智能硬件"三大战役,彻底颠覆行业竞争规则,在短短几年时间里跻身中国一线在线视频行列。

(7)交融式重构

交融式重构是指企业将不同产业交融、杂交,使得原有产业逻辑与脉络被重构。作为"互联网+"发展趋势,当前,产业融合已是产业发展的现实选择。从理论上分析表明,产业融合是在经济全球化、互联网信息技术迅速发展的大背景下,提高生产率和竞争力的一种发展模式和产业组织形式。

交融式产业重构极大促进了传统产业创新,进而推进产业结构优化与产业发展。如高技术产业与其他产业之间,利用互联网大平台,产业融合过程中产生的新技术、新产品、新服务在客观上提高了消费者的需求层次,取代了某些传统的技术、产品或服务,造成这些产业市场需求逐渐萎缩,以此在整个产业结构中的地位和作用不断下降;同时产业之间交融催生出的新技术融合更多的传统产业部门,改变着传统产业的生产与服务方式,促使其产品与服务结构的升级。

交融式产业重构促使其市场结构在企业竞争合作关系的变动中不断趋于合理化。当前的市场结构理论认为,如果有限的市场容量和各企业追求规模经济的动向结合在一起,就会造成生产的集中和企业数目的减少。而在产业交融后,市场结构会发生更复杂的变化。产业交融重构能够通过建立与实现产业、企业组织之间新的联系而改变竞争范围,促进更大范围的竞争。产业交融使市场从垄断竞争向完全竞争转变,经济效率大幅度提高,也大大扩充了行业的经营维度。

(8)叠加式重构

叠加式重构是指企业将众多产业热带雨林式叠加在一起,互生互赖,构成一个复杂的、复合的、叠加的、难以简单抽离的新产业生态或产业宇宙。在"互联网+"新体系中,将打破对传统产业的界定,重新勾勒产业界限,进行多产业叠加复合,形成新的产业生态,改造新商业生态系统下的产业面貌。

如文化与各大产业相互叠加融合是当今世界经济活动的突出特点。这种叠加不仅表现为产业中文化含量的增加、文化活动的商业化,也表现为形成了特殊地位的文化产业,而且它们在大都市经济中所占的比重越来越大。互联网经济的高速发展向我们提出了文化产业与众多行业热带雨林式的叠加融合、互生互赖式发展。众多行业间与文化产业捆绑式的全面发展,必将创生出新的大行业,形成新的产业生态。

2. 企业三大重构

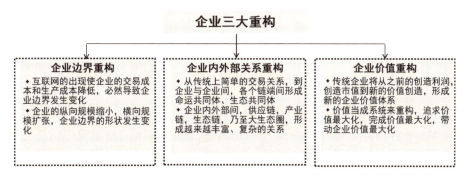

图 5-21-3 企业三大重构

（1）企业边界重构

信息技术,尤其是互联网技术的发展对企业经营管理产生了巨大的影响。一是互联网的出现和大规模商用极大地降低了企业之间信息传递的成本,提高了传递速度;二是互联网的应用为企业之间以及不同技术之间的相互融合奠定了物质和技术基础,从而出现了"并行工程"、"精益生产"、"灵捷制造"、"虚拟制造"等柔性生产模式;三是企业之间快捷便利的信息交流降低了信息不对称的程度,更有利于企业之间信任度的提高和虚拟企业等柔性组织的建立,显而易见,互联网的出现使企业的交易成本和生产成本降低,必然导致企业边界发生变化。

企业边界是指企业以其核心能力为基础,在与市场的相互作用过程中形成的经营范围和经营规模,其决定因素是经营效率。企业的经营范围,即企业的纵向边界,确定了企业和市场的界限,决定了哪些经营活动由企业自身来完成,哪些经营活动应该通过市场手段来完成;经营规模是指在经营范围确定的条件下,企业能以多大的规模进行生产经营,等同于企业的横向边界。

目前互联网应用范围涉及企业经营活动的各个方面,其中最重要的一环,是对企业价值链的重构。互联网作为一种工具,加速了信息传播,深化了信息共享,影响企业的销售、传播,提升了组织沟通、协同效率;互联网作为一种价值观,强调以客户为中心的商业运行模式,企业的产品、组织、流程、经营理念等都以客户为导向。凭借互联网信息技术的支持,及时掌握各个经营环节和各个销售网点的相关生产和销售信息,利用企业内部网络对这些信息进行分类统计处理,进而通过与供应商之间的互联网平台,使供应商能够即时获得库存信息,通过快速反应系统及时对库存进行补充,使企业可以以最小批量进货,实现零库存。

信息化使企业成本下降,其实质是通过提高信息资源开发利用效率和扩大信息资源开发利用范围,使企业能以低信息成本实现共享管理信息,并随管理规模的扩大形成规模管理效应,从而改变企业的竞争方式。企业通过降低各业务环节的成本,凭借明显的价格优势在行业中处于领先地位,取得竞争优势。可见,互联网技术的应用能够极大地提高生产效率,降低企业的采购成本和销售成本。

互联网化条件下,企业的生产效率提高,采购、销售的便易以及规模化生产都降低了生产成本,企业便会更加集中有限的资源来从事优势环节的生产,原有的整个产品生产的价值链被打断,企业的纵向规模缩小,横向规模扩张,企业边界的形状发生变化。

(2)企业内外部关系重构

企业内外部间供应链、产业链、生态链乃至大生态圈,形成越来越丰富、多元的关系,而不再是传统上简单的交易关系。企业与企业间,各个链端间形成命运共同体、生态共同体。

企业内部关系重构。重构企业内部关系有两个方面内容:员工关系重构、部门关系重构。

首先,传统企业中,建立良好的员工关系,最重要的是要从企业员工的物质需求出发,从而激发员工心底对企业的热爱程度,让他们对企业有家的感觉。这是传统企业对员工的定位,即强调员工的忠诚度,同时也尽量满足员工物质需求。未来员工关系将会被重构,员工与企业之间不单单是用忠诚度、物质来连接,而是用信仰、价值观来连接,员工之间不再是严格垂直的层级关系,而是扁平化设计,未来员工并不属于一家企业,比如小米的创始人雷军,管理着小米也同时为凡客服务,优秀的员工会被多家企业共享。

其次,部门关系是企业中各职能部门之间的关系。随着社会的发展,传统企业内部分工越来越细,工作中避免不了摩擦与矛盾,大企业的病症之一就是因为各部门关系不和而导致办事效率低下,影响企业整个名牌战略的实施。部门职位之间缺乏了解和空白也是导致部门关系紧张的因素之一。这些都不利于未来基于互联网化条件下企业的发展。传统上的部门关系将会被重构,打破传统上部门隶属关系,各个部门如同一个个事业部,是一个独立体系,掌握着更大、更广的发展空间和决策范围,以充分发挥部门的创造力。比如海尔把企业各个部门拆分成各个事业部,各个事业部有着更大的自主权和独立性。

企业外部关系重构。未来企业外部关系重构基于两个转变:服务理念转变、企业外部关系立体化转变。

首先是服务理念转变。企业与外部的关系服务理念应具有社会观念,未来服务是企业的生存基础,没有服务就没有产品,企业也就失去了生存之根本;服务是企业的发展条件,没有良好的服务,就不能满足需求层次越来越高、需求越来越多样化的客户群体;服务是企业在竞争中保持优势的源泉,当前同类商品并无明显的技术差别,而服务对于帮助顾客实现产品的效能具有极大的影响力。现代社会的竞争是服务的竞争,企业要树立服务社会的观念,一要

287

把服务社会观念上升到战略高度,二要建立和完善企业的服务体系。

其次是企业外部关系立体化转变。企业与企业间、产业链、生态链、供应链不再是单一的交易关系,而是更为复杂、丰富的立体关系。未来互联网化企业将极大地延伸其经营范围,如乐视 TV 不再是一个简单的在线播放视频网站,而是上到前端的内容制作,下到硬件设备制造,与供应商、生产商、内容制作方等构建立体关系。

(3)企业价值重构

传统企业将从之前的创造利润、创造市值到新的价值创造,形成新的企业价值体系。把每一种价值当成系统来重构,从而追求价值最大化、完成价值最大化,这三个作用之间的综合作用,就能带来企业价值的最大化。

理解价值重构,就需要理解构成价值的五个最基本的要素,从强构建、中构建、弱构建三个维度来考虑,去努力地进行价值构建,然后在三种经营手法之间促成对它的转换。一个大整合价值的模型,有价值起源、价值来源、价值层次、价值内涵和价值实现,构成一个大的价值整合空间。

企业的整体价值重构,从本质上是一种长期营利的表达。事实上,它的发展模式研究的是如何价值最大化。即探讨基于规律和本质,囊括整个系统,跨越多个层次,横贯多个行业,探索共同路径、最佳路径、价值最大化的路径。具体可以从以下三个方面考虑:首先要基于资本运作平台的资产运作、投资组合、内含式资本运作、外延式资本运作、产融结合等多个维度进行展开;其次要思考不管是显性协同还是隐性协同的可能性,产业的选择问题,不同产业进入的顺序和结点,各自产业的目标和远景,不同产业之间形成协同以及对产业组织的管理;最后考虑多层次经营价值的问题,以解决不同产业板块的定位,不同产业之间的相互关系,确保生态链、产业链、价值链三个层次协同效应的实现。

"互联网＋"行动计划对资本的重构

"互联网＋"行动计划之下的资本重构不同于20世纪末的那场资本市场

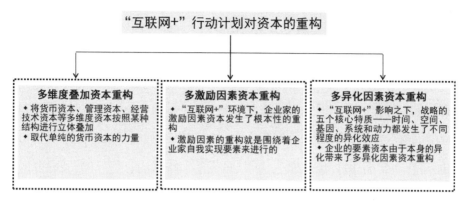

图 5－21－4 "互联网＋"行动计划对资本的重构

对互联网概念的疯狂使用,当时互联网只有基本的技术,没有清晰的商业模式,赚钱大多是靠广告费。而现在中国互联网经过十几年的发展,已经走过荒蛮期,各个公司走出了自己特色的道路,商业模式日趋成熟,互联网业务的创新活动也异常活跃。不同于美国的互联网泡沫时期资本市场远发达于互联网企业,中国的资本市场一直随着互联网同步增长,随着各级股票市场的不断开放,人民币话语权的不断提升,都为"互联网＋"行动计划做好了资本准备。

"互联网＋"行动计划对资本的重构是深刻的,不是单纯的货币资本重构,还包括了多种不同属性的资本重构,具体可以分为多维度叠加资本重构、多激励因素资本重构、多异化因素资本重构。

1. 多维度叠加资本重构

将货币资本、管理资本、经营技术资本、人力资本、科技资本、注意力资本、领导力资本、造梦资本等多维度资本按照某种结构进行立体叠加,取代单纯的货币资本的力量。泛资本的种类越来越多,也越来越让我们认清到底是什么在推动着产业和企业发展。

第一种是货币资本。中国经历了近 30 年的高速发展,积累了大量的社会财富和民间财富,这些货币资本亟需稳定的投资渠道,但是大部分资金都流入了股市和楼市,股市和楼市的火爆正是最好的说明。这些资金最终还是要流入实体经济、制造业。股市的不理性以及楼市的低迷使这些资金的利用效率大大降低,原本需要支持实体的货币资本没有得到有效利用。"互联网+"行动计划是互联网技术与传统企业的深度结合,将产生对货币资本的重构效应,这种效应会使大量的资金直接进入传统企业,支持实体经济。我们每天和各种各样的货币资本打交道,比如现金、有价证券、票据、债券、权益、股权、市值、现金流、未来现金流、期权、模拟利润、优先股、可转债、授信、资产证券化,围绕这些因素,我们展开资产证券化、资金杠杆化、信用资本化、资源资本化、融资多元化、投资多层次化、资产高周转化、收益资本化、现金流设计化、利润结构调控化等多样化操作。

第二种是管理资本。企业要借助"互联网+"行动计划的契机,将互联网技术和思想与企业的管理相结合,提升企业的管理水平,使企业获得管理优势,比如制度、模式、决策、管理效率等。这些管理优势给企业带来的提升在有些阶段会超过货币资本的力量,所以也可以将管理优势视作一种资本——管理资本。

管理资本的重构是多层面的,对原本经验式管理的企业来说,这是一个很好的实现科学管理的改造机会;对原本有着科学的管理体系的企业来说,可以借助互联网技术进一步提升管理水平,提升管理资本的价值。围绕着管理资本,我们可以利用其多种形态:组织智商、决策能力、未来研究、前瞻视野、不确定性管理、风险管理、内控、管控、治理、出资人管理、精准决策、投资、融资、市值管理、全球化、互联网化、知识管理、管理模式、商业模式、制度、流程、职能、管理能力、IT治理、大数据管理、审计、监督、资产管理等都属于此类范畴。

第三种是经营技术资本。企业的经营活动会带来资本的加成,如并购会带来资本的叠加、成本控制和供应链效率提高,经营技术的高低也影响着企业的资本资产规模,所以经营技术也是一种资本。

"互联网+"行动计划之下,企业的经营技术会得到很大地提升,在更广泛的数据收集条件下,并购的风险会大大降低,并购活动的发生会更加频繁;经营活动中的成本降低随着技术的提升已是必然,包括用工的减少、流程的优化、效率的提升;供应链的重塑已经正在发生且会持续进行,重塑的目标就是供应链效率的不断提升。经营技术资本包括:资源获取、研发管理、运营管理、产能布局、总成技术、并购技能、整合技能、经营技能、资金集中管理、外汇组合管理、产融结合、期货操作、对冲操作、国际贸易驾驭、猎头、管理者评价、资源公平配置、专业化能力打造、壁垒构建,等等。

第四种是人力资本。"互联网＋"行动计划之下,人力资本会发生颠覆性的重构,人力资源管理的各个模块都在发生重构,企业的人力资本建设要勇于创新、主动创新。

首先企业内部的人才考核提升机制会更加科学和透明,企业在内部人才梯队建设方面就会更好地实现人尽其才、才尽其用,让每个人都能发挥最大的能力,让每个岗位都有最合适的人。

其次是企业的外部招聘方面,由于互联网上各种人才平台和交流平台的出现,外部招聘的选择面会无限的广阔,企业就可以根据自身的情况作出更合适的选择,获得更好的外部专家资源。

再次就是企业的人力资本管理不会再局限于传统的雇佣关系,将会出现更多的短期合作,企业获得外部人才的知识与创新而不产生雇佣关系,项目式的合作更多,这种人力资本的重构是对知识利用效率最大化的实现。

人力资本不光是干部培养与使用,还包括:企业大学、干部培养与评价、干部轮岗、知识地图管理、精准培训、职业规划管理、培训体系绩效、内部知识传承、人力资本精准评价与配置、激励体系的有效性、职业发展的开拓性、创新型人才的培育。

第五种是科技资本。科技资本包括科技资讯、科技研发、科技整合、科技与产业、科技与企业的嫁接等,"互联网＋"行动计划会带来科技资本的重构。

传统企业的科技资本将不再局限于本行业内,企业在获得本行业科技资本的同时,还要注意结合互联网科技,特别需要的是两者的结合。在互联网技术的推动下,各种行业技术交流平台大量涌现,技术人员可以更加方便地与全球的同行进行技术交流,行业内的科技资讯的获得和科技资本整合变得更加方便快捷。传统产业与互联网技术的嫁接是"互联网＋"行动计划的直接目标,这种通过嫁接的科技资本重构,不是简单的加法效应,而是乘法效应,科技对企业的提升作用将会大大增强。

科技资本包括:战略性研发体系、技术带头人、首席科学家制度、持续研发投入管理、情报系统、专利检索与跟踪、前沿问题研究、行业前瞻、行业分析、知识产权战略、知识产权法务、未来研发地图、基础研发、中央研究院及研究体制管理、科技投入、研发、转化管理、项目管理成熟度体系、创新体系、创新文化、科技投入与产出、实验室、小试平台、科研人员管理、科研支撑体系。

第六种是注意力资本。注意力资本是具有互联网时代特色的概念,是重构了原有的资源体系。在知识爆炸的后信息社会,注意力资源已经成为十分稀缺的经济资源,不但成为财富分配的重要砝码,而且经营注意力资源的产业如媒介、广告、体育、模特等获得迅猛发展,成为高利润的新兴产业群,注意力经济正在形成,注意力资本变得愈发重要。

注意力资本是"互联网＋"时代各种商业模式的基础,通过对注意力资本的重构,企业更加注重客户的价值,会尽最大的努力引发社会对产品的关注,吸引大众的注意力,围绕着产品形成趋势漩涡,引领消费潮流。

注意力资本包括:品牌、公关、广告、互联网营销、社会化关注、话题、热点、借势、意见领袖、嫁接概念、领导理论、营造特色、传媒关系、自媒体、娱乐、流行、时尚、趋势、态度、理念、心智模式、集体意识、集体盲区、社会意识、社会潮流、区域特征,以及政治因素、科技因素、未来因素、人性因素、产业因素等因素中的高关注度因素。以上种种构成企业运作、驾驭、调整个体、机构、企业、社区、社会、传媒、世界注意力的关键。

第七种是领导力资本。"互联网＋"时代领导力的作用依然十分重要,领导人需要对社会、产业产生深刻的理解和洞察,并进一步形成对社会、产业的远见与前瞻,带领公司发展,引领产业创造未来。

领导力资本包括:概念创造、话题带动、热点揭示、潮流制造、论坛打造、联盟构建、理论提出、模式鼓吹、新趋势发现、旧趋势嘲讽及矮化、新格局营造、旧格局的唾弃及妖魔化、新价值观缔造、价值观的揭批和丑化、新理念传播、旧理念的攻击和模糊化，以及新联盟、新组织、新模式、新路径、新思考，新哲学的发现、揭示、阐述、理论化、拔高、信仰化、系统化。

第八种是造梦资本。造梦资本是给组织构建一个充满吸引力梦想的能力，用大梦想、大设计团结各方力量，放下争议，共同努力。公司层面的造梦就是企业的愿景、战略等，"互联网＋"时代企业的愿景和战略要及时适应时代的变化，特别是传统企业与互联网相结合之后，愿景和战略要做出适当的调整。

造梦资本包括愿景描绘、未来现实化、未来样板化、共同利益揭示、可能性塑造、新空间发现、大危机发现、大解决方案提出；大矛盾化解、大和解方案提出；大结构性问题揭示、大解决路径提出；新文明、新全球治理格局、新世界秩序、新金融思路、新全球格局。

2. 多激励因素资本重构

传统企业家的激励因素就是货币资本回报，特别是上市公司，能否得到资本市场认可、股价高低就是衡量企业家是否成功的标准。"互联网＋"环境下，企业家的激励因素资本发生了根本性的重构，货币资本激励只是一个因素，而且并不是必要因素。

企业家往往已经实现财务自由。依据马斯洛的需求理论，他们早已到了最高的追求——自我实现的追求层面，所以激励因素的重构就是围绕着企业家自我实现要素来进行的。

新的激励体系是多激励因素资本共同构成的，包括资本市场、传媒关注、焦点事件、政治地位、产业地位、个人成就认可和多元成功价值观等，这使得中国企业家不仅仅从资本市场得到认可，还可以得到多元的认可，激励企业家的因素越多，企业家的追求和创新就越多元。

首先是传媒关注和焦点事件。企业家有时候会经营出自己的个人品牌，个人的号召力要大于公司的号召力。但个人的号召力也是建立在成功的公司基础之上，特别是企业家可以创立好几个成功公司的时候，这个时候

293

公众就会认可企业家的个人魅力,企业家也会引爆各种焦点事件。

其次是政治地位。追求政治地位在中国的企业家里面表现得非常明显。由于中国的政商结合紧密,一定的政治地位是有利于企业经营的,这也是为什么有那么多的中国商人对人大代表、政协委员之类的职位趋之若鹜的原因。实际上,这恰恰是中国商业土壤不成熟的表现之一。

再次是产业地位。随着产业集中度的不断提高,企业发展为了追求更高的利益喜欢做大做强,努力提升自己在产业中的地位。因为更高的产业地位意味着定价权,意味着企业可以获得更高的利润。"互联网+"的契机下,产业内各企业的地位必将发生天翻地覆的变化,没有永远的老大,也没有永远的小弟。

为了追求产业地位而不惜放弃盈利的例子有很多,但短期的不盈利换来的是长期的产业地位,获得稳固的产业地位之后,企业就可以利用自身的地位获取超额利润。

同样,对更为深刻与隐秘的经济规律的揭示,创新对产业可能性局限的打破,对约束与极限的突破,对被忽略空间的发现,全新路径的再造,再造产业的力度,影响世界的程度,对人类发展轨迹的影响等,作为更深刻的激励因素,会激发着一代又一代创新者们力图改变世界,哪怕只是一个局部。

3. 多异化因素资本重构

"互联网+"影响之下,战略的五个核心特质,即时间、空间、基因、系统和动力都发生了不同程度的异化效应,这些因素作为企业的要素资本由于本身的异化带来了多异化因素资本重构。

第一是时间异化。时间不是线性的,对所有企业不是公平的,不是匀速的,不是超然和不可影响及驾驭的,我们可以通过种种手法异化时间,比如并购就是对另一个企业的时间的占有(品牌打造时间、市场占有时间、产能形成时间、竞争力形成时间、关键知识产生时间、隐性能力积累时间、行业关键成功要素探索时间),从而使我们压缩时间发展。除此之外,我们对时间异化的手段还有很多,通过对企业及生态链产生巨大影响的时间因素的打碎、黏合、叠加、弯曲、拉长、压短、疏松、密化、非线性化、网络化、逆流、锁定、迟滞、膨胀、冻结、套嵌、扭曲、螺旋、逃逸、折断、过滤、储存、界面化等手段，对本来是一维的时间变成分维和分岔、多维、缠绕、组合的复杂结构，真正打开了企业发展的可能性和独创性，但要特别注意对时间异化所需的资源、能力、谋略，还有经营布局本身所需的时间。

第二是空间异化。企业通过对空间的割裂、联通、拓展、拉延、聚焦、压缩、叠加、褶皱、疏松、夹层、飞地、出口、进口、接口、引桥、堆叠、并联、串联、移植、重组等手段来形成异化空间效应。本来空间构成了企业的发展空间和可能性，但是如果是客观空间，它对所有企业都是公平的，就不存在对空间因素乃至优势的发挥，可是当一家企业利用种种手法开始主动驾驭空间因素的时候，一切变得就不同了，很多空间异化形态都出来了，企业应积极把握和驾驭此类空间的异化形态发展，抓住罕见的，其他变革和要素无法比拟的空间重构的机遇。

第三是基因异化。基因异化的本质就是对一个企业已经具备的原则、经营哲学、企业文化、作风等因素的优化或再造，往往会有耦合、嫁接、融合、谐振、共振、对冲、互补、改造、进化、退化、调整、组合、矫枉、分裂、聚焦、偏执、学习、模仿、超越、遗忘、信仰、拟态、遗传、隐藏等手段，常见的做法就是不同产业因素的跨产业整合，其实就是在有高低价值差的产业之间打通一个绿色通道，比如天弘基金和余额宝的联姻导致天弘基金一骑绝尘，其实就是挪借了部分余额宝的价值。企业的基因本来是积累堆叠而成的因素，变成了可以因环境战略、发展空间、机遇、竞争与创新环境而灵活调整、有机智慧进化的一种状态。

第四是系统异化。系统异化的内涵十分丰富，具有多个层面，大到全球格局、区域地缘经济、国家战略，小到产业链、企业价值链，都属于系统异化的对象。通过多种手段，对系统进行堆积、割裂、分解、解构、再构、结构化、分层化、分维化、分阶段化、局部化、超大系统化、系统有机化、复杂系统化、智慧系统化、环境影响化、内在因素影响化、融合化、组合化、套嵌化、多层次系统传导化、系统裂解化、系统重组化等不一而足。企业系统异化在今天有了一个很感性的对外展现窗口,即商业模式,这也成为外界评估及了解内部系统异化的一个友好界面。有了系统的异化,我们就可以驾驭若干种类的系统异化形态,比如卡塔尔、辛迪加、托拉斯、财团化、商帮化、联盟化,利益共享链、供应链化,产业链、生态链化,生态圈化、社会化、平台化,这些形态也大大提升了我们的竞争力、可能性和资金、能力、发展空间的杠杆特征。

第五是动力异化。动力对于企业来讲有资源、业务、平台、制度、变革等,动力的异化有多种手段,诸如塑造、引导、杠杆、点穴、缩小、聚焦、加大、密集、融合、借用、租用、联合、连片、串联、并联、叠加、结构化、生态化、同构化、异构化、学习、模仿、创造等手段,都可以动力进行再加工、再组合、再创造。国际化、金融化、并购化都是经典的动力异化,也会最大程度传递内在价值。有了动力异化的多种手段,企业就可以大举通过动力异化的多种形态,获取发展红利,比如资源借用、租用、嫁接、集成、靶向构筑、松散构筑、意图构筑、效能构筑;业务的分岔、分拆、分块、分区、细分、混合、模糊化、集成、取舍、创新、再造、颠覆;以及平台的设计、框架、搭建、填实、堆叠、融合、嫁接、混用、共享、虚拟、柔性化、固化、破坏、集成;还有对制度的梳理、优化、再造、开环、隐性化、舍弃、破坏、智能化;以及对变革的前瞻、研究、组织、教育、激发、发动、深化、联动、情景化、变革常态化、能力化等,总之,多种变革的形态可以赋予组织打破旧平衡,建立新平衡,乃至长期提供非平衡常态驱动组织成长的创造性局面。

这五种异化和资本、创新产品与举措、人力资源、新模式、新组织形态一样,构成一种新的资本,驱动企业发展,我们之前对资本的狭隘定义和画地为牢也被资本概念、范围的巨大革新刷新,在巨大的、突然蜂拥而至的、密集的、石破天惊的新机遇、新空间、新理念、新宇宙面前,我们几乎窒息,却仍然抵不过这些新事物持续、动态的。

第二十二章　互联网化的未来

如果把印刷术的发明视为信息革命的开端，至今已经历了数次技术革命，每一次新的技术革命，都带来了人类生产力的大解放，改进了生产关系，从而重新划分了世界格局。而伴随其中人类思想的解放、思维方式的改变、生活习惯的改变，都深刻地影响着整个社会商业环境乃至政治环境的改变。

从历史角度看未来，信息革命在移动浪潮之后，社会的生产力进一步得到了解放。信息不对称问题在很大程度上得到解决，生产关系也由原来的自上而下的金字塔形，转变为自下而上、自上而下互融互通，以终端消费者为核心的扁平化环状生产关系。社会资源不再单纯地掌握在少数人的手中，而是更加趋于社会资源平等使用的趋势。人人都可以利用社会资源去为自身服务，同时人人又都在扩充着社会资源。这种平等的扁平化的管理模式，在互联网时代被逐渐放大，并得到进一步的升华。

信息革命演进至今，移动互联网、大数据，早已经深化到企业的运营中来。在传统行业面临被互联网颠覆的今天，传统的互联网公司也在面临着被来势汹汹的移动互联网化大数据洗牌。阿里巴巴在上一个浪潮里靠着免费的尚方宝剑披荆斩棘的时候，谁又知道在当下这个要求个性化消费的时代，阿里巴巴这个巨无霸是否还能靠着免费加广告的商业模式继续发展。同样的，对于传统行业的弄潮儿，那些已经深深扎根在传统行业的霸主，无论是因为生产关系、商业模式、利益关系的受阻，还是由于企业本身能力建设的不足，使得自身在上一次的互联网发展中落后于他人。而在移动互联时代，是否能够实现快速互联网化，依旧值得期待。

互 动 时 代

信息革命的第五次浪潮,使得人与人之间的互动更加频繁,产生了互动的力场,强有力地改变着整个商业环境,为企业的发展提供了新的思路。企业互联网化未来的发展,需要适应这种思潮的到来,以及领悟这种思潮背后产生的力场如何作用于商业环境,进而能够在此次变革中利用社会化工具、社会化网络重塑企业和用户的沟通关系,实现组织管理和商业模式的思维创新。

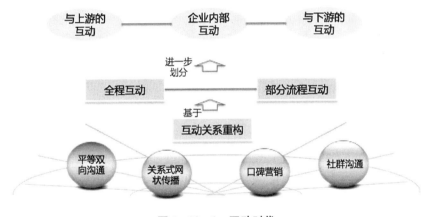

图 5‑22‑1　互动时代

迎接此次互联网化的变革,要分三个层次:第一是要清楚为什么要互动;第二是要构建社会化互动三层级;第三是要通过互动达到什么样的效果。

1. 互动的必然性

之所以要互动,本质上是人对自身平等和个性化的需求,是渴望能够体现自身价值的一种导向性结果。人人希望被关注,那么人人就要去互动,才能够实现信息的快速传播。

互动衍生出了社会化媒体,这些社会化媒体对人的网络使用甚至生活习惯带来了改变,企业以前熟悉的通过大众媒介对用户传播信息的营销方式,以及由此形成的企业内部工作流程正在被快速、密集的与用户直接接触所挑战。这个挑战同时来自社会化网络本身以及企业内部,也必将会让企业发生改变,推动企业用社会化思维思考商业形态的变革,社会化的时代已经到来。

2. 互动的技术支撑

信息技术革命带来的信息大爆炸,信息量指数叠加,信息传播速度迅速提升,使得人与人之间的信息得到充分的交流与沟通,解决了信息传递的延迟性、不对称性,使得信息可以充分传递。信息革命带来了生产力的极大提升,从而改变了生产关系,人的思想也随之发生极大的变化,使得人更加追求平等,更加注重自身,也更加渴望被关注。同时这种信息的极大传播,使得世界上发生的一切和我们所做的一切、去过和住过的所有地方、有过和分享过的全部想法都会连接起来,为建立在同等基础上的互动奠定了基础。

3. 重构企业和终端消费群体的互动关系

社会化媒体的重要特征是人基于价值观、兴趣和社会关系连接在一起。公司当前面对的消费者(及终端用户)是以网状结构的社群形式存在的,同时社会化媒体让信息传播得更快,让世界更小,这将导致企业和品牌与用户关系发生根本性的变化。要弄明白企业需要与终端消费者、与社会建立一种基于平等的双向沟通,一种基于关系的链式传播、基于信任的口碑营销、基于社群的品牌建设。只有这样才能使企业将自身营销给社会,同时让社会关注企业,进而让终端消费者乃至整个社会的资源参与到公司的经营管理中来。要做到重构企业和终端消费群体的互动关系,主要从以下四个维度入手。

第一是基于平等关系的双向沟通。由于用户逐渐掌握话语权,加上社会化媒体的实时性和交互性,用户可以从被动转为主动,从单向接受信息转向双向交流信息。他们希望与企业进行平等的对话,渴望与品牌进行互动交流,期待企业和品牌保持活跃度,并希望企业能倾听他们的需求,并能快速做出回应。

企业要想做到与终端客户平等交流,首先要做到主动交流。让原来冰冷的集团企业组织社会化、拟人化、引导化,从而引导企业的终端用户与自己平等地交流。这是方针政策,是战略和指导思想,是搭建与用户之间的沟通途径。如微信平台、微博平台,这只是战术方面的操作。比如很多企业都在微博上搭建与终端用户的互动,但是很多微博平台最终都失败了,缺乏的就是将自己冰冷的高贵地位平民化,去关注普通消费者所关注的,去主动地和他们互动。

第二是基于关系的网式传播。社会化关系中,人与人之间的纽带关系逐渐被深化,使得人与人之间的信息沟通更加充分,移动互联网的发展使得人与人之间的关系越发密切,人与人的互动实现了跨地域实时互动,甚至这种互动给自身带来了极大的轻松与愉悦,使得人与人之间的互动更加低成本和高速传播。

第三是基于信任的口碑营销。从心理学上来看,人们都有通过增加信任来降低交易成本的潜意识需求。社会化网络可以把每个人都变成"高可信度"的节点去影响小范围的人,在传播信息之外形成非常强烈的关系搭建。企业就可以通过这种方式与消费者群体建立良好的沟通关系。社交平台的力量是信任的力量,在社会化媒体上营造好的口碑又会带来更多的顾客,既能提高销售量又能培养和重视消费群体。在社会化媒体的环境下,口碑营销成了企业营销最有效的方式。

第四是基于社群的沟通关系的共建。当用户以网的形式存在时,越来越多的企业开始为其终端消费者搭建线上社区,帮助顾客之间建立联系,成为社群,围绕特定的主题分享、交流信息,企业表现出乐于沟通的形象,通过采用适合自己"听众"的内容策略来建立品牌社区。

4. 互动程度的层级

互动分成了部分流程的互动和全流程的互动两种形式。企业管理经营的全部过程都实现互动,例如王开摄影,也可以实现部分互动;比如大众点评的商家,实现了消费端的社会互动。

其中全流程互动是指从客户的输入端,一直到各端,各端都在互动。全流程型就是从客户下达订单,一直到产品交付到客户手里,全流程都通过互联网与客户和终端消费者进行互动。例如,服务业最先全流程化的,是王开摄影,整个公司的摄影师、选片师加后期,以及服务、销售,所有的评价,都是在网上直接链接完成。消费者可以通过给各个环节打分,来与王开摄影整体实现互动,全流程结合到一起,使得王开摄影实现了让消费者的消费行为引导自身的产品,引导自身的绩效考核、人力资源管理、财务管理等。

部分流程互动是指企业以部分业务与消费者进行互动,主要是指企业的销售部分。而企业设计采用定向设计或者根据客户需求设计、C2B设计,到后面的采购、生产到管理,可能就是和前面割裂开的,部分实现了与消费者的互动。但是社会整体的趋势是实现企业的全面互联网化,与消费者实现全面的互动。前台后台打通,从前台接订单到所有的管控、控制模式下的每一个子条线,都可以互联网化。

5. 生态圈层间的互动及具体操作

生态圈层之间的互动主要包括与上游的互动、与中游的互动以及与下游的互动。

首先是与上游的互动,实时敏捷型供应链互动。前台、后台在基础顶层设计的时候,交互层就决定了你跟生态圈中各个环节的互动方式,生态圈当中还包括你的客户、你的供应商。然后根据交互层,如何与上游互动,实施敏捷型供应链。前台是你展现给客户的在线,后台就是支撑前台的产品,前后台要实现互通。

其次是与中游的互动。企业应当整合原有产业竞争对手,虚拟经营、并购整合、资源重组,分清企业与自身原有竞争对手的关系,率先完成互联网化,融合互联网生态圈。同时还要去思考,企业以前的竞争对手,是把他拉进生态圈,还是把他挤出生态圈,这里就涉及与竞争对手的互动。把竞争对手融入到企业的生态,那么就是并购,并购互动,然后更多的就是虚拟经营跟资产托管。

再次是与下游的互动。要思考企业的客户,企业的消费者需要的解决方案是什么,真正的价值挖掘是什么,产品互动、品牌互动、营销互动、大数据以及如何跟企业的生态圈互动。

犀利的微观洞察

1. 微时代的来临

在互联网产业日趋成熟,竞争异常激烈,利润区主要被几大互联网公司所掌握之时,大的互联网变革也是由他们在推动。在这种高成熟度的行业发展背景下,传统行业的互联网化要想异军突起,还需要在微处着手,抓住终端消费者的消费心理变化。现在的消费者逐渐缺乏耐心,且对产品的追求越来越多样化、动态化,更加喜欢即时性的产品,这就要求企业善于从小处着手,迅速抓住消费者的痛点痒点。

图 5 - 22 - 2 微观洞察

2. 微观洞察的三个层面

微观洞察主要包括三个层面:消费者需求的微观洞察、企业组织内部的微观洞察、企业外部的微观洞察。

一是消费者的微观洞察。随着互联网的演进,信息迅速流动更新,人们比较难沉静下来去琢磨和学习一个复杂的工具,尤其是在移动互联网时代,时间更加碎片化,相应的微产品更加大行其道,应用和服务的场景都充斥在用户碎片化的时间之间,用户没有耐心和时间去了解享受你的更多成果。同时大数据的发展,有助于企业能够从微观层面去了解每一个消费者的个性化需求。

二是企业内部的微观洞察。企业的信息化程度逐渐加深,可以帮助企业实现经营管理的数据化。大数据的应用使企业在微观上可以深度洞察剖析企业经营状况,使企业能够从小的层面上去发现企业发展的漏洞,进而不断优化自身的经营和管理,提前做出战略调整、危机预警,可以让自身的发展更加符合社会大潮流的趋势,乃至掌控发展潮流。

三是企业外部的微观洞察。如何从微细处发现生态圈层里面的交互关系、互通关系,要善于发现那些小的需求点并完善它们,从而增强生态圈层的黏性。

3. 微观洞察后的企业应对之策

一定要以用户思维为前提。滑行输入法是微创新一个很好的案例。触摸屏现在已经成为终端产品的标准配置,但是对于输入法来说,不管是用户量远远领先的搜狗输入法,还是第二、第三的百度输入法和 QQ 输入法,无一例外的都是通过拼音和简拼来进行输入的,这也限制了我们的输入效率提升。滑行输入法就是为了提高滑行的输入效率,通过特定的方法,将能够组词的首字母只能排在一个字母的周围,这样用户可以通过画一条线完成一个词或者一句话的输入,大大提高了输入效率。

做最小可行性的产品、步步为营。先打造出一个产品雏形,将新产品的创意用最简洁的方式开发出来。这类产品有四个特点:体现了项目创意、能够测试和演示、功能极简、开发成本最低甚至是零成本。

基于互联网的企业创新体系构建

1. 新形势下的互联网化创新体系建设的新内涵

在企业管理运营的各个环节中,最重要的企业发展动力来自企业的创新。企业的长远发展,可以说是建立在不断创新的基础之上的。创新也是企业为了适应内外部环境变化的必由之路。伴随着企业创新理论的不断深化,企业逐渐走向了创新体系的建设之路。通过完整的体系建设,使得企业无论从顶层的组织智商的创新、集体洞察力的创新、战略思维的创新、战略体系的创新,再到微观的经营管理的创新,都具备了可持续性的变革能力,能够适应快速变化的外部环境。

而在信息革命第五次浪潮——移动互联网的大背景下,互联网范式企业创新体系的构建有了新的定义。由于此次的技术革命浪潮,来得更迅猛、范围更广泛,使得企业的外部环境变得更加复杂。与此同时技术革命又给企业的创新体系的构建提供了更多的支持。此背景下的创新体系建设是企业依据产消关系的深刻变革、内部组织架构的革命性改造、大数据云计算移动互联的技术支持、组织智商的重新构架、外部对话机制的深层次构建的全方位体系建设。只有这样才能够适应快速变化的发展环境。

2. 互联网化创新体系建设的必然性

一是外界环境的复杂多变性。国家宏观经济疲软,消费需求在不断下降,并呈现出多样式、多变性、复杂性的变化。这就要求企业能够通过创新体系的建设,来适应这种外部环境的深刻变化。信息革命的不断深化,在加深这种复杂程度的同时,也为创新体系的建设带来了技术上的支持。

二是内部原有的组织形式的弱化。铁三角式的组织架构,已经无法快速应对当前企业外部环境的快速转变。同时在信息时代依据于工业革命构建的组织架构,已经阻碍了企业的变革之路,无法适应企业自身的发展,这就要求一系列的体系建设,来进行深层的构筑。只有这样,企业才能够获得长远的发展。

3. 互联网范式创新体系建设七维度

互联网化的创新体系的构筑要基于以下七个维度进行：信仰与理念引导创新、企业文化与氛围、人员素养、创新驱动因素、创新共享平台、创新激励、组织架构的颠覆。

图 5‑22‑3　互联网范式创新体系建设七维度

一是信仰与理念的引导创新。在互联网范式下的创新体系的建设，整体的企业建设，要贯穿整个互联网的思维方式，将互联网以用户为中心，以个性化多变性的服务为宗旨，秉承最符合消费者意愿的产品和服务的这种理念，通过企业信仰的构筑、企业家精神的再造，在整个企业里面传播开来。归总一句话，要对企业的大脑进行改造、对企业家的大脑进行改造、对员工的大脑进行改造，要有快速求变的信仰，要有敢于自我颠覆、自我改造、自我创新来适应互联网化的理念。

二是企业文化与氛围。新形势下的企业文化再造，要符合互联网的精神。要构筑平等的、互动的、分享的企业文化机制。由原来的导向型、教化型、激励型、自控型的企业文化，改造为一种平等互利、自我奋斗、自我成长、互动交流、经验分享的企业文化。让员工树立一种我就是我、我要为我、自我奋斗的精神。

当然这种文化的建设，需要企业进行一系列的内部交易机制、组织结构扁平化以及企业内部合作机制的重构。企业、集团不再是单纯地构筑一种共同目标性的文化设置，而是构筑一种让企业整体为自己的终端用户服务的自我奋斗氛围。公司作为整体平台，要使员工在公司的平台上自由发展。

三是人员素养。企业创新的核心还是人的创新，在企业整体人员素养的变革中，一是要善于引入具备互联网思维、互联网精神的实操人员，其次要善于在企业内部进行知识的分离和分享，使企业内部人员更加贴近互联网，从而使得两方面人才能够糅合在一起。

四是创新驱动因素。在互联网时代，所有的资源都会靠近互联网，单纯资本因素的驱动没有以前那么重要。企业创新驱动因素的核心是对自己终端用户的消费趋势分析。这种分析能力的构建将变成企业创新的驱动因素。要进行互联网分析方法的构筑，比如建造云计算平台、大数据模型分析、跨界思维的突破性发展。只有这样，企业才能够更加深入地了解自己所构筑的生态圈里的消费终端到底需要的是什么。创新要基于此，创新的原动力也来源于此。

五是创新的共享平台。扁平式的企业管理方式，不是单纯地将企业部门职能模糊化、外包化、糅合重构化，不单单是最大限度地让权于企业内部人员自由发展，还要在此基础上建设一系列的互动机制，让企业内部人员之间互动起来，分享起来，而且要让企业的内部创新平台与外界的大创新平台互通起来。

创新平台构筑一般分为企业内部共享机制和外部共享机制。企业内部共享机制可以通过集体会议、激励式创新分享、企业内部知识库的建设等手段来建设内部的分享机制。企业外部共享机制可以通过网络社区、公共平台来进行依托于企业文化、依托于品牌粉丝的大创新平台的构筑，使得企业内外部互动，整个创新资源结合在一起。

六是创新激励。企业持续创新动力来自企业的激励。对企业工作人员的激励是企业持续创新更为关键的部分。因为企业家和骨干员工是企业持续创新的实施者和贯彻者，整个持续创新过程都不能脱离他们而进行。最好的创新激励方式就是最大化放权，让企业员工为自己而活，让企业由管人式、自上而下的奖励机制转化为企业员工为了最大化自身利益，而激发自身潜能的方式。

七是组织架构的颠覆。网络范式的组织架构的建设，要颠覆掉原来的金字塔形的架构。要实现三化，扁平化、网络化、虚拟化。组织扁平化有利于提高企业的灵活性和适应性，并使企业的全体员工，尤其是基层员工加入到企业决策中来，从而提高员工的参与度，增加创意的来源、集体的智慧而使创新效率更高。组织扁平化有利于形成上下连贯的聚焦系统，减少层级关系，增加各成员的沟通与交流，促进资源的共享，从而促进创新项目的顺利实施以及企业的整体创新成长水平。

企业的网络组织结构是将工作团队之间的关系构成一个网络系统。每个工作团队则是一个节点，组织的网络化增强了企业内部各要素的有机性，使得各部门间联系更加密切，沟通更加顺畅。创新型企业的创新发展更需要集聚各团队的优势特点专长，最大限度地发挥员工的潜能并加以有效利用。同时，各类型创新活动的协调发展也需要利用网络化组织结构的关联性和统筹性，促进专业人员潜力的发挥，培育各类人才，以此推动创新的开展，形成良性的循环机制。

虚拟化的组织是将各种与企业生产运营创新有关的活动组合到一起，虚拟组织相对于真实组织具有更高的灵活性和柔性，联结各成员和各运行环节的同时，能够聚合所有的资源和优势条件，降低经营成本，因此运行效率更高。

例如，芬尼克兹构建的公司体系的优势在于，一是创造一个跨越中间环节（苏宁和国美）这样的一个体系；二是行业的巨无霸（美的和格力）不能轻易复制的模式；三是优秀的现金流模式，芬尼克兹所有的业务都是先款后货；四是建立一个互联网线上线下协同运转的模式，由于线下的成本太高，芬尼克兹创新采用"天使客户"取代线下开店。在已经购买公司产品并安装使用的客户中作筛选，直接利用这批"天使客户"的房子作为其他用户购买的"体验店"。想要购买产品的客户，通过手机客户端，可以与距离自家最近的"体验店"建立联系，并直接到其家中进行体验，"天使客户"亦可在其中赚取佣金。此外，芬尼克兹还举办无边界组织，去中心化的互联网大篷车，致力传统企业的互联网化转型。

互联网化的组织智商

一个高效能的、具有组织智商的组织一般都会拥有以下五种核心能力，即外部信息觉察能力、顾客反应感知能力、内部智慧传播机制、组织聚焦与持续创新、大脑联网。这五种核心能力正是组织智商能力的体现，互联网范式下的组织智商将进一步得到深化。

1. 五大核心能力

第一，外部信息觉察能力。外部信息觉察能力要求企业能够敏锐地觉察到所有的外部信息并迅速做出反应。几乎所有的优秀企业都会保持对外部信息非常敏锐的觉察能力，尤其是一些高效能组织，这种觉察能力甚至发达到使每个成员都能成为组织的神经突触和末梢神经。现在，企业更要从深层次去洞察外部的细微变化，利用迭代思想进行微创新，不断了解目前的消费终端、消费习惯、消费观念的变化。

例如，日本公司的"内部创业"计划。一方面公司总部人才济济，大量人才聚集在那里，而另一方面这些人才，就像冷藏在那里一样，一直没有得到重用。为了激发这些员工的创业热情，有效地解决这一问题，这些公司便设计了一个计划：内部创业计划。在这个计划中，公司会给予志愿者以一定数额的活动经费和活动时间，以便其可以到世界各地去进行考察。如果在考察过程中发现了好的项目，可以向公司提出创业申请，公司认为项目可行便积极给予支持。结果很多公司的子公司便像雨后春笋般迅速成长起来。这个案例让我们发现，要想使企业真正能够及时获取外部信息并在最短的时间内做出反应，光靠领导人的大脑是绝对无法实现的，而应该充分依靠下面的每一个人，充分发挥他们自身的积极性，让他们去对外部环境进行研究和信息的收集。

第二，顾客反应感知能力。顾客反应的感知能力，是掌握未来市场的依据。在互联网范式下，保持对顾客反应的感知能力就更加重要，目前的趋势就是基于消费者个性化需求进行智能化生产。比如 ZARA 通过构建一个敏感型的供应链,来进一步获得最新的顾客反应感知能力;亚马逊的大数据分析,实现实时智能地感知顾客的反应。

第三,内部智慧传播机制。在企业内部,内部智慧传播需要企业觉悟与组织学习行动的互动。我们常常会看到这样一种情况:营销部的王牌营销人员当了营销部长或者营销副总后,公司的营销业绩反而下滑了。为什么呢?其一,他作为王牌,如果不跑业务,当然要损失一部分业务成绩。其二,即使他营销经验很高,但却没有教练技术,满腹才能却传播不到下级那里。一进一出,最终的结果是"双输",这在许多企业都会以不同形式呈现。有些企业或者人力资源部,或者营销部、研发部,总会犯错误,而且这些错误都是以前犯过,现在又变相地再犯。

第四,组织聚焦与持续创新。在组织智商下,企业才能实现对结构的自我突破,引致组织聚焦和持续创新。所谓组织的聚焦与持续创新,就是组织都在谋求聚焦,在整个管理过程中不断地找出其重点,并且寻求突破,形成一种持续改善、持续发展的创新能力。结构决定功能,根据这一古老的原理,所有的企业都会发现一个最可怕的问题,那就是尽管我本身可能呈现种种的优势,呈现种种良性的东西,但是这些优势和能力,完全是由于企业的结构所决定的。这个结构就是组织里的人员构成、组织里的机制,等等。由于这种自我限制,这个组织是不可能实现结构的自我突破的。除非里面的领导人睿智地发现了目前存在的结构和功能之间的冲突,聪明地去改善结构,从而影响功能。

第五,大脑联网。拒绝脑际之间冲突摩擦所带来的妥协,才能真正实现大脑联网。电脑联网是我们经常听到的,但是大脑联网,这似乎是不可思议的一件事情。大脑联网,就是说当它在处理同一件事情的时候,我们可以把围绕这件事情的各种意见,不同层面和角度的专家,让这些最好的大脑聚合在一起,共同来思考这个问题,从而得出超越于个体的决策。要做到这样的大脑联网,我们所面临一个最大的挑战,就是面对同一个问题时,尽管可能各方都是这方面的专家,各自的理解却不在一个水平面上,并由此带来了各自之间的意见相互牴牾。

2. 集团组织智商构建

(1) 顶层设计

第一,高屋建瓴。集团有一个空间更大、时间更远、产业领域更广、发展模式更高级的大战略,各个子集团只是集团战略的一个支撑。

第二,已有+创新。集团战略的时空及产业范围都包含已有的,在组织智商的搭建中应加入未来可能拓展的领域与要点。

第三,内部+外部。集团战略的视野和考虑因素不仅包含内部的子集团、孙公司,还包含供应链、产业链、生态链,集团一定要有这些层面的战略才能获得更大的发展。

(2) 子公司基层首创

子公司基层首创由以下几种形式构成:

第一,互补式首创。在框架内的创新,在集团由上而下的战略模糊部位的创新。

第二,驱动式首创。基于集团战略,发现超越方案,自身通过联盟、横向组织去超越集团战略想象力,丰富及驱动集团战略的升级。

第三,异化及颠覆。用自身的视角和发现去延伸、发展、异化乃至颠覆集团战略。

第四,由下而上。注重横向和向上营销,注重与集团战略之间形成一种咬合的关系。

(3) 总部预调微调定调

总部的作用主要在于信息的上传下达,主要可以表现在以下几个方面:

第一,驱动集团战略由上而下传导及分解。

第二,驱动子集团战略由下而上反作用于集团战略,优化、深化、异化乃至颠覆。

第三,驱动子集团战略横向打通,形成战略组团、战略重叠区。

第四,注重战略的柔性化管理,驱动战略的情景化、柔性化,形成计划+

有机＋随机柔性管理体系。

第五,注重推动战略的小步快跑式调整,注重在战略越来越碎片化的大背景下的战略的调整、资源配置的调整。

第六,注重推动文化、组织、人力资源、信息化等集团战略所需的主要支撑体系。

集团在组织智商的构建中,要超越产业板块视野和格局,站在集团整体统筹高度进行集团战略顶层设计;基于集团战略的高度,通过子公司基层首创,打造子公司与集团间的互动互促互融互转;基于总部对集团与产业战略执行的多角色统筹任务,推动顶层设计＋基层首创＋总部预调微调定调的大格局的形成。

宏大的远见与明日塑造

传统行业被颠覆的步伐在逐步加快。有些行业已经处在生死存亡的关键时刻,传统行业依据可被颠覆的程度,又分为三类,互联网化进程中的高危行业、互联网化进程中的中危行业、互联网化进程中的安全行业。

互联网化进程中的高危行业包括那些高服务型、信息不透明、生产效率可提升空间大的产业,越容易被互联网所颠覆。主要有以下几个行业:耐用消费品行业、流通行业与贸易公司、物流行业。

高危行业一为耐用消费品行业。耐用消费品行业不具备消费的即时性,资源供应过剩,并且准入门槛低,而人们对于此类消费品的体验消费盛行,生产效率可提升空间大。盛极一时的凡客,通过对工艺的分隔经营与管控,垂直型电商的构筑,在上一波浪潮中能够异军突起,呼风唤雨。而在移动互联时代和大数据技术支撑背景下的最新一次浪潮里,由于凡客不注重消费者的体验,不能满足消费的个性化需求,使得自己的发展严重受阻。

高危行业二为流通行业与贸易公司。传统的流通行业与贸易公司做的是渠道,大宗商品通过不断地被分销,铁三角形式的销售渠道构筑,使得商品销售环节低效运营。而互联网本身就是打造生产者与消费者之间的直接

311

通道,所以这类行业是极易被颠覆的,而且对于渠道越是完善的企业,其就越面临着要么自我颠覆,要么在被颠覆中被取代。但是对于传统行业的自身改造,又是一件极难的事儿,涉及层层利益的剥离。比如李宁在自建网上平台,却发现建造好的网上平台和自己的分销商利益严重冲突。网上的货,通过直销卖得便宜,而分销商的货层层利润抽取,货卖得贵,这就造成了网上平台构建好,线下的分销渠道却面临土崩瓦解的大崩溃局面。

高危行业三为物流行业。目前的陆地物流由于信息的不透明、低效分散经营,其造成的是单向物流而非双向物流。包括海运物流、航空物流的混沌化、腐败化、碎片化,客户需求无法综合成成本最低的物流方式与物流线路。而信息化、网络化时代要解决的就是信息不对称的问题。比如日本的三井,其完善的托运系统,完成了以下几个方面的布局:一是托运站的构筑,在城市物流线路的两端分别构建自身的托运站;二是建造自身的容积系统,以及三井自己的包装公司,使得三井能够通过信息系统,最大化地计算出货运出车、可装空间,使得自己的货车空货运载空间大大降低;三是打造自己的实时监控系统,来合理地设计最不堵车情况下最多卸货地点的行车路线。而且由于三井是双向物流,货车从物流线路的一端行驶到另一端,不必空车回来。

互联网化进程中的中危行业,指那些带有明显本地化、实时化以及高附加值特征的行业。具备这一特性的行业包括快速消费品、重工业制造、影视传媒等。

互联网化进程中的安全行业包括那些能够提供个性极高、可替代性以及价值异化性极低产品的行业,以及处于完全垄断且拥有不可再生资源的行业,其在互联网化的浪潮中则很难被颠覆。如奢侈品行业、基础资源行业。所谓不同程度地被颠覆,其实只是一个时间概念,在未来的时代,一定是大互联、大网络时代,一切都会联网,一切都将变得更加的信息透明化。

未来企业要想异军突起,必须要做到极大化地构筑自身生态圈层。掌控生态圈层,在此基础上外挂大数据云平台和移动互联,进行生产制造的大改造,从而实现全方位服务式智能化经营和管理。智能化生产的战略、4.0

版本的工业革命时代已经来临,如何基于自我圈层的构筑、数据的挖掘分析对自我圈层的终端消费者进行智能化生产和智能化服务是企业必须思考的问题。

在未来,消费者直接和生产连接,参与产品的设计和制造。这一波的4.0工业革命,即网络＋机器人＋自动化是信息革命和工业革命结合后的升级版本,不再单纯地是工业革命的自动化标准生产,也不再是网络时代的生态圈层战略为消费者全面解决他们面临的个性化问题。而是消费者即生产者,以自我为主导型的智能大生产的时代。企业在新一轮的工业革命中要想实现明日的塑造,要有两个层面的构筑。

一个是生态圈层的构筑。首先,企业要完成自己生态圈层的构筑,将自己的层级先拔高一个维度,最大化地融合社会上所有的资源,来实现一个生态圈层的构筑,也就是实现企业的全面网络化。将大数据、移动互联等技术应用到这个层级,来实现生态圈层的高效运转。

另一个是智能化生产线,无论是传统还是互联网化,核心的核心还是要回归到生产制造商。网络的虚拟化如果失去了传统的制造,是不可能的。然而传统的生产线,已经不能够实现对现有企业生态圈层的支撑。因此核心就回到依托于自己的生态圈层打造一个智能型的生产线。网络化实现了对企业大脑的重构,让企业更加有智慧。但是智能化生产线的构造,就像是一次强身健体,让企业更加强壮。

图书在版编目(CIP)数据

互联网化战略构建 / 白万纲著. —上海：东方出
版中心，2016.4
  （东方管理前沿丛书）
  ISBN 978 - 7 - 5473 - 0931 - 5

  Ⅰ. ①互… Ⅱ. ①白… Ⅲ. ①互联网络–影响–企业
管理–研究 Ⅳ. ①F270.7

  中国版本图书馆 CIP 数据核字(2016)第 039930 号

互联网化战略构建

出版发行：东方出版中心
地　　址：上海市仙霞路 345 号
电　　话：62417400
邮政编码：200336
经　　销：全国新华书店
印　　刷：昆山市亭林印刷有限责任公司
开　　本：710×1020 毫米　1/16
字　　数：280 千字
印　　张：20.5　插页 2
版　　次：2016 年 4 月第 1 版第 1 次印刷
ISBN 978 - 7 - 5473 - 0931 - 5
定　　价：49.00 元

东方出版中心邮购部　电话：(021)52069798